THE COMPLETE
GUIDE TO

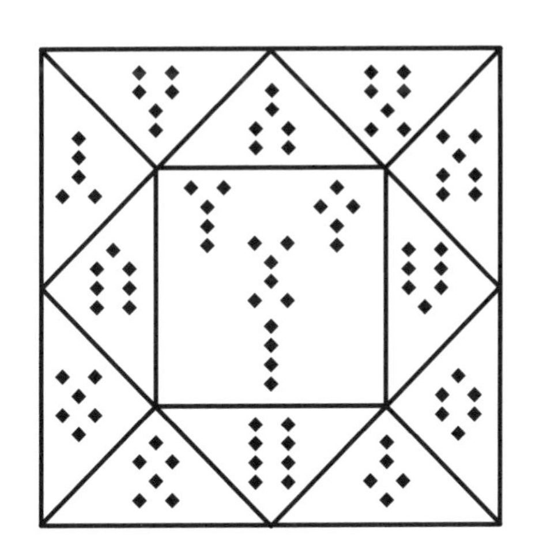

地·占·全·書
GEOMANCY

灰叔

楓樹林

大地的神諭 Lon Milo DuQuette[I]

「探究地球奧義，天堂將隨之而來！」——弗朗西斯・本迪克[II]

「我愛這個地球。」

司機假裝沒聽到我說的話。他到布里斯托爾機場接我，他便讓我靜靜地坐著，深受英格蘭西南部迷人而壯麗的綠色牧地吸引。我的目的地是索墨塞特巴斯（Bath in Somerset）附近的拉德斯多克（Radstock）。我從未探訪過英國這個地區，所以也不知道能享受多久這趟宗教性的乘車體驗。我從來沒有見過這麼多不同的綠色，使我像是活在布雷克（William Blake）偉大的國歌《耶路撒冷》那激昂的詞句之中。這使我確信有一種「神聖的面容」在多雲的山丘上閃耀，令我感到幸福得像在天堂一樣。不，這就是人間天堂。

我搖下車窗，深深吸一口在七月中旬，和煦草地間的土壤香氣。我再次輕聲說道：「我愛這個地球。」

我閉上眼睛，彷彿要捕捉這一刻的快門，驚訝地感到一滴淚從我右眼的下睫毛流出，當它沿著我的臉頰流下時，蒸發並帶點涼意。我發誓，如此敏感的時刻在我麻木的心中非常稀有，通常只在午後第一口和第二口的雞尾酒[III]，才會短暫發生。我在七天內遊覽了五個國家，造成內心的狂喜，又經歷了壓力和放縱，也可能是意識到這場講座結束後，我將回到自己的床上。無論是什麼原因，我沉醉於這片土地，希望司機能停車，讓我可以舒展身軀，躺在一片田野中，用我的愛之淚滋潤青翠的土地。

我尷尬地從那些白日夢回過神來，但我生平第一次深深地意識到，地球是一個有生命、有呼吸、有意識的存在，祂是智慧之神，而我是祂的孩子。我的肉體是祂的土壤和地幔；我的血液是祂的河流、溪流和海洋；我的骨頭是祂的石頭和山脈；我的心跳是祂熔岩核心的跳

Ⅰ 摘自Excerpted from the Foreword to John Michael Greer’s The Whole Art of Geomancy;and Lon Milo DuQuette’s Allow Me to Introduce; Newburyport, MA: Red Wheel/Weiser, 2009 and 2020.

Ⅱ Francis Bendick (Aleister Crowley). The Earth. The Equinox I (6). London, Fall 1911. Reprint. (York Beach, ME: Weiser Books, 1992). Supplement, p. 110.

Ⅲ 遺憾的是，在喝下第三和第四口時，這份純淨的喜悅就會消失。

動，我的靈魂與祂的靈魂合一。

人類還能尋找更適切的神祇嗎？有哪個神祇比地球更令人驚嘆，更值得我們敬畏、感激和祈禱呢？我們當然要尊崇太陽作為光明和生命的最終源頭，但如果沒有地球來反映太陽的榮耀，如果沒有地球和祂眾多的生物，太陽神將不會如此地被推崇。

而且，地球本身不就是陽光的具現嗎？地球是精神降臨物質的巔峰，是包含最高層次火花以及其他一切的魔法之地。地球是將光明轉化為生命的煉金實驗室，是創造的巔峰，而我們是地球的有意識生物。因此，你和我，擁有並體現著靈魂神聖的奧祕。正如赫密士・崔斯墨圖的《翡翠石版》中所寫：「那唯一的事物（除了神之外）是宇宙中一切事物的父親。當祂與一個富含精神的大地融合後，祂的力量是完美的。[IV]」

這是人類最古老且不可否認的生命的事實——太陽是我們的父親，地球是我們的母親——無論我們的文化如何努力實現性別中立，首先聽到我們哭聲的總是母親，最先回應我們需求的是母親，最先回答我們問題的同樣也是母親。

然而諷刺的是，當我們成長為頑固的年輕人時，我們愈來愈不願意聽母親的聲音。被荷爾蒙迷惑的青少年時期，我們尷尬地避開她的忠告，對她的警告——我們短視和愚蠢行為可能會帶來嚴重後果——嗤之以鼻。作為自我沉迷的年輕人，我們完全關閉心靈，拒絕接受她可能以任何方式理解我們的生活，或者理解什麼對我們最有利或不利。直到我們達到某種成熟，我們才意識到，自出生以來，我們就被賜予了全知的預言警示，她對我們無條件的愛超越了一切人類所能理解。

幾世紀以來，地占術一直是作為大地之子的我們，用來認識地球生命智慧的刻意手段。技巧和設備因時代和文化而異，但其神諭詞彙的十六個卦（每個由一或兩點整齊地排成四層）一直保持不變。

我對地占術的初次接觸是在一九七四年，當時我購買了伊斯瑞．瑞格德（Israel

Ⅳ Manly P. Hall, Lost Keys of Freemasonry (Richmond, VA: Macoy, 1968). p. 96.

Regardie）所著的一本小書，名為《地占實用指南》v。它的大小不令人生畏，而瑞格德直截了當（看似理智）的處理這一主題，使它對眼界開闊的年輕初級魔術師非常有吸引力。一個額外的吸引力是，地占術曾經（在二十世紀初）是黃金黎明會的成員和專家最喜歡的神諭之一（哦！我多麼想成為那些黃金黎明會的人之一！）

我對地球的神諭期望值很高，或許太高了。我想像著毛髮茂盛，抽著小菸斗的地精會突然在我的臥室神殿中冒出來，滿懷怨言地回答我的問題，然後帶我去後院找尋埋藏的寶藏。但我發現的卻是一種簡化版（並且不太刺激）的占星術。占星術與地球神諭有什麼關係呢？我真的希望找到一些快速簡單的方法，而不必去學習一堆其他東西。然而研究地占術就像工作一般枯燥乏味。

儘管如此，我還是咬緊牙關，深入研究了那本小書。在這樣做的過程中，我上了行星和黃道帶的性質和基本涵義的第一堂（只是初級）課程，當然也包括十六個地占術符號的名稱和涵義。

我必須承認，從我看來，對地占術的初次占卜嘗試簡直慘不忍睹。因為我對占星術不夠了解，所以無法從我的卦象中得到清楚的答案，並且在未來的事件中得到了證實。

我（幾乎是強迫性地）請求Constance試試看。她的出生星盤中升起的星座是金牛座。她在花園是綠手指，她是所有動物、昆蟲和花朵的寵兒。我想她的土元素可能使她與園藝更契合。她原本堅稱她不想做「泥土神諭」。儘管如此，她還是配合，勉為其難出一個問題，然後在廚房檯面上用小石子擲出十六次，生成了她的四個「母卦」。她的努力產生了可怕的「紅色」卦出現在第一宮。哎呀！這不妙！書上告訴我們，當這種情況發生時，應該放棄這次卜算，數小時後再嘗試。這相當於地占術中吉普賽占卜師說：「我什麼都看、不、到！走！現在！離開我的帳篷！」

這對Constance來說就夠了，對我來說也差不多。

V Regardie, Israel, A Practical Guide to Geomantic Divination (NY: Samuel Weiser, 1972).

再過了十二年，我才再次對地占術產生真正的興趣。同樣，是一本書，史蒂芬・斯金納（Stephen Skinner）的《地占神諭——大地占卜的技巧》VI 引起了我的興趣。這是對基礎知識的清晰而全面的概述，比瑞格德的小書要長得多，更加深入。對我來說，最重要的是它提供了許多有用的表格、例子和可以得出簡單問題與答案的方法。

再次登上地占術的列車，我開始製作一個專門用於地占卜的「盤子」。實際上，它是一個非常淺的木箱，18英寸乘18英寸（45.72公分），深2英寸（5公分）。我在底部鋪上一層厚厚的造型黏土。最終，我在頂部和外部的牆上裝飾了十六個地占術符號以及精靈的名字和印記，還有它們的行星和占星符號。我用尖木標出了黏土中的十六條水平條帶。在地占術操作期間，我使用同一根木條在帶內「戳」出隨機的標記，得出最初的四個「母卦」。我保留了黏土表面的一部分來容納母親和她們生成的其他十二個卦。在黏土表面上深深的線條使可以在黏土中生成卦，而不需要使用鉛筆和紙。我不得不承認，這看起來非常神奇，而且運作得非常好。與大地互動更直接與強烈。

最後，我與地占術和解了。

「榮耀歸於大地，歸於太陽，歸於人的聖體和靈魂；榮耀歸於愛，歸於愛之父，萬物的神祕統一！

同樣，感謝所有的禮物，感謝存在於這一切的母親，感謝人的聖體和靈魂，感謝太陽，感謝大地。阿們。」[VII]

隆・米羅・杜奎特

於加利福尼亞州薩克拉門托二〇二三年十月三十一日

VI Stephen Skinner, The Oracle of Geomancy: Techniques of Earth Divination (Bridport, Dorset, San Leandro: Prism Press, 1986).

VII Francis Bendick (Aleister Crowley). The Earth. The Equinox I (6). London, Fall 1911. Reprint. (York Beach, ME: Weiser Books, 1992). Supplement, p. 110.

前言

大家好，我是灰叔。

很多時候，筆者不知道該如何介紹自己，是塔羅師？占星師？地占師？魔法師？吠陀風水師？還是非主流神祕學怪咖？以至於朋友或同行都不知道我確切的職業，只知道遇到奇怪的東西來問我就對了。我沒有過人的天賦，只是在神祕學上有著一腔熱血和激情，便在冥冥中受到指引，讓我在神祕學上奉獻一生。

我探索神祕學的旅程已有二十三年之久，始於父母對我在東方術數上的啟蒙，後來我開始沉迷於臺灣靈修和新紀元書籍，之後便被人點撥改道現代神祕學。在澳洲讀書的六年中，我費盡千辛萬苦加入了許多神祕學流派，包括黃金黎明協會（Hermetic Order of the Golden Dawn）、東方聖殿騎士團（Ordo Templi Orientis）、神智學會（Theosophical Society）和薔薇十字會（Rosicrucianism）等。始終沒能找到我想要的資訊後，我便脫離了這些組織，回歸到自主學習的路上。

隨後開始探索中世紀文藝復興魔法，再到阿育吠陀、阿拉伯、拜占庭魔法，到了現在更專注希臘化埃及、通俗語及科普特語魔法莎草紙（PGM、PDM、PCM）的研究。期間我的世界觀和信仰不斷崩塌重塑，可謂痛並快樂著。我將神祕學作為一個整體去對待，比如地占，其向歐洲傳播期間影響了中晚期的所羅門魔法，也影響了塔羅宮廷牌的牌義建立；同時又受到印度吠陀風水（Vastu Shastra）、占星元素的影響，與本土的精靈魔法（Djinns）自然也有深遠的聯繫，神祕學的每一門學科絕不是單一的。

地占術雖然在當今神祕市場上不如「三大神祕學」的塔羅、占星、生命靈數那般出名，但這並不意味著它比主流體系不重要。市場盛行什麼，行銷的影響力不可忽視，此外不同的時代、地域與流行文化也會產生差異。比如以地域上來說，在中東、西亞、北非地區，地占術和占星被普遍認可，塔羅則非；而年代上，生命靈數（numerology）或稱希臘靈數其實不過百年歷史，市場上常見的數字系統是於一九〇七年，由一位音樂老師L・道・鮑列特（L. Dow Balliet）所創，與兩千年前的偽畢達哥拉斯[1]著作毫無關係，也並非柏拉圖學院

1偽畢達哥拉斯：偽畢達哥拉斯作品（Pseudo-Pythagorean works）指的是那些錯誤地歸因於古希臘哲學家畢達哥拉斯或其追隨者的文獻或著作。畢達哥拉斯是前六世紀一位重要數學家和哲學家，以其在數學、音樂和哲學上的貢獻聞名。然而，畢達哥拉斯學派的成員鮮少公開發表其創立者的教義，並且將所有的發現歸功於畢達哥拉斯，這使得後世難以確定哪些著作真正出自畢達哥拉斯本人。隨著時間的推移，許多後來的作品被錯誤地歸因於畢達哥拉斯或其學派，這些作品被稱為偽畢達哥拉斯作品。這些偽作的流傳，不僅顯示了畢達哥拉斯及其學派在古希臘及羅馬世界中的重要影響，也反映了古代文獻傳播上的問題，如作者歸屬的不確定性和文本的真偽難以鑑定。

派數命論（Arithmetic）下的數字系統，因為這些系統的深度並非一般市場普遍能接受。所以，所謂的三大神祕學是毫無歷史根據的。

反倒是在中世紀文藝復興時期，地占術作為最負盛名的卜卦系統之一，曾被教廷列為七大禁術之一，並與占星術齊名，被譽為「占星的姐妹」。所謂「上有占星，下有地占」，這兩種技術互相借鑒和彌補，構成了阿拉伯黃金時期完整的占卜體系。當占星師遇到個案無法提供出生時間時，便得以使用地占術，隨機起出生盤；在一些沒有條件繪製星盤的地方，地占的使用率比占星還高，因為地占不需要占星複雜的分析過程，也不需要測量星體位置而大量計算，但所給出的訊息量卻不少於占星。

與塔羅牌相比，地占術更為簡單、論斷與清晰；與占星術相比，地占術則更為靈活、方便與快速，訊息量也相當豐富。只需用石頭、硬幣或沙子等簡單的工具，就能輕鬆繪製出一張出生盤，星盤與地占盤之間也能互相轉換。此外，卜卦占星屬於時間卦，以時間為基礎進行占卜。由於天象不會在短時間內發生重大變化，因此在短時間內無法不停占卜。相比之下，地占術則更加靈活，不受時間限制。地占術和占星術相輔相成，是占星師必備的第二項技能。

目前，地占術依舊在歐洲、中東、巴基斯坦、印度、埃及、北非及西非等地盛行，各地區的解盤風格又不同。歐洲地占以占星的十二宮位盤為主，僅有後天盤，論斷迅速；阿拉伯地占以十六盾盤為主，有分先後天卦，解讀過程也與奇門遁甲相似；還有一種叫阿拉伯神諭術的技法，通過數值計算將字母重組，得出的答案，語法和單詞拼寫都是完整的一句話。像印度納迪葉占卜一樣，連人名都可以一併計算出來，可謂神奇。

說起神奇的經歷，有一次我和一位研究阿拉伯地占的埃及人，一起發現了一個可以預測事物長、寬、高和體積的地占公式。然而，我們對這個公式的可行性有些懷疑。當天晚上，我的一位朋友請我幫忙解決孩子的小學作業題，題目如圖1，一個半圓，移動了2公分後得到的陰影部分面積是＿＿平方公分。

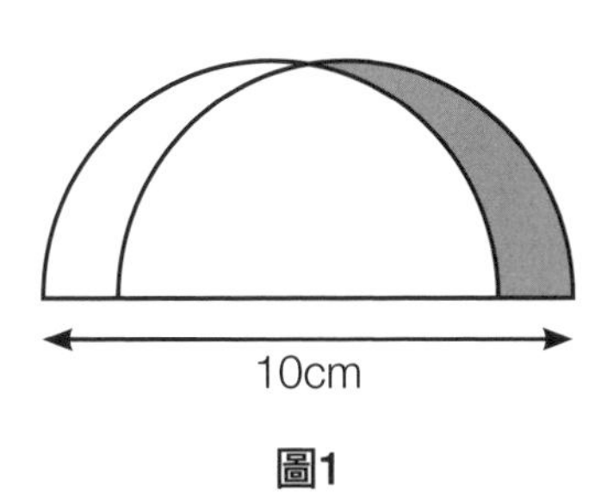

圖1

我們算了半天都沒算出來，於是我說不如試一下那個地占公式吧！我們起了張盤，經過一番Abdah公式計算，最終算得8平方公分。後來這位朋友說運用了大學的知識終於解出來了，首先需要構建坐標系，簡化題目到一個以原點為中心，半徑4的圓，陰影面積化該圓-1到1的定積分，然後算定積分再加三角代換，公式是$2\int 01(16-x^2)½dx=7.9158cm^2$。他便問我怎麼這麼快能解出答案，我就說是用地占起卦解出來的。這只是其中一個神奇的案例，我會慢慢與大家分享更多類似的經歷。

此外，地占不僅適合西方神祕學愛好者，也適合東方術數圈，地占術十六卦和中國的易經八卦有著許多相似之處：

一、地占和易經一樣基於卦和爻的概念。

二、都是基於陰陽的概念。卦上的一個陰陽單位為爻，一樣每一爻都有解釋。只不過八卦是三組爻，地占是四組爻。所以排列組合後。八卦一共是2的3次方=8卦；地占則是2的4次方=16卦。

三、西非地占術（Odu Ifa）和易經八卦一樣都有把兩個卦放一起的結構，8個卦組合變成8×8＝64卦，而地占術有相同的結構變成16×16＝256卦。

四、卦的書寫方式也很相近，易經中陽為一橫，陰為斷開的兩橫；地占的陽為一個點，陰為兩個點。在非洲的表達方式更為相近，陽為一豎，陰為兩豎。

五、易經中有本卦、互卦、變卦、錯卦、綜卦；而地占的十六卦也有本卦、逆卦、倒卦、倒逆卦等還有和合卦等運算。

六、八卦可以配五行（金、木、水、火、土），而十六卦則是配四元素（地、水、風、火）。四元素以冷熱乾濕組成的結構，是西方哲學的根本。四元素的陰陽兩面組成了十六卦，地占術的理念完全反應了西方文化的根本，在東西方文化交流上是極有研究意義。

這本書的出版過程可謂漫長，從完稿到今天已經歷時八年。然而，出版前夕再次修改，又幾乎是補齊全新內容。寫書時，我立志讓這一本成為中文世界最優秀的地占書，而現在，我更立志讓它成為超越西方世界的頂尖書籍。長久以來，中文世界的出版品都是翻譯西方的書籍為主，翻譯書的水準是難以超越西方的。因此，我正致力於打破這種現狀，讓中文創作也能在全球引起影響。

這心願絕非不可能實現，就地占而言，目前西方世界最優秀的地占書籍無疑是約翰・邁克爾・格里爾（John Michael Greer）和史蒂芬・斯金納（Stephen Skinner）這兩位的作品，以及山姆・布洛克（Sam Block）的個人部落格，然而他們的內文中並未深入涉及阿拉伯地占術，技法部分也較為局限，主要著眼於文藝復興時期的歐洲地占和黃金黎明會的現代地占。可此時的地占術已從阿拉伯地占中閹割了七成的技法，剩下的二成在本土化的過程中也存有缺陷，而由阿拉伯語翻譯成拉丁語的過程也存在問題，因此僅剩一成的內容能夠保留原有的地占面貌。

作為中文世界最早的地占書籍之一，我們還不能過早探討這些部分，所以本作主要以歐洲的地占術為主軸，針對歐洲技法並部分探討其阿拉伯原型。這樣不僅能夠填補中文世界與西方世界之間的差距，也能夠初步將阿拉伯地占術引入中文世界。我相信，通過不斷地努力和探索，將來一定能有機會出現超越西方世界的神祕學著作，讓地占術在全球獲得更大的關注和影響力。

本書中英詞彙對譯

卦的名稱（中文－拉丁文）：大吉（Fortuna Major）、小吉（Fortuna Minor）、道路（Via）、群眾（Populus）、獲得（Acquisitio）、失去（Amissio）、快樂（Laetitia）、悲傷（Tristitia）、結合（Conjunctio）、限制（Carcer）、白色（Albus）、紅色（Rubeus）、男子（Puer）、女子（Puella）、龍首（Caput Draconis）、龍尾（Cauda Draconis）。

卦之間的關係：對卦（reverse）、逆卦（inverse）、倒卦（reverse）、倒逆卦（converse）。

地占有三種盤：盾盤（shield chart）、宮位盤（house chart）、行星地占盤

盾盤中的名詞：母卦（Mothers）、女卦（Daughters）、侄卦（Nieces）、證人（Witnesses）、法官（Judge）、調解人／宣判（Judge of Judge/Sentence）、地占三角（Geomantic Triplicities）、上級卦（Parents）、下級卦／子級卦（Child）、尋源法／點的路徑（Via Puncti）、盤合數（Sum of the Chart）。

宮位盤中的名詞：精準相位／成功（Perfection）、無精準相位／失敗（Denial of Perfection）、佔有（Occupation）、聯合（Conjunction）、突變（Mutation）、轉化（Translation）、組合卦（Company）、個人宮位（personal houses）、人際宮位（interpersonal houses）、超個人宮位（Transpersonal houses）、指示卦（significator）、事主（Querent）、對象（Quesited）、多指示卦（Multi-significator）、飛入（pass）、相位（Aspects）。

阿拉伯地占名詞（由於許多名詞英文世界中還未曾出現，故作中阿語對照）：

卦的分類：ذكر 陽、انثى 陰、مخنث 中性、سعيد 吉、نحس 凶、مختلط 半吉半凶、نار 火卦、هواء 風卦、ماء 水卦、تراب 土卦、داخل 向內、خارج 向外、منقلب 翻轉、ثابت 固定。

卦的變化：نظر 觀望、نطق 發聲、الاتصال 連接、الانفصال 分割。

常用先天卦：Sukan、巴爾巴里先天卦（Abdah）、扎內提先天卦（Bazdah）、數值運算（Abjad）、سكين الكواكب 先天星序。

總結的技法：合卦、計分（Abjad）、走盾、طالع 尋卦、混合、沙盤、布施禳解（Sadaqa）。

歷史篇

地占術起源

地占術英文為「Geomancy」。前綴「Geo-」指的是「地面的」，比如「地理學」（geography）；而後綴「-mancy」則表示「占卜」，兩者合在一起就成了「在地面上進行的占卜」的意思。在歐洲常以拉丁語「geomantia」作為稱呼，該名稱來自希臘語「γεωμαντεία」（geōmanteía）。阿拉伯語中則稱為「علم الرمل」（ilm al-raml）或「خط الرمل」（khatt al-raml），意思是「沙子的知識」或「沙子的線條」，常用石頭、泥土和沙子等材料進行卜卦。主要在中東、非洲和歐洲地區廣泛流傳。

在非洲，馬達加斯加的地占術稱為「Sikidy」，通常會在一塊方形木板上占卜。Sikidy這個詞並沒有明確來源，有些學者認為可能是來自馬達加斯加語中的「sikidinana」一詞，意為「數學」；另外一些學者則認為，這個詞可能與阿拉伯語中的「سجّادة」（sijjada）有關，指在地毯上占卜的方法。

「OdùIfá」是奈及利亞和貝南等西非地區的一種傳統占卜系統，源於Ifá神學，使用的是由兩組十六卦組合而成的兩百五十六卦占卜。OdùIfá的起源傳說可以追溯到古代的尼日爾—剛果文明，至今仍在非洲許多地區的日常生活中扮演著重要角色。

在上個世紀中葉之前，人們對於地占術的起源眾說紛紜，類似於前幾個世紀對塔羅牌起源說法的情況。以下對每一種說法提出歷史指正：

希臘起源說①

「geōmanteía」一詞最早出自阿基米德（西元前二七八—二一二年），在錫拉庫扎（現義大利）被圍攻時在沙地上占卜如何突破的方法。

首先，據歷史記載，阿基米德在西元前二一二年的錫拉庫扎被羅馬軍隊圍攻期間，並沒有使用過占卜來解決圍城問題。相反，他主要致力於發明新的武器和防禦工事來保護城市免受羅馬軍隊的攻擊。據說他設計了一些工具，比如大型的「攻城車」和可以反彈燃燒彈的鏡子，來幫助城市抵禦羅馬的進攻。之所以有這種起源的說法，是因為提出者誤以為防禦工事中的「沙堡」是一種占卜工具，也可以說在某些阿基米德的傳說以訛傳訛，變成是一種「沙占」。沙堡這個詞在古希臘語中應該是「ἡ ἄμμος πύργος」(he ammos pyrgos)。其中，「ἡ ἄμμος」(he ammos) 指的是沙子，「πύργος」(pyrgos) 指的是塔或城堡，因此直譯過來就是「沙子塔」或「沙堡」。它由一系列類似於矮牆的障礙物組成，這些障礙物被布置成迷宮狀，並在上面加上尖刺和箭塔，使得攻擊者在穿過障礙物時易受攻擊。阿基米德的沙堡設計被認為是其對戰爭工程學的傑出貢獻之一，對後來的城堡建築和防禦工事設計產生了深遠的影響。

希臘起源說②

「geōmanteía」畢竟起源於希臘語，便推測地占就是起源於希臘。

一般根據詞源學，就能夠判斷一件事物起源的地方，然而「地」一詞如「火」、「水」、

「風」一樣為統稱，我們可以說，利用火來占卜的方法統稱為「火占」，利用泥土和砂土等占卜的方法也都可以統稱為「地占」，因此這種判斷方法不夠準確。

「Geomancy」一詞是現今所認知的指代「十六卦卜卦系統」的專有名詞。它最早的定義可以追溯到十二世紀初，由雨果・桑塔里恩斯（Hugo Sanctallensis）開始把阿拉伯文獻翻譯並傳入歐洲，自此之後，Geomancy 的定義就被局限了。

支持這種說法的學者還會提及一個希臘語「ραμπίλιον」（rhamplion）或「ραβόλιον」（rabólion），認為是地占術的起源。這兩個詞分別源自古希臘語中的「rhabdos」（ράβδος）和「rabdi」（ραβδί），意為「桿、棒、杖」，因為使用這種占卜系統時需要把占卜符號排列在一個類似於杖的長條物，我們可以譯為「杖占」。起源可以追溯到古波斯帝國時期，後來透過阿拉伯文化的傳播傳入了歐洲。在歐洲，這種占卜系統被稱為「rhabdomancy」或「divining rods」，用於尋找地下水源、礦藏、失竊物品、藏匿之處等，相當於尋龍尺，主要在中亞地區和伊朗使用。關於最早的「杖占」在歷史上早已失傳，所以沒有現存的文獻描述其具體用法和範例。僅根據現有的杖占資料來看，與地占大相徑庭。

羅馬起源說

古羅馬政治家、作家西塞羅（Cicero，西元前一〇六—四三年）曾著有《關於預言》

圖 2　《神祕物理學[2]，或探索占卜杖及其在發現礦源、藏匿之處、盜賊和殺手等方面的用處》中繪製的杖占。

（*De Divinatione*）一書，書中提及地占術。

這種說法很早就被人否定了，但在《關於預言》中確實有介紹了一種在地面上占卜的方法，稱為「sortes」，也稱為「cleromancy」。這種占卜術的原理是將一些沙子、石頭或其他物品投擲到地面上，然後根據它們落下的位置來推測未來的吉凶和預兆。在sortes占卜中，占卜者通常會準備一些標有文字或符號的小片或小木塊，然後將它們放入一個袋子或容器中。先向神明祈禱，然後從袋子中摸出一個或多個小片將擲投於地，再根據落下的位置來解讀占卜結果。這種占卜術也可以使用骨頭、貝殼等代替。但這裡所描述的並非以十六卦為核心的地占術。

波斯起源說

該說法來自法國占星家讓・巴普蒂斯特・莫蘭（Jean-Baptiste Morin）於一六六七年出

2 《神祕物理學》：La Physique occulte, ou Traité de la baguette divinatoire et de son utilité pour la découverte des sources d'eau des minières des trésors cachés, des voleurs et des meurtriers fugitifs, Abbé de Vallemont。

版的《基本地占術論》（*Traité Élémentaire de Géomancie*）的說法。[3]

該段落大意表示地占術起源於波斯，傳入歐洲之前曾被帶到希臘，然後在阿拉伯和迦勒底人手中得到深入發展。另外，他還指出，地占術也曾被埃及人使用。在埃及古代文物中，可以找到與地占術相似的占卜圖案。但這種說法並沒有得出論證，只是歐洲對神祕的東方文化產生的浪漫幻想，如同塔羅的埃及—吉普賽起源說一樣。[4]

印度起源

印度有一位著名的地占師名為「Tum-Tum el-Hindi」，便推斷地占起源可能是來源於印度。

史蒂芬的《地占術的理論與實踐》（*Geomancy in Theory and Practice*）中對這位印度地占師的真實身分賦予許多推論，但筆者我認為這研究意義並不大，他從哪裡來又或他是誰是無可考的。反倒是其留下的技法十分重要，儘管英語世界的地占師大多沒有看過他的技法，但阿拉伯地占大量技法都是由他改良並回傳給阿拉伯世界。如埃及出版的《沙占的基本原理》（منبع-اصول-الرمل-للطوخي）中指出：阿拉伯最早發明十六卦的基本涵義時並沒有複雜的技法，隨後流傳到印度，Tum-Tum el-Hindi 將四爻定義為四元素，並給出四元素對應的轉化（觀望、發聲、連接、分割），以及大三角等技法，因此可以說是他建立了大部分阿拉伯地占的核心。除此之外，我還發現印度的風水系統——瓦斯圖（Vastu Shastra）有融合到阿拉伯地占裡，但沒有 Tum-Tum el-Hindi 所為的證據。

---

3 「La science de la Géomancie, que l'on a regardée d'abord comme étant Persane, et qui aurait passé en Grèce par les soins de Thalès de Milet, fut cultivée avec soin par les Arabes, et spécialement par les Chaldéens. Les Egyptiens également l'ont connue, puisqu'on trouve, sur les monuments qui nous restent de leur antiquité, des figures en tous points semblables à celles de la Géomancie.」

4 La science de la Géomancie, que l'on a regardée d'abord comme étant Persane, et qui aurait passé en Grèce par les soins de Thalès de Milet, fut cultivée avec soin par les Arabes, et spécialement par les Chaldéens. Les Egyptiens également l'ont connue, puisqu'on trouve, sur les monuments qui nous restent de leur antiquité, des figures en tous points semblables à celles de la Géomancie.

猶太起源

大英圖書館九七〇二號手稿（Additional Manuscripts 9702）中，包括了多位作者對地占術的歷史與起源進行的研究，其中丹尼爾（Daniel Boyarin）認為是來自猶太傳統。九七〇二號手稿是一份匿名手稿，主題是關於地占術的歷史與起源的論述，可能由多位作者編寫而成。但經過考據，其中的作者丹尼爾主要認為地占術是來自巴比倫文化，並傳播到希臘、羅馬和中世紀歐洲。支持此說法的學者主要指向希伯來語中的「沙子的占卜」（Goral ha-Hol）、「點的智慧」（Hokmah ha-Nekuddot），以及《舊約申命記》18：11中有提及的「Yidde' Oni」的占卜，表示「投擲出點的方法」有可能指向地占術，然而這些論點都是毫無依據的。

「點的智慧」的希伯來語是「חכמה הנקודות」。其中「חכמה」（Hokmah）意為「智慧」，「הנקודות」（ha-Nekuddot）則指希伯來語中的點符號。它指的是希伯來語中的「希伯來語以母音為主的標音系統」（稱為Nikud或Nekudot），這些符號用於表示元音和輔音的發音方式。點的智慧是猶太卡巴拉中的概念，用於描述在猶太人的文字和語言中存在的深層神祕主義和象徵意義。所以此指的是標點符號的點，並非指地占術的點。至於說「Yidde' Oni」是占卜的說法毫無依據，希伯來語「ידעוני」是指「通靈者」或「魔法師」，指可以與死者靈魂交流的人，或使用魔法、符咒等手段預言未來或獲得神祕知識的人，與地占無關。僅有「Goral ha-Hol」（גורל החול）與占卜稍微沾得上邊，它指的是在古代以色列社會中，一種用於祈求上帝指引或決定事情的方法，也稱為「拈鬮」。在《聖經》中，這種方法常用於選擇祭司、分配土地、選舉領袖等時刻。字面上的意思是「塵土之拈鬮」，其中「Goral」意為「拈鬮」或「分配」，「ha-Hol」則表示「塵土」或「世俗」。但這依舊不是地占術，因為「拈鬮」的方法通常是在小木片或石頭刻上標記，然後將它們放在一個容器中。接著，祭司或其他指定的人會向上帝禱告，請求上帝以某種方式選擇或決定事情的結果。然後，他們會搖動容器，把木片或石頭混合在一起，並從中隨機地抽出一片木片或石頭，也或者拋向空中隨機接住一片。根據《聖經》的描述，這種方法是由上帝所批准的，來表示上帝的選擇或決定。

據學者認為，十九世紀的《猶太百科全書》最早提出地占起源於阿拉伯的觀點。原文大意表示：

「這種占卜方式的起源尚不清楚，有人追溯到希臘和羅馬時期，但很可能起源於東方。它在穆罕默德時代已為阿拉伯人所知，並在《古蘭經》（第十三章第三十九節）中以「書寫」（al-kitāb）的名字被提及。它自古就在猶太人中間流行，但沒有在《聖經》或塔木德中提到。」[5]

非洲起源

非洲當地自稱已有上萬年的神話歷史，並認為自己是最古老的起源。

許多非洲國家自稱他們的宗教超過一萬年之久，可以追溯到史前文明，地占術更被視為神靈賜予的技術，是他們祖先留下的珍貴財富。據當地人聲稱，他們的地占術才是全世界最早的起源，例如約魯巴地區的奧杜伊法（Odù Ifá）。伊法信仰是一種源自奈及利亞的傳統宗教，主要流傳於西非和中非的一些國家，如奈及利亞、貝寧、多哥、迦納及象牙海岸等。伊法信仰是一種注重祖先崇拜和自然神崇拜的宗教，核心信仰是祖先崇拜，認為祖先可以保護和指導他們的後代。伊法信徒會向祖先祈禱，透過祭祀和儀式與祖先溝通，並且以口傳和神聖文本《伊法應許》（Ifá Corpus）為基礎。

三年前，為了更好地理解約魯巴文化，我特地向當地的伊法神職人員（Babalawo）學習了他們的信仰和傳統。在和他們打招呼時，通常會說：「Aboru aboye abosise」，這句話的意思是：

Aboru：願你的命運與伊法神的命運相符；

Aboye：願你的知識與伊法神的知識相符；

Abosise：願你的願望和祈求在伊法神的引導下得到實現。

這裡的伊法神指誰？在伊法神學中造物主被稱為「Olodumare」。據說，祂創造了世界和人類，並賦予了人類智慧和自由意志。伊法神學中有許多神祇，每個神祇都有自己的職責和領域。其中一些比較著名的神祇包括「Orunmila」、「Ogun」、「Sango」和「Oshun」

5 The origin of this form of divination is unknown. It has been traced back as far as the Greeks and the Romans, but it is probably of Oriental origin. It was known among the Arabs in the time of Muhammad, and is mentioned in the Koran (chap. xiii. 39) under the name of "the writing" (al-kitāb). It has been practiced among the Jews from early times, but it is not mentioned in the Bible nor in the Talmud.

等。伊法神學中有許多寓言和神話，這些故事通常訴諸道德或精神上的教訓，就像我們說的「典故」。而「奧杜伊法」是伊法神學中最重要的神諭工具之一，「奧杜」（Odù）可以認為是「卦組」，兩個卦的組合，類似中國的六爻。奧杜伊法是將兩個十六卦放在一起，排列組合出兩百五十六種組合，這些卦在解讀的時候尤其像道教籤文一樣以典故提供啟示。在進行伊法神學的占卜過程中，如果出現了特定的奧杜，就表示必須進行一些特殊的儀式，以避免或解決問題，例如保護免受禍害或治癒疾病等。除此以外還有較為容易的「Obi 伊法」、「Oju 伊法」等，使用的工具也不同。

然而，他們的宗教是否真的有一萬多年之久呢？據考古學家的研究，在塔克瓦贊遺址周圍的地區，確實有發現西元前四千年左右人類活動的跡象，卻沒有發現任何與地占相關的發現，顯然沒有確切的證據。但尼日利亞卡茨納州一個古代遺址，卻有一塊塔克瓦贊岩畫（Takwa Zangon）。該遺址中包括一些歷史悠久的建築和牆壁繪畫，而這些遺跡的歷史可以追溯到西元十一世紀左右，包括非洲原住民文化和伊斯蘭文化，反映了這個地區在歷史上的文化多樣性和交流。如果我們再深入了解歷史，尤其是伊斯蘭征服非洲地區的歷史，我們就能發現，奧杜伊法的神諭術便是由伊斯蘭入侵時期帶來的。

阿拉伯地占術史

阿拉伯地占術的神話起源

在上一章，我們探討了各種地占術的起源說法，經過數百年的辯論後，人們逐漸發現阿拉伯占卜的歷史如同其他工具的起源傳說那樣，並不如我們想像的那樣繁複。早期的地占術是一種統稱，並不直接關聯到今天所指的十六卦地占術。直到阿拉伯人攻打西班牙後，大量阿拉伯語和希臘語文獻翻譯成拉丁語和歐洲等各國語言，地占術的著作才得以被廣泛傳播。

十二世紀時，亞拉岡地區的翻譯家雨果・桑塔里恩斯[6]是著名的譯者之一。他負責翻譯阿拉伯語的「ilm al-raml」（沙占術），並首次使用「geomantia」這個詞彙來翻譯。同時代的另一位知名翻譯家傑拉德也翻譯了一本拉丁語版的《地占之書》（*Liber de geomancie*），

6 於下一章節——歐洲地占術史會有詳細介紹。

同樣使用「geomantia」一詞來形容阿拉伯的這種占卜方法。此後，「geomantia」成為了指代十六卦系統的專有名詞，地占術也因此確定了自己在歐洲的專有名稱。

那麼，阿拉伯地占又從何開始？翻遍阿拉伯的經典，都指向了一則神話故事。

在那廣袤的沙漠中，伊德里斯默默地坐在一顆巨大的樹下，望著茫茫沙漠，心中充滿了困惑和迷茫。

他曾經是一位教師，但就連最後一位學生也離開了，現在已經失業多時，生活無著落。突然，他祈求著，希望神能夠指引他找到一條謀生的出路。可是，他的禱告並沒有得到神的回應，他只能默默地在沙漠中繼續流浪，尋找未來的方向。

有一天，他無聊地拿著木棍在一棵大樹下一邊戳著沙子一邊思考著。就在這時，一陣狂風刮過，伊德里斯緊緊地抱著大樹，以免被風捲走。當狂風停下來時，他看到一位穿著潔白長袍的人，背對著他走來。這位白袍人轉過身來，雙眼閃爍著神祕的光芒。

伊德里斯感到一種神祕的力量從白袍人身上散發出來，他想要開口詢問，可是聲音卻被大風吹散了。白袍人微笑著走到他的面前，詢問他在做什麼。伊德里斯無奈地聳了聳肩膀，說自己無所事事。

白袍人卻笑了笑，說：「你所畫的並非沒有意義。」說著，他把伊德里斯畫的點一個一個地解釋，每一個點都有著深刻的涵義。

伊德里斯聽得入迷，心中不禁想著，這位白袍人是何方神聖，能夠解開自己心中的迷霧。他不斷地向白袍人請教，白袍人耐心地一一解答，他的話語彷彿是一股清泉，流進了伊德里斯乾渴的心田。

日復一日，白袍人把十六個地占卦的涵義都解釋完之後，便匆匆離去。伊德里斯趕緊追問他的名字，白袍人回答：「我叫加百列。」

伊德里斯心中震撼不已，這個神祕的白袍人，竟是大天使加百列。

在大天使加百列將地占術教給了伊德里斯之後，伊德里斯開始了漫長的旅程，將這項神奇的技藝帶到了許多遙遠地區。他穿越了廣袤無垠的沙漠，越過了險峻的山脈，最終來到了一個神祕的世界——印度。

在這裡，他遇見了一個古老而神祕的印度人，名叫Tum Tum，伊德里斯將地占傳給了他。後人一般稱呼他為印度人Tum Tum al-Hindī，而他的真實身分至今還是一個謎。Tum Tum也可能不是來自印度，因為當時伊斯蘭人認為印度和埃及一樣都是神祕的國度。當時許多作品都會把未知的力量歸於印度，甚至伊斯蘭人還將去印度的路視為朝聖之路。

過了幾世紀後，哈拉夫・巴爾巴里到印度生活了一百二十年並學習印度地占術，據說他非常博學多才，並且在經過長時間的實踐和研究後，將地占術翻譯成阿拉伯語帶回到阿拉伯世界，最終竟活到了一百八十六歲，並在西元六三四年去世。去世前他把印度地占術傳給了他的學生——酋長納西爾。從此，印度地占術就在這一代又一代的大師中不斷傳承下去。直到阿拉塔布魯斯（Al-Aratabulus）傳給了他的學生阿布・阿卜杜拉・穆罕默德・烏斯曼扎內提之子，後人簡稱「扎內提」（Zanati）。他可以說是古時候最偉大的地占師之一。

上述故事我們姑且只能當成參考，不能視為歷史事實。扎內提真正的老師是誰，從哪裡學來，我們不得而知。很多書籍對這一段歷史的論述非常混亂，甚至有人說塔巴里（Al-Tabari）曾寫到過扎內提，稱他為最偉大的地占師。但這是不可能的。

塔巴里生於西元八三九年，扎內提生於十三世紀，兩者不是一個時代的人。但塔巴里的《大傳》（*Tarikh al-Rusul wa al-Muluk*）中確實有提到過地占，也列舉了很多地占師比如薩爾・本・比什爾（Sahl b. Bishr）、阿布・馬沙爾・巴爾赫伊（Abu Ma'shar al-Balkhi）、薩比特・本・庫拉（Thābit b. Qurrah）等。

十四世紀突尼西亞歷史學家馬蘇德（Ibn Khaldun）著有一本《歷史紀年》（*The Muqaddimah*），是歷史學與社會學的經典之作，並對後來的學術界產生深遠的影響。其中質疑了幾乎所有的占星、占卜和魔法，並認為這些都是民間騙術，用了幾大章去批判和質疑。有趣的是，他在第一卷第五章的末尾介紹了如何通過觀察地形、地勢、地理環境等因素來進行預測。他認為地勢的形狀、地下水位、植被和岩石的分布等因素都會對一個地區的經濟和政治狀況產生影響，因此可以透過觀察這些因素來預測未來的發展趨勢。比如第一卷第五段說到：

「地理學掌握了國土、人民、民族和各種類型的人的訊息，了解山川地貌、河谷平原、荒漠草原、海岸灣口、水源類型、土地農田和樹木等。這些自然環境在人類社會行為中發揮著重要的作用，因此地理學對人類社會行為具有科學的認知和指導意義，與占星術和星象術一樣，被視為對人類社會行為的貢獻。」

也許有人將這種自然環境的預測誤以為是「地占」，偷換了概念加以以訛傳訛，變成馬蘇德支持扎內提的地占術，也有學者說是馬蘇德曾為扎內提的地占術正名，不過我尚未看到這段文本。這個觀點最後也還是被地占師廣泛引用，並且假借札內提的名義出版了大量地占著作。事實上馬蘇德並不支持地占術，在第二卷第四章開頭可見：

「摩洛哥的學者一再勸告民眾棄絕地占術這種毫無實用性、無聊及空虛的技術，其中充斥著欺偽，這些伎倆竟還被一些人解釋為真理。這種地占之術不僅僅是針對那些向地占師、巫師和先知尋求農業、出生和死亡等訊息的農民與平民，而且是普遍存在的現象。那些學習辯證法的人也對此心有不甘，他們渴望掌握這種知識，就像愚蠢的人期望慷慨相送一樣。」

雖然地占在伊斯蘭教文化中有著一定的歷史和地位，但它不屬於伊斯蘭教正統的法學或神祕主義傳統。因此，大多數伊斯蘭教法學家和神祕主義者很少涉及這個話題，也不是每一位聖賢都會支持地占。因此，一般正史少有地占文獻，對自學者而言十分難以入門。

地占術最早是否真為加百列顯靈傳道，我們不得而知，且這也不符合伊斯蘭教義。但後來地占隨著伊斯蘭的擴張傳播而發展壯大，沿著三個主要傳播路徑流傳到不同地區。其中一條路徑是從埃及向南穿過撒哈拉沙漠，一直傳播到幾內亞灣；另一條路徑是穿過紅海和印度洋，傳到馬達加斯加島；第三個路徑則是北入西班牙，再傳到全歐洲。這些傳播途徑中，地占學不斷受到當地文化、宗教和社會環境的影響，逐漸形成了多種不同的流派和風格。首先我們先看看阿拉伯本土的傳播。

古代阿拉伯地占術大師

阿卜杜拉・伊本・馬夫夫・阿爾—蒙阿吉姆（Abdallah ibn Mahfuf al-Munadjdjim，？—西元一二六五年）

阿卜杜拉的資料雖然有限，但他非常著名，主要原因是其經常被寫入敘事詩和其他文學作品中。據記載，阿卜杜拉・伊本・馬夫夫生於十世紀伊拉克的巴斯拉。他在阿拔斯王朝時期的宮廷中很受歡迎，被賦予了地占官的職務，並為許多重要人物提供占卜和預測服務，包括哈里發和其他高級官員。然而，關於阿卜杜拉・伊本・馬夫夫的具體生平和事蹟仍存在許多爭議和不確定性。許多有關他的傳說和故事被流傳下來，但其中一些可能是虛構的。

比起生平，他的作品極為詳細，阿拉伯語抄本現被保存在世界各地：加州大學近東收藏編號898 MS 129、牛津大學圖書館編號MS arab. f. 36、MS Marsh 216、曼徹斯特的約翰·賴蘭德圖書館編號Arabic MS 373、伯明翰MS 1930、都柏林的切斯特·比替收藏的Arabic MS 5273，此抄本被Ali ben 'Umar翻譯成拉丁語和德語版。另外還有德國國家圖書館編號arab. MS 4200、開羅圖書館編號MS 4473。在伊斯坦堡的兩冊抄本分別為：編號Esat Ef. MS 1988和Ragip P. MS 964，而MS964也是他逝世前正在寫的作品，名為「Muthallatha Ibn Mabfuf fi' -l-raml」。這兩冊抄本的頁末有標記是西元一二六五年，所以我們只能推論阿卜杜拉是一二六五年之後逝世。

阿布·賽義德·特拉博爾西（Abu Sa'id Al Trabolsi，十二—十三世紀）

阿布·賽義德·特拉博爾西是來自北非地區的著名地占師，也被認為是阿拉伯地占學的重要代表人物。出生於特拉布松（今土耳其境內），後來移居到北非地區的特拉博爾斯（今利比亞的的黎波里），因此得名。他的生平詳情很少被記載，但根據現有資料，可以知道他活躍於十二世紀和十三世紀之間，並且在當時的學術界有著很高的地位。他的作品中，最知名的是《大地占全書》(*Al-Mughni al-Kabir fi 'Ilm al-Raml*)，該書包含了大量的地占術知識和實踐方法，被視為地占學的經典之作。

阿爾·哈馬扎尼（Al Hamazani，十二—十三世紀）

阿爾·哈馬扎尼是一位來自阿拉伯地區的地占師，也是阿拉伯地占學的代表人物之一。其具體出生地和生活經歷鮮為人知。根據現有資料，他可能活動於十二世紀或十三世紀的阿拉伯地區。與同時期的地占師阿布·賽義德·特拉博爾西一樣，阿爾·哈馬扎尼的地占學研究在當時受到了很高的評價。

納西爾·丁·圖西（Nasīr al-Dīn al-Tūsī，西元一二〇一—一二七四年）

圖西生於波斯薩韋或霍拉桑省的圖斯市，是一位著名的占星師、數學家和哲學家，並創建了著名的馬拉蓋天文臺。他在年少時被科希斯坦的伊斯瑪儀派當地官員綁架，賣到阿拉穆特，在綁架期間受到了伊斯瑪儀派的影響，對神祕主義產生了濃厚的興趣。隨後，波斯在一二五六年被蒙古人占領，圖西得以獲得自由，便開始研究地占術，走向人生巔峰。當蒙古人包圍阿拉穆特堡時，圖西被任命向刺客組織的頭目「Rukn al-din Khurshah」勸說，並輕而易舉地成功了，結束了刺客組織的盛行時代。蒙古領導旭烈兀獎勵了圖西，把刺客組織所擁有的圖書館和知識給他，並讓他擔任貼身顧問。

圖西學習了地占術和占星術後，因幾次預言成功而被任命為維齊爾。旭烈兀對他的預言十分信任，並出資為他修建了馬拉蓋圖書館和天文臺。他後來寫下了大量的阿拉伯語和波斯語文獻，以阿拉伯語著有短篇《皇家地占術》、長篇《地占之書》；以波斯語及土耳其語著有牛津大學圖書館 MS Laud. Or. 313 和 MS Walker 55、印度國立圖書館 Perian MS 1066 和馬德拉斯政府東方抄本圖書館 Persian MS 509；波斯轉阿拉伯語譯本則在巴黎國立圖書館 arabe MS 2716，土耳其譯本在漢堡市圖書館 MS Orient 253。

阿布．阿卜杜拉．穆罕默德．伊本．烏斯曼．扎納提——Bazdah的創始人
（Abū Abdallāh Muhammad ibn Uthmān al-Zanātī，西元一三〇五—一三八四年）

扎納提有時候也會寫作「Az-Zanātī」，是一位備受推崇的摩洛哥學者、地占家和占星家。關於他的資料少之又少，部分文獻表示其出生年分不詳。但根據《伊斯蘭百科》和《天文學家生平百科》，其出生於一三〇五年摩洛哥的阿澤穆爾城，並在一三八四年在摩洛哥的

費茲市去世。他出生於摩洛哥的扎納塔部落，故而得名。他的著作被廣泛傳播到了歐洲，並在文藝復興時期對歐洲地占和占星學家產生了重大影響。雖說如此，但扎內提的真正作品卻沒有被翻譯到歐洲，在歐洲我們完全看不到扎納提的實踐，因此對英語世界的地占圈來說，他的技法是陌生的領域。

如前文所說，阿拉伯由先天卦和後天卦組成[7]，但對於歐洲地占卻僅有後天卦。與中國的情況不同[8]，阿拉伯的先天卦共有二十八種系統，其中與扎納提相關的至少有兩到三種。最著名的一套先天系統稱為「Bazdah」。扎納提的技法極為繁瑣，且對卦的理解非常與眾不同，實際上近代大師並不推崇他的技法，更多人會選用Sukan和Abdah系統。他對後世阿赫邁德・本・阿里・尊布爾（Ahmad ben 'Ali Zunbul）等人都有很深的影響。

7 先天卦是先哲從數理、意象的角度認為每個宮位的本性應與哪個卦相配，故而形成固定的十六卦序，但由於不同先哲的主張不同，導致先天卦序百家爭鳴，也形成了二十八種不同系統，用於不同的技法。後天盤就是隨機起的宮位盤。在實踐中，先天卦多用於定位，類似宮主星的用法。

8 中國八卦中有乾、坤、震、巽、坎、離、艮、兌。先天八卦通常指伏羲所演的八卦，也稱為乾坤八卦。系以陰陽五行為基礎，其排列次序規律。後天八卦則是由周文王所演，也稱周易八卦。後天八卦的八個符號排列並非固定不變，會因天時、地利、人和伴隨修改和演化。

伊本・赫勒敦（Ibn Khaldoun，西元一三三二—一四〇六年）

其全名為Abū Zayd ʿAbdu r-Rḥmān bin Muḥammad bin Khaldūn Al-Ḥaḍrami，他是阿拉伯歷史學家、社會學家、經濟學家和政治學家，是阿拉伯史上重要的人物。他的著作《Muqaddimah》（前言）是一部重要的歷史學著作，對歷史學、社會學、經濟學、政治學和文化學等領域做出了重要貢獻。但他對地占的貢獻並未列在正史中。

在十四世紀，赫勒敦是一個奇人。雖然後人稱他為占星師，但僅能在他的著作裡讀到地占術的內容。他首創將十六卦對應上行星並排列出星盤，而且與占星所預測的結果完全相同。古典占星認為一切命運的玄機都在行星與人類萬物之間的距離、位置和時間上。由於他是隨機起卦，地占起的星盤與實際星體所在的位置完全不同，但結論卻是相同。這一舉動打破了占星師對占星的根本理解。並且，他認為不需要在沙地上起卦，無論是用骨頭還是骰子，甚至不需要任何工具，在自己的意識中就可以起卦，他所提出的觀點與邵康節的梅花心易的原理是完全一樣的。相傳，也是受到扎納提的啟發。

阿赫邁德・本・阿里・尊布爾（Ahmad ben ʿAli Zunbul，十六世紀）

尊布爾是一位十六世紀的埃及地占師，被認為是伊斯蘭教徒中著名的占星家和卜卦家。

雖無法確認尊布爾的出生年分，但他大約活動在一五二〇年至一五七〇年之間。他出生在伊朗的贊詹省，後來移居到今天的伊拉克巴格達。他曾是馬木路克蘇丹國和埃及奧斯曼多位統治者的地占顧問。

尊布爾的地占大多是判斷國王身邊的人，以及國王是否可以繼任等問題。除此以外，讓人記憶猶新的是，有一種可以起卦出房子狀況的地占，如內有多少人、住在第幾層、上樓後是左轉右轉，需要上幾階樓梯、附近前後左右的環境以及是否為凶宅等，非常細節。

扎納提和赫勒敦的地占著作對尊布爾的思想影響甚遠。他著有長篇地占著作《問題解決論》，收藏於伊斯坦堡、開羅和耶路撒冷。作品實踐性強，共三十一個章節，涵蓋生活的方方面面，綜合各方技法，與現代地占的實踐是完全不同的角度。還有一本《謝赫之書》（*Book of Shaikh*），該書共分為七章，內容涵蓋了伊斯蘭教法學和神祕主義的多個方面，由於主要講述的是精神修行和靈性發展，雖然沒有提及地占，但有提及行星在宇宙中扮演著重要的角色，並試圖幫助讀者理解宇宙的秩序和奧祕，激勵讀者透過精神實踐來探索更深層次的靈性境界。對於開始學習阿拉伯地占系統，也是必備讀物之一。

阿爾沙赫．哈拉夫．巴爾巴里（Alshaikh Khalaf Al-Barbari，十六——十七世紀）

巴爾巴里出生於十六世紀的阿拉伯地區，他自幼對占星術和神祕主義有著濃厚的興趣。由於十六至十七世紀時，無論歐洲還是阿拉伯地占術都已經到達巔峰，處於這個盛行的環境下，他所接觸到的訊息自然是最廣的。他總結了前人的技法並開創了Abdah 新流。

近代阿拉伯（東方）地占術大師

在那片神秘大陸上，存在著一群傳奇的大師，他們的智慧和成就深深地根植在當地的土地上。然而，對於西方世界和遠東的我們，這些名字和輝煌的故事卻默默無聞地躲藏在黑暗的角落，未曾被記錄在任何的書上，只在阿拉伯地占師中口口相傳。他們是正統地占技藝的守護者，是無數智者中的璀璨之星，其智慧和視野無法越過文化的隔閡和語言的壁壘。他們的教誨和預測只能停留在其所居住的土地上，不能為世界中其他地方所分享。

大師在寂靜的夜晚中燃燒著智慧的明燈，曾為無數迷途的靈魂指引著方向。願他們的光芒穿越時空，觸動每個尋求智慧的心靈，讓我們緬懷這些被遺忘的大師，使他們的名字被傳頌，永遠響徹世界的每一個角落。他們的故事和貢獻將會在世界各地迴響，成為人類歷史上永恆的記憶。

拉比爾・辛格・希亞（Raghbeer Singh Siah，西元一八五九—一九三〇年）

拉比爾・辛格・希亞是印度著名的地占師和作家，出生於英屬印度時期，確切日期與地點不明。他的父親是一名地占師，自幼便開始接受地占學的教育，並且表現出出色的才華與天賦。

拉比爾・辛格・希亞在地占學方面有著深厚的知識和研究成果，是印度最傑出的地占師之一。他的著作《地占黃金之書》（*Surkhab e Ramal*）和《地占祕密之書》（*Misdag al Ramal*）是地占學方面的重要文獻，包含了地占學的基本知識和實踐方法，是學習和了解地占學的重要參考資料。他還翻譯了一些阿拉伯語的地占學著作，並寫作有關於宗教和神祕主義的文章。

在他的時代，地占術在印度有著廣泛的應用，尤其是在宗教、政治和社會領域。拉比爾・辛格・希亞被認為是地占術方面的權威，他的著作為地占術的發展做出了重要的貢獻。

他也在印度各地教授地占，傳授知識和技能，培養了很多地占師。他去世後，其著作得到了廣泛的傳播，對地占學的研究與實踐產生了深遠的影響，拉比爾的貢獻與成就受到後世讚譽。

穆尼什・喬蒂・拉爾・拉瑪爾（Munshi Choty Laal Ramaal）

穆尼什是印度著名的地占學家，生卒年分不詳。他出生於印度北部地區的旁遮普邦（Punjab），是一位卓越的地占學家，也是當地最著名的地占學家之一。

據傳，穆尼什在地占學領域有著廣泛的知識和經驗，他熟悉各種占卜方法，包括地占、星象、卡牌與手相等等。除了地占學，穆尼什還涉及其他領域，包括印度哲學、宗教、歷史及文化等等知識。他是一位多才多藝的學者，擁有廣泛的知識和經驗。

穆尼什的預測精準，在印度地占學界頗具權威，他的貢獻和成就在當地得到廣泛地認可和讚譽。他為地占學的傳承與發展，以及印度傳統文化和哲學研究做出重要的貢獻。

哈基姆・拉基・辛格（Hakeem Lakhi Singh）

哈基姆是巴基斯坦信德省（Sindh Pakistan）著名的地占師和醫生，生卒年分不詳。哈基姆是一位多才多藝的學者，既精通地占，又具備深厚的醫學知識。他在地占領域有著廣泛的知識和經驗，精通各種占卜，包括地占、手相及占星等等，甚至涉及其他領域的知識，包括宗教、哲學、歷史、文化等等。他的預測準確，被認為是巴基斯坦地占界的權威人物之一，他為地占的傳承和發展、醫學研究以及巴基斯坦的文化做出了重要的貢獻，其卓越的學者身分也為人所尊重和崇敬。

馬哈拉吉．克里沙恩（Maharaj Kirshan）

克里沙恩是一位著名的巴基斯坦信德省坦多阿拉亞爾（Sindh Tando Allahyar）的地占師和占卜師，生卒年分不詳。他在信仰占星學和地占的巴基斯坦鄉村地區享有盛譽。據傳，他的祖先是印度教教士，移民至巴基斯坦後開始教授占星學和地占術。他是實踐型的地占師，其具體貢獻和影響在當地人心中非常顯著，但學術研究相對較少。

哈吉．吉揚多．拉格哈里（Haji Jiyando Laghari，西元一九四三—二〇一八年）

拉格哈里是一位著名的巴基斯坦地占大師，對地占學有著深入的研究和廣泛的知識，被認為是巴基斯坦地占學界的權威人物之一。他經常被邀請參加各種地占學和民俗文化活動，也經常被人們請來卜卦，解答問題。

哈吉・吉揚多・拉格哈里的地占學知識傳承於他的祖父，他從小就接受祖父的傳授和教導，並繼承了他的卜學技藝。他還積極參與社區事務，並為巴基斯坦人提供精神和物質上的幫助。哈吉・吉揚多・拉格哈里為地占學的傳承和發展、巴基斯坦的民俗文化和知識傳統做出了重要的貢獻，並在巴基斯坦地占學界得到了認可和讚譽。

賽義德・梅赫布・阿里・沙赫（Syed Mehboob Ali Shah，西元一九四一—二〇一九年）

賽義德是巴基斯坦著名的地占大師和靈性導師，他於一九四一年出生在巴基斯坦旁遮普省的喬格拉姆市。他是蘇菲主義[9]傳統的繼承人，其祖先可以追溯到蘇菲大師哈吉・阿里・哈吉・沙里夫（Haji Ali Haji Sharif）。

賽義德從小就對蘇菲主義和神祕主義感興趣，因此他到青年時期開始系統地學習蘇菲主義的知識和智慧。他曾在旁遮普大學和伊斯蘭瑪巴德國立大學學習，後來在埃及的阿茲哈爾大學和敘利亞的大馬士革大學深造。賽義德還擔任過伊斯蘭瑪巴德市政府的高級官員，但他最終放棄政治生涯，專心致力於教導和傳授蘇菲主義的知識和智慧。他於一九七〇年代開始擔任靈性導師，吸引了很多人前來尋求他的指導和教誨。

賽義德也是一位著名的地占學家，他深入研究了占星學和塔羅牌，並將這些知識與蘇菲主義的智慧相結合，形成了自己獨特的地占學體系。他曾出版過一些地占學的著作，其中包括《蘇菲主義地占學》和《地占學的哲學和實踐》等。

賽義德於二〇一九年逝世，他留下了豐富的學術成果和智慧，對巴基斯坦的地占學和蘇菲主義傳統做出了重要的貢獻。

阿拉瑪·沙德·吉拉尼（Allama Shad Gillani，？—西元二〇一一年）

阿拉瑪是一位巴基斯坦的伊斯蘭學者和地占大師，他生於二十世紀中期，出生地點和具體出生年分不詳。

阿拉瑪的父親是一位伊斯蘭學者，他在父親的影響下開始接受宗教教育，後來在巴基斯坦各地的伊斯蘭教學院學習。他精通阿拉伯文、烏爾都語和英語等多種語言，曾擔任過許多

9 蘇菲主義，又稱蘇菲派（Sufism），為伊斯蘭教中的神祕主義，遵行者為追求精神層面提升，生活方面相當嚴格。

著名伊斯蘭教學院的教授和校長，致力於傳播真正的伊斯蘭教義和價值觀。他曾出版過多部關於伊斯蘭教和地占的著作，其中包括《伊斯蘭教和地占的哲學》和《地占入門》等。

他也是著名的地占大師，他在地占領域有著豐富的經驗和知識，被視為巴基斯坦地占的權威之一。他曾在各種場合和平台上分享他的地占知識和經驗，吸引了大量聽眾和追隨者。

阿拉瑪在巴基斯坦享有很高的聲譽，被譽為「國家寶藏」和「地占之父」。他於二〇一一年去世，享年約七十歲。

阿比德．賈夫里（Abid Jafri）

阿比德是一位來自巴基斯坦伊斯蘭瑪巴德的地占師，曾出版過多本地占書籍，包括《月亮占星術》（*Qamri Alwiya*）、《地占論著》（*Ramal Shastra*）和《本命論著》（*Kundali Shastra*）等，被譽為巴基斯坦地占重要人物之一。他還在巴基斯坦的多家媒體發表過關於地占的文章，並且經常被邀請到電視節目上分享地占。

阿卜杜勒．拉希姆．林德（Abdul Raheem Rind）

他是著名的地占大師，寫過《慈悲的地占》（*Raheem Ramal*）一書，這是一本涵蓋了地占不同方面的綜合性手冊，已經發行了四個版本。阿卜杜勒對地占做出了重要的貢獻，並被視為巴基斯坦地占領域的重要人物之一。

金德哈里・拉爾（Pandit Girdhari Laal）

金德哈里是一位印度的地占大師，他出生於印度北方的旁遮普邦地區，他在二十世紀上半葉為印度地占學做出了重要貢獻。他的地占書《寶珠之光》（*Ratnamala Prakash*）被認為是印度地占學的重要經典之一，該書詳細介紹了占星學、數學和地占學的知識，並提供了許多實用的占卜方法和技巧。他還創造了一種新的地占系統，稱為「金德哈里・拉爾占卜法」（Girdhari Lal Paddhati），該系統在印度地占學中得到了廣泛應用。他的貢獻被認為是印度地占學歷史上不可或缺的一部分。

阿拉姆・穆罕默德・侯賽因・塔巴塔伊（Allam Muhammad Hussain Tabatabai，西元一九〇三—一九八一年）

阿拉姆是一位伊斯蘭哲學家、神學家和阿亞圖拉的教授。他在伊朗出生，早年接受了傳統的宗教教育，之後到伊朗的各大城市學習哲學和神學。他曾在最高級別的神學學府學習，並受到了多位知名教授的指導。他的著作主要涉及伊斯蘭哲學、神學、邏輯學和伊斯蘭法學等方面，其中包括《伊斯蘭哲學的最新問題》（*The Latest Problems in Islamic Philosophy*）、《神學方法》（*Principles of Islamic Theology*）和《伊斯蘭的古蘭經》（*Qur'an in Islam*）等。在現代伊朗思想史上，他對於伊斯蘭哲學和神學領域頗有貢獻。

賽義德．圖基（Syed Toqhi，西元一八九二－一九七二年）

賽義德出生在伊朗，是一位著名的哲學家、神學家和伊斯蘭學者。他曾在最高級別的神學學府學習，並成為了受人尊敬的伊斯蘭學者和教育家。他的著作主要涉及哲學、神學、伊斯蘭法學和伊斯蘭教育等領域。他的一些著作包括《伊斯蘭哲學原理》（*Principles of Islamic Philosophy*）、《伊斯蘭教育》（*Islamic Education*）和《伊斯蘭教育的心理學》（*Psychology of Islamic Education*）等。他被認為是二十世紀伊朗最著名的哲學家之一，對伊斯蘭哲學和教育的發展做出了傑出的貢獻。

穆罕默德．阿塔伊．拉合里（Muhammad Attai Lahori）

穆罕默德是一位著名的占星家和地占師。他生活在巴基斯坦的拉合爾市，是二十世紀初期著名的占星家之一，被認為是占星學和地占學的權威人物。他有許多著作，其中包括《Daqaiq al Ramal》等地占書籍，對地占學的研究做出了重要的貢獻。

羅桑・阿里（Roshan Ali，十九世紀中期至晚期）

羅桑是一位印度的地占學家和作家，生卒年分不詳。他著有多部關於地占術的書籍，其中最著名的是《地占術的明燈》[10]。這本書是關於阿拉伯文地占書的譯本，為印地語地占學中的重要著作之一。

據傳，羅桑・阿里花費了長達十年的時間翻譯《地占術的明燈》，他不僅單純翻譯，還對書中的內容進行了分析和註解，使得該書成為一本有系統且詳盡的地占書籍。此外，羅桑・阿里還有翻譯其他關於地占術的書籍，如《傳說的卜術》[11]、《法基亞特》[12]等，這些書籍也對當時的印度與其他地區的地占學發展產生了一定的影響。

10 《地占術的明燈》（*Siraj al-Ramal*）是一本阿拉伯語的地占書，其中「Siraj」意為「明燈」、「指引」，「Ramal」則是地占，因此書名可以翻譯為「地占明燈」或「地占指南」。

11 《傳說的卜術》（*Jafrul Asar*）是古老的阿拉伯占卜文獻，直譯為「傳說的書籍」，其中「Jafr」在阿拉伯語中意為「數字」，在占星術中也指「卜算」。「Jafrul Asar」在地占中是指「曆法占卜術」，即利用曆法進行占卜。而「Asar」則是阿拉伯語中「傳說」的意思。因此，「Jafrul Asar」可以理解為傳說中的占卜之書。

古拉姆・穆斯塔法・莫洛喬（Ghulam mustafa morojo，西元一九〇四—一九五四年）

古拉姆是巴基斯坦著名的作家和詩人。他主要創作的是詩歌和小說，並被譽為是巴基斯坦乃至整個印度次大陸上最重要的文學家之一。他以描寫貧困人民的生活和對社會現實的批判而著稱，作品具有強烈的現實主義色彩。他的代表作品包括詩集《雷聲》（*Raigzar*）和小說《陌生的路》（*Anjaat Raah*）等。除文學作品外，他還是一位著名的地占師，擁有廣泛的地占知識和經驗。

近代的阿拉伯（東方）地占界與外界並不流通，需要懂得印地語、烏爾都語、阿拉伯語、波斯語、敘利亞語才可以加入這個圈子。以上列舉的是已故的近代大師，而尚在世的大師與其他領域一樣，通常會有所爭議，地占師之間有流傳一段話：「活在當下不求名，遺留佳話傳千秋。」[13] 我們暫且先不介紹。

12 《法基亞特》（*Falkiyat*）是一本著名的地占書，對於地占的研究具有重要的意義。這本書的作者是印度著名的地占學家法蘭克巴希（Farang Bhash），據說他是一位非常博學的學者，精通占星學、神祕學、數學、化學等領域的知識。這本書涵蓋了很多地占知識，包括卦象的解讀、入宮法、配卦、排盤等等。書中還介紹了一些特殊的地占法，例如基於數字和字母的占卜法，以及基於神祕符號和印度教神話的占卜法。這些地占法具有一定的獨特性，成為地占領域的珍貴財富。《法基亞特》因其獨特的內容和重要性而被廣泛研究和傳頌，被視為地占學中的經典之作。

13 原文為「Seek not fame in life's embrace, let your legacy speak in eternal grace.」

現代阿拉伯地占經典

阿拉伯地占的書籍在全球範圍內極為珍稀，閱讀門檻也相當高，很多都是以多種語言編寫而成。以下列舉一些現代經典書籍，它們都尚未在西方世界流傳。

《地占集》（*Jame Al Ramal*）：提供了兩百五十六種地占三角在各方面的解釋。

《地占與兒童人格分析》（*Geomancy and Personality of Children*）：二十世紀九十年代烏爾都語地占書籍，作者為阿拉瑪．卡希．阿爾巴尼（Alama Kash Al Barni）。這本書圍繞著南亞地區的新育兒觀念與傳統地占相結合，給原本缺乏心理分析的傳統地占術增添了許多新的課題，如兒童性格、未來發展、適合的教育方式、喜好、朋友的生日、結婚對象的生日時間、生命中需要對抗的敵人的生日時間、身體的敏感部位等等。

《預言之書：搖卦或骰》（*Book of Falnama: Throwing Figures or Dices*）：來自波斯文獻的傳承，流行於巴基斯坦和波斯灣地區的六爻系統，因此同樣分為六十四卦，與中國六爻結構相同卻在用法和解釋都不同的一套體系。

《燭火》（*Candle of Light*）：這是一本地占大師與弟子的教導語錄。主要講述了大師教導弟子如何結合各種幻方預測應期的一些方法。

《關於疾病和治療手法的論文以及完整指南》（*Treatise On Account of Disease and Healing Treatment and Complete Guidelines*）：本書摘自Tum Tum Al-hindi的古代尤納尼醫療地占作品《專業地占術》（*Ulama Ramal*），將其結合現代醫學，內容包含預測疾病、四體液分析疾病、提供藥物建議、食療和戒口建議，並推測疾病是否由靈體影響。

《賈法的學問：Ziraja神諭術》（Ilm E Jafar Ziraja）：這本書中闡述的是伊斯蘭教什葉派的第六位伊瑪目賈法·薩迪克（Hazrat Imam Jafar Sadiq）的神諭術。地占師會透過使用數字或字母將問題書寫下來，並以特定的方式改變字母的位置，然後將這些字母替換為相應的「Abjad 序」，分成：Abjad Qamari、Abjad Shamsi、Abjad Ajhz Talkum、Abjad Fasj Aleem、Jadul Ashri、Absjad Manzom、Absjad Asgan、Absjad Akdah、Daira Aiqagh。在這些數字與字母之下使用其他特定的賈法規則改變順序，如希臘規則Qaida Anzariyah、Mustahisla Khadbih、四元素自然規則Mustahisla Kulid Ahtam、敘利亞規則Mustahisla Tajrid、希伯來規則Mustahisla Arbaah Tadveer、阿拉伯規則Mustahisla Tashaheed、Qaida Tarweehat、Mustahisla Tanzqor 等等。然後通過計算後可以得到一句完整的句子作為答案，如同神諭一般，是地占術中最為神奇的技法。

除此以外，還有百科類的全面教學，如：《地占之火》（*Surkhab al Ramal*）、《地占的法則》（*Misdaq al Ramal*）、《地占之喜》（*Mehbob al Ramal*）、《地占之鏡》（*Aina Al Ramal*）、《地占術全書》（*Complete Raheem al Ramal*），這些都是五百頁至兩千頁的百科全書，多以烏爾都語、印地語、波斯語、阿拉伯語和土耳其語混寫而成，在沒有指導之下，不建議自行閱讀。

歐洲地占術史

二〇一五年，筆者來到西班牙考察古典魔法的翻譯運動、女巫獵殺和各地的靈異事件調查。最讓我印象深刻的是歷史悠久的城市——托雷多，這裡曾是中世紀西班牙的文化和知識中心，也是傳說中的魔法之地。這裡有著聖殿騎士、所羅門寶藏、海克力斯屠龍、魔法塔、女巫公會成立、三百多條神祕地下通道以及無處不在的鬼音等等傳說，也是阿拉伯語和拜占庭希臘語（中古希臘語）魔法書最早傳入歐洲的地方，換言之，這裡便是古典魔法的誕生地。

在托雷多的魔法博物館館長介紹下，參觀了許多魔法文物和器具，包括占卜工具、魔法書、魔藥還有摩爾人在牆壁上留下的魔法符號，也見到了傳說中魔法道具——光榮之手

（The Hand of Glory）。十二到十三世紀開始，眾多魔法書從這裡開始翻譯和傳承，最著名的就是占星魔法經典《致力成為賢者》（*Picatrix*），也包括地占術的經典作品。下列一些對地占流傳頗有貢獻的譯者。

歐洲地占術譯者

雨果・桑塔里恩斯（Hugo Sanctallensis，十二世紀）

雨果・桑塔里恩斯出生在西班牙西北部的桑塔利亞，是一名占星師、煉金術師與譯者。他在十二世紀曾經參與了許多重要的西班牙翻譯工作。當時的西班牙在伊斯蘭教國家的統治下，穆斯林和猶太人的學問和文化在這裡得到了保護和發展。因此，許多西班牙學者對希臘、拉丁和阿拉伯的文化進行了深入的研究，並將這些知識翻譯成西班牙語。一一一九至一一五七年間得到塔拉索納的主教贊助開始翻譯阿拉伯文獻，共七部作品。而歐洲的第一本地占譯本正是雨果・桑塔里恩斯的《地占術指南》（*Ars Geomantiae*）。

《地占術指南》在中世紀時期曾廣泛傳播和流傳，且存在多本手稿。其中，現存最早的手稿來自於十三世紀的英國，目前保存在牛津大學的博德利圖書館（Bodleian Library, Ashmole 398），還有巴黎國家圖書館的MS Lat. 7354和倫敦大英圖書館的Sloane 3854。除此以外，他的作品也被後人摘抄到其他的手稿，如米蘭大學圖書館手稿（Biblioteca Ambrosiana, MS D.53.sup.）、維也納國家圖書館手稿（Österreichische Nationalbibliothek, Cod. 526）與里茲大學圖書館手稿（Brotherton Library, MS Brotherton 730）。米蘭大學的蒐藏包含了《地占術指南》和其他地占術相關文獻，如塞維利亞的約翰（John of Seville）所著的《地占術概論》和阿爾金迪（Al-Kindi）的《地占術注釋》等；里茲大學圖書館也蒐藏了《地占術指南》，但內容和排版與其他本手稿有所不同。

傑拉德．克雷莫納（Gerard of Cremona，西元一一一四—一一八七年）

傑拉德．克雷莫納是中世紀著名的拉丁翻譯家、數學家、天文學家和哲學家。他生於義大利克雷莫納（Cremona）一個貴族家庭，自幼便表現出對數學和天文學的濃厚興趣。

傑拉德年輕時前往托雷多尋找阿拉伯和希臘文獻的原始版本，並開始進行翻譯。他的翻譯作品涉及數學、天文學、哲學、醫學和占星術等各個領域，包括數學家阿爾—哈齊（al-Khazin）的《定量術》（*al-Mizan al-kubra*）和數學家尤西夫・本・伊布拉欣（Yusuf ibn Ibrahim）的《三角學概論》（*Treatise on Trigonometry*）等。其中最著名的作品是亞里斯多德的哲學文集《諸子集》（*Corpus Aristotelicum*）和托勒密的天文學著作《天文學大成》（*Almagest*）的拉丁譯本，這些翻譯在中世紀歐洲的學術界產生了深遠的影響。

此外，他在一一六〇年前後也翻譯了部分阿拉伯地占作品，名為「*Liber geomantiae de artibus divinatoriis qui incipit estimaoerunt Indi*」，這份手稿使用了阿拉伯二十八宿對應星座，從而對應十六卦的特殊系統，但其中有四個卦的抄寫錯誤。

傑拉德・克雷莫納的翻譯工作，對於歐洲中世紀的學術繁榮做出了巨大的貢獻。他不僅將阿拉伯文獻翻譯成拉丁文，而且還透過自己的注釋和評論，讓讀者更好理解。他也是一位著名的數學家和天文學家，發表了許多重要的科學著作。傑拉德・克雷莫納去世後，他的作品被廣泛傳播和研究，為歐洲中世紀的學術發展留下了重要的遺產。

切斯特的羅伯特（Robert of Chester，十二世紀）

羅伯特是中世紀的英國數學家、翻譯家和天文學家，並在數學和天文學領域享負盛名。他曾在西班牙托雷多學習阿拉伯語，並開始翻譯阿拉伯的數學和天文學著作。

他最著名的翻譯作品是阿爾─哈齊的《定量術》，這是一部關於算術和代數學的阿拉伯著作，被認為是代數學的里程碑之一。羅伯特將它翻譯成拉丁文，使得它在歐洲傳播開來，並為歐洲數學家和科學家帶來了新的思想和方法。羅伯特還翻譯了阿爾─哈齊的另一部著作《算術導論》（*Introduction to Arithmetic*），以及托勒密的天文學著作《天文學大成》和阿爾─法拉比（Al-Farabi）的哲學著作《對話論》（*Dialogue on Philosophy*）等。

此外，羅伯特翻譯過一本關於阿拉伯文地占術著作，該著作在拉丁文中被稱為《Liber geomancie》。這部著作是阿拉伯作家拉格里·本·穆罕默德（Ragimundus）所寫的，羅伯特將其翻譯成了拉丁文，並在中世紀歐洲廣泛傳播開來。

西元一一四一至一一四七年間，他擔任潘普洛納教會的執事長，一一四四年翻譯了首部煉金術文獻《莫利埃努之書》[14]，將煉金術首度傳入歐洲。他的翻譯工作為中世紀歐洲的學術發展做出了重要的貢獻，對數學、天文學、哲學等領域的發展產生了深遠的影響。

傑拉德・薩比奧內塔（Gerard de Sabloneta，十三世紀）

傑拉德是一位十三世紀的翻譯家，主要從事阿拉伯醫學著作的翻譯工作。除此之外，他還翻譯過一些與地占術相關的文獻，如《天文地占之書》（*Geomantiae Astronomiae Libellus*），和一本由法爾加尼和巴塔尼對托勒密占星的評論，他和傑拉德・克雷莫納的名字和譯作又極其相似，經常混淆。與傑拉德・克雷莫納相比，傑拉德・薩比奧內塔的翻譯作品雖沒那麼廣泛，但其地占著作相當有價值。而他的地占著作《天文地占之書》則是伴隨著阿格里帕的《神祕哲學》首次印刷，後世經常錯誤歸為是傑拉德・克雷莫納的譯本，其實兩者的地占作品區別很大，相比之下，傑拉德・克雷莫納的入宮法是極為另類的。

除了翻譯書籍之外，傑拉德的生平並沒有太多可靠的資料，因此對他的了解還很有限。

邁克爾・斯科特（Michael Scot，西元一一七五—一二三二年）

邁克爾是中世紀英國學者和翻譯家，主要活躍於義大利和西班牙。他多才多藝，涉獵廣泛，包括哲學、數學、醫學、天文學、占星術和翻譯等領域。他的翻譯作品對於歐洲的文化和學術發展產生了重大影響。他是歐洲地占術先驅者，還是西方面相學的創立者，同時也是物理學家、煉金術師、占星師和占卜師，曾到多地翻譯文獻。首部作品翻譯於托雷多，隨後又前往波隆那從事多部文獻翻譯，後世學者如彼得・阿巴諾（Peter de Abano）等常在書中引用其作品。

據稱，邁克爾・斯科特曾在巴黎大學學習哲學和醫學，並在那裡結識了研究亞里斯多德和其他著名哲學家的學者。之後，他前往義大利，並在那裡成為宮廷學者，受到了神聖羅馬帝國皇帝腓特列二世的賞識。他曾在帝國宮廷擔任翻譯和顧問，並向皇帝介紹了阿拉伯文化和科學知識。代表作有翻譯了亞里斯多德的《動物志》（*Historia animalium*）、《論靈魂》（*De anima*）、《論天》（*De caelo*）；一二二七年翻譯的數學文獻《算盤之書》（*Liber Abaci*）；神祕學類作品有、《日月》（*De sole et luna*）、《手相》（*De chiromantia*）、《人相學和人類繁殖》（*De physiognomia et de hominis procreatione*）等，最著名的是占星作品《引言》（*Liber Introductorius*）和《詳解》（*Particularis*），地占相關內容記錄在《引言》中。

14《莫利埃努之書》：該書為「*Liber de compositione alchemiae*」，又被稱作「*Testamentum Morieni*」。

其中，他翻譯的《水占術》（*Liber Aquarii*）和《地相術》（*Geomantia*）是比較著名的阿拉伯地占術著作。他將這些文獻翻譯成拉丁文後，又將其介紹給了歐洲的學者和占星術家，推動了歐洲地占術的發展和繁榮。

除了翻譯作品外，邁克爾．斯科特也對地占術進行研究和實踐。他在書中曾批判過地占的部分缺點，但並沒有反對地占術，反而提出了更多修正內容。他將每個卦更詳細地對應日、月、行星、星座、顏色、氣味、味道、礦石、植物、金屬和人的外貌特質。在其地占術著作《引言》中提出了一種新的地占方法，這種方法後來被稱為「邊界地占」（Borderline Geomancy）。這種地占方法將六個地占符號分別放置在一張帶有邊界的圖表上，使地占結果更加精確和準確。

邁克爾．斯科特在地占方面的貢獻是不可忽視的，他的翻譯作品和地占方法為歐洲地占術的發展和傳播起到了重要作用，並為歐洲的學術界帶來了阿拉伯世界的科學和文化知識，推動了歐洲文化的發展。邁克爾．斯科特是中世紀歐洲不可或缺的翻譯家。

帕爾馬的巴塞洛繆（Bartholomew of Parma，十三世紀末）

帕爾馬的巴塞洛繆是義大利波隆那大學第一位天文學教授、占星師和地占師，也是一位魔法師。他的生平事跡並沒有太多的記錄，但是他在占星術和方術[15]方面的成就為後人所知曉。

他最為知名的地占文獻就是巴塞洛繆手稿《簡明百科全書》（*Summa Breviloqium*，西元一二八八年），是一部魔法百科全書，也包含了一些占星術和地占術的內容，西元一二九四至一二九五年間，為便於追求速成的人群寫了一本簡略版，可惜至今未被出版。另外一本《自然和藝術的祕密操作之書》（*Liber de Secretis Operibus Naturae et Artis*）介紹了各種魔法技術，其中也包括一些占星和地占的內容。

阿巴諾的彼得（Peter de Abano，西元一二五七—一三一六年）

阿巴諾的彼得是一位哲學家、占星師、魔法師、地占師和醫生，出生於義大利帕多瓦。彼得是否獲得醫學博士學位的問題一直存在爭議，有文獻表示他獲得了帕多瓦大學的醫學博

15 方術：方士之術，如古時指方士求仙、煉丹的方法。也指醫、卜、星、相等技術。

士學位、蒙佩利爾大學的學位，還有一些文獻認為他沒有獲得醫學博士學位，只是自學成才的醫生。但能確定的是，他對阿拉伯醫學和希臘哲學的知識進行了廣泛地研究和整理，也對占星、占卜和魔法有深入的了解。他曾經寫過多部著作，其中包括占星、占卜、醫學、哲學等多個領域的內容。

阿巴諾的彼得對占星有很大的貢獻，他所著的《占星術大全》（*Liber Astronomiae*）是當時歐洲最流行的占星術著作之一，對後世的占星術發展有著深遠的影響。此外，他還對地占術和水占術等方面進行了研究和整理，為後世發展奠定了基礎。但在那個時代裡，彼得的一些著作被認為包含了異端思想，他本人也被指控為魔法師和巫師，不久被宗教審判所兩度關押釋放，最終在西元一三一七年被羅馬教廷判處火刑。縱使彼得的思想和貢獻受到了質疑和反對，但他對於歐洲占星術、醫學、哲學等領域的發展產生了重要的影響。

彼得·阿巴諾在地占術也頗有貢獻。他雖然精通地占術，但卻沒有完整的地占著作，他對地占的理解都散落在不同的手稿中，比如他的著作《占卜術全書》（*Liber Aggregationis*），是一本包含地占、水占、風占和火占等多個方面的綜合性著作。該書是一部在中世紀後期影響最廣泛的地占術著作之一，對於後世的地占術發展產生了重要的影響。此外，他還改進了地占術的入宮法，提出了一些新的理論和方法。他認為地占術不僅可以用來預測未來，還可以用於治療疾病，他的地占術著作《治療術》（*De Re Medica*）就是這方面的代表作之一。

而他最著名的是魔法手稿《七天之書》（*Heptameron*），學習古典神祕學必然會讀過這本書。另外他還寫過《亡靈寶典》（*lucidarium Necromanticum*），還有一本關於阿拉伯二十八星宿魔法的《根據月亮二十八宮進行實驗的神奇戒指之書》（*Liber Experimentorum Mirabilium de Annulis Secundum 28 Mansiones Lunae*）。

艾爾伯圖斯．麥格努斯（Albertus Magunus，西元一一九三—一二八〇年）

艾爾伯圖斯是中世紀歐洲重要的哲學家和神學家，與邁克爾．斯科特是同一時期的人物，但地位更為顯赫。他是道明會（Ordo Dominicanorum）神父，以知識豐富而著名，提倡神學與科學應當和平並存。但奇妙的是他不僅是位神父，也是一位修習魔法和地占的魔法師，儘管如此人們卻認為他是中世紀德國最偉大的哲學家和神學家之一。他曾經寫過《天文學之鏡》（*Speculum Astronomiae*），雖然這本書著重在天文和占星學，但是其中也包含了一些關於地占的內容。除此以外，《聚寶之書》（*Liber Aggregationis*）、《自然之祕》（*De Secretis Scientiarum*）、《自然隱祕之書》（*De Occultis Naturae*）中都有談及到地占的部分。他也是首位將亞里斯多德的學說與基督教哲學綜合到一起的中世紀學者，羅馬天主教將他列入三十五位教會聖師之一。

他相信地占術的奠基在於占星，認為地占術的命理原理與占星術相同，因此需要精通占星術的知識才能正確地進行地占。除此以外，他也強調地占術的實用性和應用性，不是僅停留在理論層面而已，而是認為地占術能夠幫助人們預測未來，並致力於將地占術應用到實際生活。

穆爾貝克的威廉（William of Moerbeke，西元一二一五—一二八六年）

威廉是十三世紀比利時的神學家、翻譯家和哲學家。他翻譯希臘文獻，在中世紀晚期的歐洲知識界非常有影響力。史蒂芬．斯金納在《地理占星術》（*Terrestrial Astrology: Divination by Geomancy*）表示，威廉受多瑪斯．阿奎那之託翻譯《地占的技術與科學》

（*De Arte et Scientia Geomantiae*），以此推論當時教會一面對外禁止使用地占術，卻也一面在教會內普遍教學和使用，其他學者也曾提出過類似的看法。

然而這本手稿是匿名撰寫，威廉是否真正是這本書的作者目前仍存在爭議，並沒有確鑿證據可以證明威廉的確是這本書的作者。

斯金納和一些學者的依據主要分為下列三點，首先，威廉是一位著名的翻譯家，他曾經翻譯過一些阿拉伯語和希臘語的文獻，包括托勒密的《天文學大成》和亞里斯多德的《自然學》。他在翻譯阿拉伯語文獻時，對地占術自然也有所涉獵；其次，《地占的技術與科學》的內容和風格與穆爾貝克的威廉的其他作品有很多相似之處，包括語言、用詞、格式等等；第三，就是學者認為他和多瑪斯．阿奎那是朋友，認為是受他所託而翻譯的。

拉蒙．柳利（Ramon Llull，西元一二三二或一二三五—一三一五年）

拉蒙是中世紀加泰隆尼亞的哲學家、神祕主義者、文學家、神父和修道士。他在世時被譽為「偉大的主教」和「第一個加泰隆尼亞哲學家」，是中世紀歐洲最重要的哲學家之一。

拉蒙出生於馬略卡島，成長於貴族家庭。年輕時，他是一個風流浪子，後來經歷了一次宗教經驗後，他投身於神學和哲學的學習，並開始寫作。拉蒙主張透過哲學和理性來了解神祕的真理，他的思想融合了亞里斯多德哲學和基督教神學，並對邏輯和元學（Metaphysics）[16]做出了重大貢獻。他的作品包括哲學、神學、修辭學、天文學、藥學、醫學、倫理學和神祕學等多個領域。他被視為中世紀的橋梁，他的作品對歐洲文化的發展產生了深遠的影響。

拉蒙是一位多產的作家，其中最著名的是《神祕著作》（*Ars Magna*）和《思想與慈善》（*Llibre de contemplació en Déu*）。他的作品在當時引起了很大的關注，並在歐洲許多地方廣泛傳播。他一生致力於神學和哲學研究，其思想與作品影響許多後來的哲學家和思想家。

他發明了著名的可旋轉的機械裝置「柳氏輪盤」（Llull Wheel，圖3），用於探討哲學和神學問題。柳氏輪盤由三個或四個旋轉圓盤組成，每個圓盤上有許多符號和詞語，可旋轉以產生不同的組合。透過將不同的符號和詞語組合起來，可以產生一系列問題和答案，以幫助解決哲學和神學問題。柳利認為這個裝置可以幫助人們直觀地理解神學和哲學的基本原理。由於它是一種可以用來進行邏輯運算和推理的機械裝置，因此被認為是早期電腦的一種形式。柳氏輪盤的設計可以看作是一種「程序」，使用者可以透過轉動不同的圓盤，選擇不同的符號和參數，來完成特定的計算和推理任務，是早期的電腦編程語言和操作系統的結合體，對於後來的電腦科學發展產生了一定影響。

圖 3　柳氏輪盤

16 元學（Metaphysics）：相信神的存在和神性特質的學問。因為人性有其局限性而無法理解神，但是可以透過認識神的創造物之正面特質來了解神。這些正面特質反映了神的神性，柳利稱為「尊嚴」（Dignities），他認為尊嚴是神的完美屬性，只有神才能達到完美的境界。柳利的元學還包括一個基於相似性的元學體系，人可以透過創造看出上帝的傑作，以便將其投射到神性之上。

中國一些易經大師常說電腦的0和1便是西方人從《易經》的陰陽學說竊取的，但其實不然，作為電腦的前身的柳氏輪盤，顯然是源於伊斯蘭文化中的數字組合學和分類學思想。柳利也著有《論地占術》（*Ars brevis*），紀錄柳氏輪盤的設計和使用。

英國皇家地占術

地占術在民間廣泛流傳，隨著相關著作的大量翻譯和傳播也引起了皇室的注意，英國歷代君王也會諮詢占星師與地占師，以便做出更好的政治決策。例如十五世紀的英國國王愛德華四世（Edward IV）就熱衷於地占術，他曾邀請地占術大師約翰・沃克（John Walker）為他占卜，並與地占師約翰・肯帕姆（John Kempe）長期聯繫。此外，英國史上最著名的女性君主伊麗莎白一世（Elizabeth I），也非常熱衷於地占術，甚至曾自己製作地占術的工具進行占卜。十六世紀的英格蘭貴族阿拉貢的約翰（John of Aragon），他甚至撰寫過一本關於地占術的手稿，目前收藏於大英博物館，編號為 Sloane MS 2484，就連當時英國著名的政治家和哲學家法蘭西斯・培根（Francis Bacon）也對地占術有著濃厚的興趣。

澳洲知名神祕學學者史蒂芬・斯金納教授（Stephen Skinner）在《地理占星術》一書

中也提及了幾本與皇室相關的手稿，並認為地占術不只是在民間流傳廣泛，也引起了皇室的注意。其中有份手稿「Royal 12.C. V」名為《現代地占術手冊》（*Presentum geomancie libellum*），依據手稿上的書寫風格和內容，學者們推測可能是在十五世紀初的英國撰寫，內容大多是行星地占術的技法，這反映了結合占星和地占的行星地占術，在中世紀時期特別受皇室和貴族階層的青睞，然而缺少更詳細的出土記錄，也有部分學者認為這份手稿與皇室相關的證據較為薄弱。

史蒂芬．斯金納的書中還提到一份收藏於義大利佛羅倫薩國立中央圖書館（Biblioteca Nazionale Centrale di Firenze）的手稿「CLM 1697」。這份手稿的作者與其用途並不清楚，也沒有與皇室直接相關的記錄，由於內容涵蓋簡單的占星術、地占術、塔羅、水晶等，被推測可能是替某位貴族編寫的一份娛樂性綜合魔法手冊。

大英圖書館還有一本手稿「Arundel MS 66」，也被稱為《阿倫德爾手稿》（*Arundel Manuscript*）。據信它曾屬於英國漢弗萊公爵（Humphrey, Duke of Gloucester）的收藏，他也是位地占師，曾收藏了「Sloane MS 365」、「Additional MS 6183」、「Additional MS

21164」、「Ashmole MS 390」幾份手稿。

除此以外，奧地利維也納國立圖書館的「Vienna 2352」是一份十四世紀，羅馬皇帝文策爾時期的占星和地占手稿。文策爾在位期間相當熱衷於占星和地占，這份文獻關於地占的部分比較基礎，但有提到地占與占星術相結合的技巧，還有些相關符咒的內容。這份手稿的內容確實可能是當時皇室所使用的地占術的記錄和指南。隨後在西元一三八二年，文策爾的妹妹安妮（Anne of Bohemia）嫁給了英國理查德二世，她發現英國皇室也同樣熱愛地占術。

文藝復興地占術學者

阿格里帕·馮·內特斯海姆（Henry Cornelius Agrippa，西元一四六八—一五三五年）

阿格里帕·馮·內特斯海姆是文藝復興時期最著名的神祕學家之一，他同時也是一位德國學者、醫生和神學家。阿格里帕的生平經歷十分豐富多彩，他曾擔任過作家、軍人和醫生等多種職業，但最為人所知的是他留下的著作——《神祕哲學三書》，該書於一五三三年出版。阿格里帕的神祕學生涯非常早期，當時他還被邀請到多勒大學授課，這是他開始以神祕主義的角度研究哲學和占星學的起點。

阿格里帕的著作《神祕哲學》涵蓋了幾乎所有中世紀的神祕學，其中也包括地占的使用方法。在這本書的二、四冊中，阿格里帕籠統地介紹了該如何解讀地占，以及給出每個卦象的入宮涵義，但地占的入宮法卻並未直接說明，書中的入宮法傳遞了各種錯誤，經後人推測才還原全貌。由於阿格里帕的著作是一本綜合性著作，所以地占的理論和技法不是十分系統和詳細。

羅伯特·弗拉德（Robert Fludd，西元一五七四—一六三七年）

羅伯特·弗拉德西元於一五七四年出生在英國肯特，畢業於聖約翰學院和劍橋大學，畢業後在歐洲各國遊歷了五年時間，最終在一六〇五年獲得醫學學位。他是英格蘭文藝復興時期的帕拉塞爾蘇斯派醫生[17]，同時是一位科學家、神祕哲學家、占星家、數學家、宇宙學家、卡巴拉師、薔薇十字會護教士及哲學家，與約翰·開普勒（Johannes Kepler）是同時代的著名學者。他的著作大部分都是拉丁語神智學、哲學和數學作品，其中《神祕微觀世界》（*Microcosmographia*）和《神祕的大宇宙》（*Utriusque cosmi maioris scilicet et minoris metaphysica*）是最為著名的作品。弗拉德在他的著作《神祕的大宇宙》中提出了一種新的地占理論和方法，這種方法被稱為「玫瑰十字地占」（Rosicrucian Geomancy）。這種地占方法使用十個帶有符號的石頭，稱為「封印」（Seal），這些封印代表了不同的星座、行星和元素，將它們拋在地上，根據它們的排列組合進行解讀。弗拉德認為，這種方法比傳統的地占更為精確，因為它考慮了更多的因素和變量，可以提供更全面和準確的占卜結果。

此外，弗拉德還在他的著作中探討了地占與宇宙和人類之間的關係。他認為地占不僅可以用於揭示未來的趨勢和方向，還可以幫助人們理解宇宙和人類的本質和秩序。在他的地占理論中，弗拉德將宇宙視為一個巨大的占卜板，地占則是人類與宇宙之間的溝通方式。因此，他的地占理論不僅具有實用價值，而且有著更為深刻的哲學和宗教內涵。

---

17 帕拉塞爾蘇斯派（Paracelsianism）：是早期的醫學運動，起因由醫生帕拉塞爾蘇斯（Paracelsus，全名 Philippus Aureolus Theophrastus Bombastus von Hohenheim）將醫學跟煉金術結合影響後世化學藥理。

克里斯托弗·卡坦（Christopher Cattan，十六世紀中葉）

克里斯托弗·卡坦是一位生活在十六世紀中葉的法國神祕學家、占星家、占卜師和地占專家。但無法確切知其生平。十六世紀末到十七世紀初，歐洲地占術已完全成型，各家各派各顯神通，在這期間裡，最為著名的是法國的克里斯托弗·卡坦，起初是因為他翻譯阿格里帕著作的法語版，隨後他的著作《卡坦占卜法》（*La Géomancie du Seigneur Christofe de Cattan*）出版於西元一五四七年，之後經過多次修訂和增補，成為地占領域重要的參考書之一。隨後由弗朗西斯·斯佩里（Francis Sparry）於西元一五九一年翻譯成英語，成為了歐洲最暢銷的地占書，如今原稿保存在大英圖書館內。

在地占方面，卡坦的貢獻主要在於他的著作《卡坦占卜法》中所提供的地占解釋方式。在占卜過程中，他強調了占卜者的內心狀態和專注度的重要性，認為只有心態平和、專注和敏銳的占卜者才能得出準確的占卜結果。卡坦的地占方法相對簡單直接，易於學習和使用。他的著作對後來地占研究產生了一定的影響，被認為是地占領域的重要參考書之一，尤其在法國和歐洲大陸地區具有一定的影響力。十六世紀下半葉地占術越發普及，但隨著十八世紀科學主義的興起，與占星術、煉金術一樣，眾人對地占術的熱度開始衰減。

拿破崙（Napoléon Bonaparte，西元一七六九—一八二一年）

雖然地占術在十八世紀並沒太大研究進展，但還有一位大人物對其興趣勃勃，他就是大名鼎鼎的法國皇帝——拿破崙。雖然有關於拿破崙與地占的傳說，但並沒有被歷史學家證實，都是由一些流傳在法國和歐洲大陸地區的傳說書籍和民間傳說中得到的。

其中一個傳說是，拿破崙曾經透過地占預測自己的命運和事業的興衰。據說在西元一八〇七年普魯士戰役前，他曾請來一位地占師進行占卜，結果顯示他將會戰勝普魯士。然而，這個傳說的真實性無法得知，歷史學家也無法證實這個事件的確切時間和地點。

另一個傳說是，拿破崙在埃及期間曾經請來一位地占師進行占卜，透過占卜預測了自己未來的命運。這個傳說的真實性無法得知，目前沒有相關的史料支持這個傳說。

部分現代地占書為了炒作，將其說成拿破崙在埃及得到了地占預言之書。隨著十九世紀科學主義的興起、一戰前近代神祕主義的復興，在二戰過後的新紀元運動裡，人們常喜歡模糊並誇大歷史，如今我們借助網路搜尋驗證，發現有許多歷史文獻是近二十年才重新整理，只要有心去學習就不再會被他們的言辭糊弄。

現代歐洲地占術

黃金黎明協會創立於西元一八八八年，近代神祕學大師如偉特塔羅的創作者亞瑟．愛德華．偉特（Author Edward Waite）、帕梅拉．科爾曼．史密斯（Pamela Coleman Smith）、詩人威廉．巴特勒．葉慈（William Butler Yeats）、和泰勒瑪主義創立者也是托特塔羅的創作者阿萊斯特．克勞利（Aleister Crowley）等，都曾是這個祕社的成員，相信大部分塔羅書都已經介紹過他們的故事。

黃金黎明建立在歐洲地占術的基礎上，整理了一套具有系統性的卡巴拉入宮地占法，稱為「黃金黎明地占法」（Golden Dawn System of Geomancy）。他們整合了不同地占傳統的方法，將其與卡巴拉相結合，建立一套自己的入宮法體系和地占魔法儀式，並且將地占的結果與卡巴拉的樹狀圖系統相對應。但無論是實踐經驗還是理論基礎，都沒有發現任何突破，反而在許多技法上畫蛇添足。

在二十世紀初不久，黃金黎明就因意見不合而解散了，各大核心成員獨自創立不同宗派。除了克勞利寫過一本《地占術手冊》（*A Handbook on Geomancy*）以外，黃金黎明體系的地占術並沒有在其他祕社中廣泛使用。不過克勞利並不擅長占星術，書中提及到的宮位涵義頗有問題，在克勞利後期所在的東方聖殿騎士團（Ordo Templi Orientis）和銀星會（A∴A∴）的課程裡，並沒有包含多少地占術的內容。在塔羅的設計中，偉特塔羅和托特塔羅的牌面上也只有零散的地占元素，比如托特塔羅中的圓盤七，牌面上的圓盤排列成了地占卦紅色（Rubeus）。

二十一世紀後，許多學者重新嚴謹地整理地占術的歷史和技法，目前約翰・邁克爾・格里爾寫的《地占術的技法和實踐》（*The Art and Practice of Geomancy*）的實踐技法最為豐富；而史蒂芬・斯金納教授著有《地理占星術》和新版的《地占術理論和實踐》（*Geomancy in Theory and Practice*），在歷史部分整理得最為清晰；網路上也有著名的地占部落格版主，如經營「Digital Ambler」的山姆・布洛克。

非洲地占術史

在非洲，伊斯蘭地占術與伊斯蘭教一起傳入，逐漸融合當地文化和信仰，形成了獨特的非洲伊斯蘭地占術。其傳播和應用，不僅在非洲產生了獨特的文化和信仰影響，還影響了非洲社會的政治和經濟發展。

伊斯蘭教的傳播和擴散起源於七世紀的阿拉伯半島，過程中，北非地區是伊斯蘭教傳播的關鍵點。伊斯蘭教在北非的傳播主要分兩個階段，第一階段是七世紀後半期到八世紀中葉，第二階段是八世紀末期到九世紀中葉。

在第一階段，伊斯蘭教主要是在阿拉伯半島，透過軍事征服和貿易等方式，從埃及進入北非。在七世紀後半葉，阿拉伯軍隊在埃及的征服過程中，首先接觸到了基督教和猶太教等當地的宗教，這些信眾對於伊斯蘭教的信仰方式和教義產生興趣，並與當地宗教和文化相互影響和融合，形成了一種獨特的文化和信仰體系，當地也有些居民開始對伊斯蘭教的擴散有所反抗與抵抗。隨著時間推移，伊斯蘭教的影響逐漸擴大，首先征服了埃及和利比亞，之後逐漸向西擴散，進而影響突尼西亞和摩洛哥等地。在摩洛哥內陸，伊斯蘭教擴散的速度非常緩慢，因為當地居民對於外來文化和信仰相當保守並且抵制。

在第二階段，八世紀末期到九世紀中葉，伊斯蘭教在北非更廣泛地傳播。此時伊斯蘭教從埃及向西擴散到了利比亞的費托，再繼續向西進入突尼西亞的卡爾塔哥，和摩洛哥的費茲。在這個過程中，伊斯蘭教採用了一系列有效的擴散策略。首先，伊斯蘭教透過建立清真寺等方式，將自己的信仰體系深入當地社會，提高宗教在當地的影響力和認可度。其次，伊斯蘭教透過海上貿易和軍事征服等方式擴大勢力範圍，控制了各種重要城市和港口，壟斷重要的貿易路線和港口。這些舉措使得伊斯蘭教在北非得到了廣泛的傳播。同時也有其他的因素。例如，突尼西亞和摩洛哥等地的政治不穩定，讓伊斯蘭教得以利用這種不穩定的局面來擴大自己的影響力。

當穆斯林占據了幾乎整個西非大陸之後，地占術也隨之傳入，主要集中在撒哈拉以南的西非和東非地區，而非洲其他地區也有其他類型的地占術。奈及利亞是撒哈拉以南非洲最大的國家，也是伊斯蘭地占術在非洲的主要傳承地之一。在奈及利亞，許多伊斯蘭教徒以地占術進行婚姻、商業和政治方面的決策。此處也是地占術傳統和文化的發源地之一，有多個地占術派別，其中最著名的是約魯巴地占術。

約魯巴地占術——奧杜伊法（Odù Ifá）、奧比伊法（Obì Ifá）

約魯巴地占術與伊斯蘭地占術一樣是以十六種卦組成的體系，有二百五十六種奧杜（odù）的組合，透過奧杜伊法（Odù Ifá）進行預測，每個奧杜伊法都代表著不同的預測結果。通常會用石頭、貝殼、骨頭等物品擺成不同組合來進行預測，這些物品被稱為「奧諾慕」（ọ̀nọ́mọ́）。

奧杜伊法透過十六顆石子或棕櫚果殼翻動與投擲的占卜方法來確定，類似中國寺廟裡的擲筊，每卦都有特定的名字和解釋，因此奧杜伊法可以提供更深入和全面的預測，通常由專業巫師來進行占卜；相比之下，奧比伊法（Obi Ifá）則更加簡單和直觀，可由一般人或初學者進行占卜。

約魯巴地占術還有些獨特的傳統儀式和文化活動，比如「奧杜伊法戲劇」（Ifá theatre）和「逃奴占卜儀式」。奧杜伊法戲劇是一種具有宗教、文化和藝術意義的表演形式，通常在節日、婚禮等特殊場合進行。而逃奴占卜則是種非常特殊的儀式，通常在有逃奴事件發生時進行，透過預測找到逃奴的行蹤和相關的訊息，這在約魯巴社會中曾是非常重要的儀式。

在奈及利亞，地占術不僅被用於重要決策，還被廣泛應用於醫療和治療領域。許多奈及利亞人相信地占術可以幫助他們預測疾病的發生，同時也有助於他們找到治療疾病的方式。在部分地區，地占術巫師還會根據預測結果，為患者開出具有療效的方劑，被認為是一種非常有效的治療方法。

達荷美地占術——法（Fa）

達荷美王朝是西非歷史上最強大的帝國之一，帝國的繁榮和發展與其地占術「法」密不可分。在達荷美王朝的統治下，「法」不僅僅是一種占卜方式，更是一種政治、經濟和社會的力量。

法是一種基於奴隸制度的地占術，起源於現代貝寧的祖國地區，並在達荷美王朝的統治下廣泛地傳播和應用。巫師通常會使用特殊的象徵符號和口訣來進行預測，通常被刻在木板上，稱為「awale」或者「adji」等，巫師會將這些木板撒上白色粉末，然後讀取和解釋符號。

與其他地占術不同的是，法的預測過程中不涉及具體的數字和計算，而是透過巫師的直覺和預感來進行預測。巫師通常會在詢問者的問題和狀況等基礎上，集中注意力和精神力，然後沉思、冥想和祈禱，最後透過解讀符號和口訣來得到預測結果。

在達荷美王朝的統治下，法不僅僅是一種占卜方式，它還被廣泛地應用於政經等社會面向。在政治方面，法被認為是一種神聖的力量，用來決定與預測王朝的命運；在經濟方面，法被用來預測天氣、農作物和商業活動等，從而為經濟活動提供指導；在社會方面，法被用來解決糾紛、調解矛盾和維護社會秩序。

馬達加斯加島地占術——錫卡杜（Sikidy）

馬達加斯加島的伊斯蘭化歷史可以追溯到十一世紀左右，傳播路徑是沿著紅海向南到非洲東海岸線，再一直到馬達加斯加。據考古和歷史文獻記載，十一世紀時期，阿拉伯商人和海盜已經開始在印度洋西部地區活動，其中一些人曾經來到了馬達加斯加島，並在該島上建立了一些據點和貿易站。

隨著時間推移，阿拉伯商人逐漸開始向馬達加斯加島傳播伊斯蘭教。最早接受伊斯蘭教的是沿海地區，其中一些地區在十三世紀末期已經完全被伊斯蘭化。在此期間，許多馬達加斯加人開始接受伊斯蘭教，並在島上建立了一些清真寺和學校。十四世紀時，島上的蘇丹阿爾・哈桑開始使用伊斯蘭教來統一該島，並建立了自己的王朝。這一時期，伊斯蘭教得到了更廣泛地傳播和應用，成為了島上最重要的宗教之一。

馬達加斯加地占術稱為錫卡杜（Sikidy），與阿拉伯地占十六卦型一樣。錫卡杜的起源最早可以追溯到馬達加斯加的居民和古代商人之間的貿易往來，最初是透過計算羊和牛的數量來進行的。錫卡杜的基本原理是將一組特殊的數字和符號劃分為十二個不同的部分，每個部分代表著不同的領域，包括家庭、愛情、事業、財富等。在進行預測時，巫師通常會在地上或者一張特殊的布上繪製一個圓形，然後在圓周上按照特定的順序擺放符號和數字。

巫師使用的數字通常是1到12，而符號則是一些特定的幾何形狀，如三角形、正方形、梯形等。每個數字和符號都代表著不同的涵義和預示，巫師通常會根據這些預示來進行預測。例如，數字1代表家庭；數字2代表事業；而正方形則代表穩定和平靜；梯形則代表進步和成功等等。

巫師通常會將一組特定的數字和符號隨機地擺放在圓周上，然後使用不同的技巧來讀取和解釋。例如，有些巫師會使用一支木棒或者手指來指向這些數字和符號，而有些巫師則會用手掌或石子來拾起和移動數字和符號。

除了上述這些占卜以外，非洲的「類地占術」也非常多樣，比如衣索比亞東部的哈巴義占卜（Habiyé）、尼日利亞的伊博占卜（Igbo）、桑吉占卜（Sango）、卡拉奇奧占卜（Karachiwo）和南部地區的奧拉韋占卜（Olowe）、西非地區的瑪拉布占卜（Marabout）、西非曼德語系地區的曼迪亞克占卜（Mande）、塞內加爾的納傑占卜（Nage）、丹迪比占卜（Dandibi，也稱為Dandibi or Kujamatay）和塔蘭布占卜（Talmbout）、塞拉利昂南部的泰卡占卜（Tika）、喀麥隆的哈珀占卜（Hupper）、納米占卜（Namji）和西北部的安達卡地占術（Andakere）、迦納東南部的阿納拉貢占卜（Analogon）、象牙海岸的安德里亞那賽占卜（Andriambahoaka）、中非共和國和剛果民主共和國的辛達占卜（Zande）、蘇丹南部希哈占卜（Shilluk）、布吉納法索的馬賽占卜（Mossi）等等。

阿拉伯和歐洲地占術的差異

目前大部分英文版地占書都在探討歐洲體系的地占術，而提到阿拉伯或其他地區的地占書則少之又少，英文版阿拉伯地占則完全沒有。阿拉伯地占術（阿占）為什麼那麼難學？我們一起來看看兩者有什麼區別。

一、阿拉伯地占術是複雜的祕傳系統，歐洲地占術是統一的普傳系統

首先，歐洲的地占術已經在大部分地區消失，只留下文本，而阿占在阿拉伯國家依然是一種連續不斷的傳統文化。儘管從十九世紀開始，許多神祕主義組織試圖透過研究古籍來復興歐洲地占術，但阿占卻是一種口耳相傳，自古以來未曾斷絕的技藝。在阿拉伯世界，地占術是一種需要得到許可才能學習的技藝。如果有意學習阿拉伯地占術，你必須找到一位師父

進行教導，而非僅透過閱讀書籍就能掌握。一些阿拉伯人曾警告筆者，許多地占書中隱藏著咒語，閱讀這些書籍的人可能會受到詛咒，是極其危險的，當他們帶著我解讀阿拉伯書的時候，遇到詛咒就會設法念經解咒，才能繼續往下閱讀。

因此，真正的阿拉伯地占術是祕密傳承的，公開出版的阿拉伯地占書中只寫有一些基礎的內容。真正的阿占必須透過師徒關係進行傳承，而且在還沒有到達某個級別前，一些祕傳技法是不得傳授的。這種保密的傳承方式限制了西方人對阿占的了解，導致現有的英文和拉丁文資料相對匱乏。此外，這種傳承方式也意味著阿拉伯地占術無法形成一個獨立的系統，就像現代巫術威卡（Wicca）[18]一樣，其內部存在著更細微的分支。相比之下，歐洲地占術則顯得更加統一，所有的書籍上都描述了相同的技法，沒有明顯的分支和派別之分。

二、阿拉伯地占術是一種靈修實踐

阿占並非僅僅是占卜，而是羅興亞傳統（Rohingya）和中東靈性實踐的結合。而現代地占在靈性方面主要是薔薇十字會（AMORC）所提出，其主要基於榮格的原型理論進行心理分析，與傳統的阿拉伯地占術有明顯的斷裂。阿拉伯地占術是一種靈性訓練，傳統的實踐者在占卜前需要進行祈禱和淨化儀式，透過洗禮和更衣與靈性的連接。據阿拉伯人所說，如果靈性未與占卜連接，效果將大打折扣。這與一些西方現代流派的理念是一致的。然而，筆者認為儀式並非必須的。比如，在塔羅牌占卜中，我們是否真的需要進行開牌儀式？在解讀星盤之前，我們是否必須進行某種儀式？如果不進行儀式，會影響我們的解讀嗎？中國術數中與地占術結構相似的奇門遁甲，也沒有明確要求必須進行儀式，才能得到有效的結果。那麼，為什麼地占術就必須是個例外呢？當然，如果我們在起卦前進行一種簡短的儀式以增強我們的直覺思維，也讓我們的心能靜下來，確實是一個不錯的選擇，因為解卦需要去除雜念，並平衡系統邏輯和直覺靈感。

18 威卡（Wicca）：在二十世紀初的反動思想下，威卡成了一個風潮。威卡的多元與開放不同於傳統宗教，其允許各式各樣的人找到屬於自己的方式。而不只遵循單一教義與規範。但大抵來說會遵循基本原則，好比季節的慶典或尊崇某些神靈。威卡是相對新興，屬於嬉皮、後現代蓬勃之時的風潮，有多神異教的概念。

三、阿拉伯地占術是靈性訓練，也是一種魔法實踐

阿占不僅僅是一種靈性訓練，它還具備實際的魔法效果，並運用了阿拉伯的精靈魔法和天使魔法，沒錯！說的就是「阿拉丁神燈」那種精靈。特別是在非洲的支派中，地占師透過與身邊熟悉的精靈互動來進行占卜。實踐者透過在沙盤上繪製符號，將沙子撒向空中，並念咒語，就完成了一場魔法儀式。

另外，由於阿拉伯地占術受到印度的影響，也採用了布施、禳解等技巧來解決卦盤中出現的問題。這種技法被稱為「Sadqa」。舉例來說，如果卦盤顯示出負面的結果，可以在同一卦盤中找到相應的解決方法，比如建議問卜者透過「向一位女性布施牛奶」來改變命運。至於歐洲地占術的魔法實踐，會使用阿格里帕的地占符文，或者召喚地占天使來尋求幫助。

四、阿拉伯地占術也是一種醫療體系

阿占具有預測性、判斷性和處方性。現代地占師通常能理解前兩者，但對於處方性則往往忽視。然而，阿拉伯地占術不僅限於預測和判斷，還可以用於開具藥方。在中東地區，這種將地占術用於醫療的做法非常普遍，類似於中國的中醫。如果想學習醫療地占術，首先需要學習尤納尼（Unani）醫學系統和希臘—阿拉伯的醫學理論。在歐洲地占中，雖然也存在使用地占術進行醫療的理念，但大多基於占星系統和四元素。

五、阿拉伯地占與歐洲地占的解讀方式不同

歐洲地占主要先觀察第一宮的卦象是否為龍尾，若是，則禁止對該盤進行解讀。接著，以第十五卦「法官」作為最終結果，並以第十三和十四卦「證人」作為補充說明，形成解讀整個盤的核心骨架。然後考慮事主宮位是否與事件宮位存在精準相位（perfection），以及與其相關的卦象是否相同，來解讀答案。而阿拉伯地占則先觀察第十五卦是否為鎖盤、是否有靈體干擾，有些地區還會使用Mice技法來評估盤中訊息的準確性。然後選擇使用相應的

先天卦系統（Sakin/Abdah/Bazdah等），觀察事件宮位的卦象及其先天卦所在位置給出解讀，並使用其證人卦來驗證訊息，或直接應用相應的解讀公式，如合卦、走盾、元素計分法（Abjad）、對比公式等。當然，還有一種被稱為「尋卦」（علم）的技法，讓盤自然流動以尋找答案，就像AI一樣，它會自動生成主謂賓定狀補語，連成一句話，猶如神明在向你口述預言一般。

總之，歐洲地占技法相對快速簡單，在最短的時間內得到最豐富的答案，而阿拉伯地占技法多樣化，提供的訊息更加豐富，但解盤過程相對繁複。儘管可以選擇直接學習阿拉伯地占，但我更建議初學者先學習歐洲地占作為入門。更多的區別後文再議。

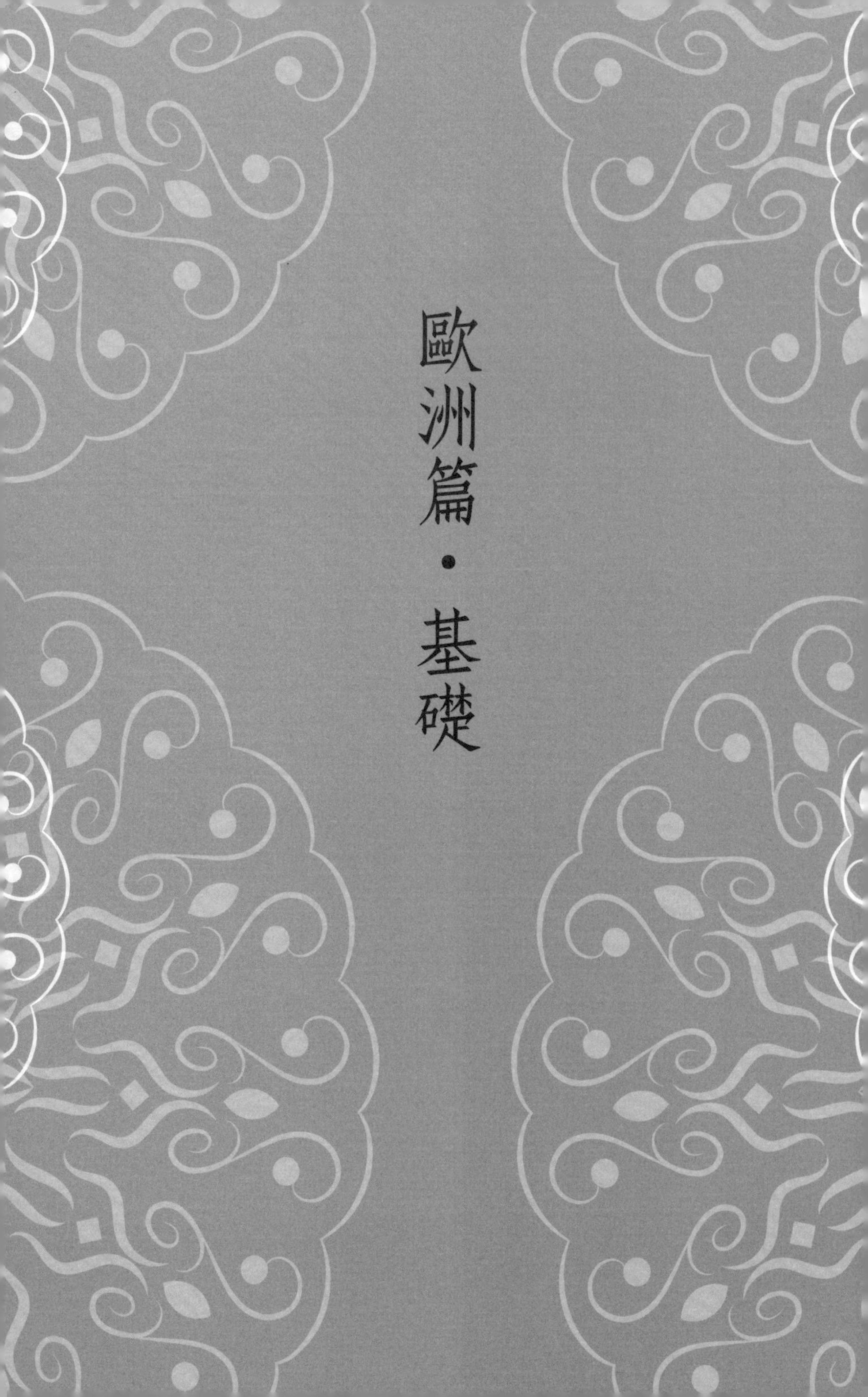
歐洲篇・基礎

初識地占十六卦

卜卦是什麼？

在介紹地占十六卦前，必須先對卜卦有全新的認知。我們將打破固有的易經八卦系統，去探索世界更多的陰陽卦象系統。在十多年前，筆者逐漸意識到，自己學過的五十多種占卜術之間有一個共同的源頭。在不斷尋求的過程中，我閉關研習，並在最終創造了「通卦」。通卦的宗旨是超越占卜術的表象，抓住卦的核心，將每一個瞬息都視為卦。如此，我們就不再拘泥於顯化出來的「法」或「術」，得以用更宏觀的視角來看待卦。基於通卦的理念，我在實際的教學過程中採取了與他人不同的方式。平時的教學不僅僅是為了學會用法，而是從「是怎麼被創造出來的」的角度討論。只有從事物創生的角度分析，我們才能全然理解一個體系。同時，這也能夠幫助我們放下對「法」的執著。只有放下法，我們才能將萬法歸一，走向更高的境界。

過去，筆者和許多人一樣，總是炫耀自己學過很多種占卜方法。然而，最終卻沒有真正地體悟，沒有達到「歸一」的境地與洞悉本質。也有一些靈修研習者認為占卜停留在三四次元或洩露天機，是「惡」的表現。但是，換個角度思考，占卜不正是一種修行嗎？卦是世界的縮影，是人們將客觀規律濃縮成若干原型，透過不同的視角來理解世界。學習占卜就意味著觀察世界，而只有「愛」才能引起內心的動念去觀察，只有熱愛生活才能觀察事物的微妙之處。坐禪是透過內觀來認識自我，而占卜則是透過外物照應而認識自我，因為萬物相互照應、連接與包含。因此，修行占卜需要將「格物」和「心學」相結合，將內外合一，才能真正地證得自我，並超越自我。所以，真正善於占卜的人並非僅是卜卦，而是透過心念的收斂與歸一，使內心純正。在這樣的境地下，何談「惡」呢？

如何學習好卜卦？

在過去的課程中，許多學生都會問一個問題：「之前學過其他的卦術覺得特別難，不知道地占能不能學得會？」但是，到目前為止，我教過的學生中，從七歲到六十歲的各個年齡層，都能夠學會地占。

此外，所有的卜卦都具有相同的思維方式，先有象徵，才有對應。許多老師會將這兩個方面放在一起講解，然而在實際的教學中，我們幾乎不涉及對應系統，因為那並不是卜卦的本質，每位大師都有獨立的對應系統，太過執著於對應就會糾結。

我們可以將大部分的占卜結構總結為：

起心動念（提問）—隨機起卦—象徵對應—結合現實給出解讀

象徵

象徵可以簡單地理解為卦所傳達的畫面和圖像。透過對這個畫面特性的感受與理解，將其投射到你的問題中，這就是卜卦的思維方式。如果以圖形的方式學習每一個卦，就能像孩童學習看圖說話一樣簡單。舉個例子，比如說「白色∷」這個卦，如果你以「陰陰陽陰」的方式學習，可能要花費很長時間才能理解為什麼這種陰陽組合會有緩慢的涵義。但如果你將這些點連接起來變成一個高腳杯，就很容易明白了，就像我們在包裝易碎品的紙箱上經常看到高腳杯的標誌，表示「注意！這裡是易碎品，要小心輕放」。透過圖像學習，會更加簡

單，甚至小朋友都能學會，這也是為什麼會有針對小朋友使用塔羅牌進行說話與聯想能力的訓練課程。門檻的高低並不取決於占卜方法本身有多難，而是取決於學習的方式。

對應

在一些高階占卜課程中常常強調複雜的對應系統，比如在塔羅牌課程中，某張牌對應卡巴拉的哪個源頭、哪個星座，而其他的對應則是錯誤的。然而，這種教學方法並不可取，因為對應系統並沒有絕對的對錯。對應系統的目的是為了更好地將卦應用於更多功能。以占星術為例，人們將行星和星座與身體部位對應起來，比如木星對應肝臟、大腿和臀部。這就是對應系統。那麼，對應是否絕對準確？答案是否定的。木星之所以對應這些器官，是因為木星是行星中體積最大的，具有膨脹的象徵意義，因此才會與身體中最大的部位和內臟對應。同樣地，水星具有訊息傳遞的意象，因此與神經系統、口腔、呼吸系統、手臂和肩膀對應。對應的根本在於象徵。如果將每個時代、每位大師的對應系統列出來，你會發現沒有重覆的，就像行星的對應系統一樣，威廉・莉莉（William Lilly）、阿格里帕（Agrippa）和比魯尼（Al-Biruni）的系統完全不同。那麼你應該使用哪個系統？哪個是對的，哪個是錯的？實際上，每個系統都可以使用，對應是人為設定的。你只需要選擇與你共鳴最深的系統即可，如果沒有偏好，也可以在進行卜卦之前先設定好想要使用的系統。

在本書中，我將列出所有出現過的系統供大家選擇。很多書籍和課程為了方便學習，只使用一種系統，但本書不會限制大家的視野，因為每個對應思路都有其道理。所謂對應的對錯只能說是作者在書寫手稿時的筆誤，比如傑拉德的對應系統中的錯誤。七百年來沒有人進行修正，只是機械地照搬書上的內容。然而，書籍也只是手稿的縮影，一個學者如果只看書而不翻閱古籍，將無法真正洞悉其中的深意。在本書中，我已經修復了手稿中各種破損的地方，並在附錄中列出了手稿的編號。許多國外的學者大膽地修復古典文獻，但本書可說是中文界第一本嘗試修復古典的神祕學書籍。

地占十六卦與易經八卦

地占的十六卦和易經的八卦都是基於對陰陽概念的運用。它們都將陰陽看作是宇宙中相互對立且依存的兩個極性。在地占中，每個卦象由陰陽線組合而成，每個線的陰陽屬性決定了卦象的特性。在《易經》中，八卦也由陰陽線組合而成，每個卦代表了不同的自然現象和象徵對應。

《易經》中以一橫為陽、斷線為陰，一共有三組陰陽結合，成為一個卦。

乾卦 坤卦 震卦 巽卦

坎卦 離卦 艮卦 兌卦

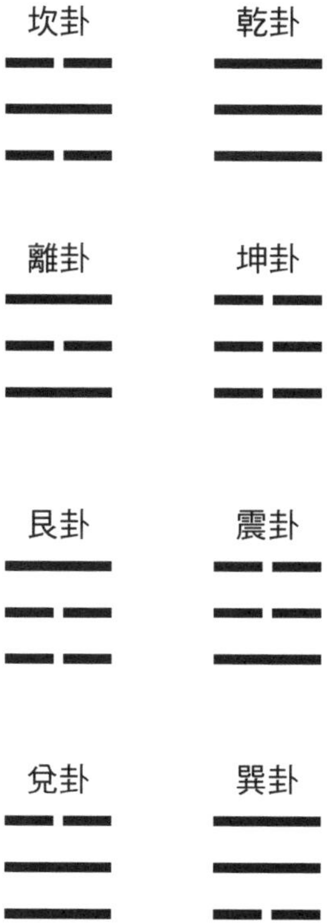

圖 4　易經八卦

地占同樣為一點為陽、兩點為陰，一共有四組陰陽結合，成為一個卦。

大吉 小吉 道路 群眾 獲得 失去 快樂 悲傷

結合 限制 白色 紅色 男子 女子 龍首 龍尾

圖 5　地占十六卦

每一組陰陽從上到下分別對應一個元素：

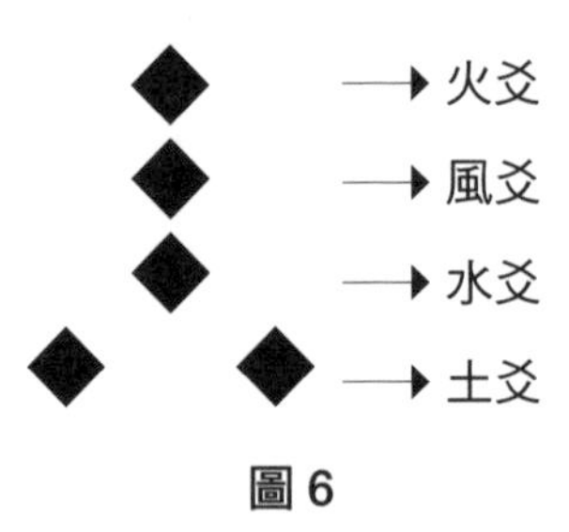

圖 6

每一個行我們稱之為爻，陽代表有，陰代表沒有。從上到下分別為：火爻、風爻、水爻、土爻。如圖6所示，這個卦火爻呈陽、風爻呈陽、水爻呈陽、土爻呈陰。代表這個卦包含火風水元素，而缺乏土元素，也就是落實到現實的能力。我們要理解一個卦，首先從形象入手，像觀星一樣，看看把點連起來像什麼樣子，結合卦象的名字觀想，透過觀想去感受和卦象帶來的象徵，透過象徵觀察不同人給出的對應系統。除了以上這些，地占還可以透過卦象的變卦去反推涵義。

每個卦本身可以稱為「本卦」。而每個卦的「變卦」又可以分為三種形式：

逆卦（Inverse）	倒卦（Reverse）	倒逆卦（Converse）
逆卦是指將卦象陰陽顛倒過來的形式。它是本卦的每一個爻陰陽反轉，表示原卦的相反或反向意義，通常用於闡述與原始卦相對立或相反的概念或結果。比如男子的逆卦，就會變成白色；龍首的逆卦就是快樂。	倒卦是指將卦象上下顛倒的形式。它與本卦相比，也代表了相反的涵義，比如男子的倒卦就是女子；龍首的倒卦就是龍尾。由此我們也可以得出因為男子與白色、女子都是反義關係，所以女子和白色有著近義關係。	倒逆卦是指將卦象同時陰陽顛倒再上下顛倒的形式，即逆卦的倒卦。倒逆卦在地占術中是相對獨特的，它表示與本卦近義的卦象。倒逆卦可以被視為本卦的衍生形式。例如男子的倒逆卦＝倒卦白色，白色的倒卦是紅色，因此負負得正，男子與紅色是近義關係。紅色與男子也都是火星守護的兩個卦象。

對於阿占來說，本卦的變化會更多地使用以下四種變化：

觀望卦（Nuzur）	發聲卦（Nuduq）	連接卦（Ittisal）	分割卦（Infisal）
將火爻陰陽轉換。如男子的觀望卦是獲得。代表本卦的宮位，即關注的事物。	將風爻陰陽轉換。如男子的發聲卦是限制。代表本卦的宮位，即正在描述或提問的事物。	將水爻陰陽轉換。如男子的連接卦是道路。代表本卦的宮位，即得到的事物。	將土爻陰陽轉換。如男子的分割卦是小吉。代表本卦的宮位，即失去或分離的事物。

以上會在之後的章節詳細解讀。

十六卦釋義

第一卦：大吉（Fortuna Major）

拉丁語Fortuna Major的意思是「大吉」，顧名思義是最吉的卦之一。「陰－陰－陽－陽」的組合，它的外形像是一棵結滿果實的大樹，也像一條流經山村的河流。試著以圖聯想，產生什麼樣的感受，能想起什麼？

觀想學習法

最吸引人的是這棵結滿果實的樹。那些果實是透過持續努力的耕耘而獲得的，它們象徵著過去的奮鬥，為我們帶來了現在的幸福、成功和好運。它們代表著漫長的過程，需要耐心和時間，一旦收穫，它們將帶來持久的回報。

那棵樹枝繁葉茂，展現出蓬勃的生命力，也象徵著內在的力量。它顯示出一個人擁有內在的力量和獨立解決問題、克服困難的能力。這意味著這件事情沒有依賴他人的幫助，而是個人獨立完成的成果。

作為一棵高聳入雲的大樹，它深深扎根，保持了穩固。樹根的深度代表著事物的穩定和堅固性。它象徵著一種長期的穩定狀態，如固定的財產或不可動搖的實物。

儘管這棵樹結滿了果實，但它卻無法主動摘取。它象徵著無私奉獻的精神，樂於與他人分享。然而，也可以從另一個角度來看，這也意味著它處於被動的狀態，受制於環境的限制。要獲得成功，可能需要經歷艱辛的努力。

那棵樹呼喚著我們情感的共鳴，它是希望、奮鬥和耐心的象徵。為了美好的未來和那些充滿果實的收穫，我們必須在開始和結束的過程中堅持不懈。

元素學習法

從元素結構的角度來看，大吉卦缺乏火和風元素，而強調土和水元素的存在。這種元素組合與火和風元素形成對比，因為水和土元素代表著黑暗和緩慢的特性。

水元素提供了植物所需的養分和濕潤，它是生命的滋養者，也是構建物質的基礎，使得植物能夠成長茁壯。土元素則為植物提供了根系扎根和生長的支持。這種元素結合為成功和成長提供了良好的基礎和環境。

土和水元素的組合象徵著富饒和豐收。正如古老的文明所展示的那樣，山河的組合是繁榮和文明的象徵。它們提供了穩定和持久的環境，促使事物能夠茁壯成長並取得成功。

總體而言，大吉卦的元素組合以土元素為主，強調穩定和持久的成功。它提醒我們在追求目標和取得成就時，需要建立堅實的基礎和良好的環境。這種元素結構提醒我們重視保持努力和穩定的發展，以實現真正的成功。

對應學習法

✡ 行星：太陽（日出的太陽、白天）

★ 星座：獅子座

「大吉」是地占卦中最為吉利的卦之一。它象徵著內在的成功和戰勝所有困難的力量。儘管成功可能需要一定的時間，但它是緩慢且必然的。這是一種積極面對、克服困難而非回避逆境的態度。它代表著永恆、持久、不依賴外部因素的成功和增長。因此，在地占卦中，它被認為是最為吉利的卦象。

我們可以用輪子或圓形來理解「大吉」和「小吉」。它們都受太陽的守護，從地平線的最低點升至最高點，然後再從最高點降至最低點。以獅子座為熱度最高點，水瓶座為最虛弱點（對宮），「大吉」象徵著從最低點逐漸向上升起的半圈，從黑暗中逐步展現出光明，從地面升至天空。它不斷增強自身的力量、光芒和溫暖，即使在一年中最黑暗、最寒冷的時候，太陽也始終是溫暖的象徵。

結構學習法

共有6個點，為偶數卦，所以它在描述客觀事實，是代表穩定、緩慢、漫長的卦象。

逆卦：為小吉，意味著大吉不像小吉那樣依賴於外部條件的助力，也不是短暫的成功亦或虛弱的表現。

倒卦：為小吉，同上。

倒逆卦：與它本身相同。

實踐經驗

雖然卦象可以分為吉凶，但在面對具體問題時，我們需要根據問題的主題來確定最終的吉凶。

有利：對於需要持續發展的事物，努力工作並建立堅實基礎是有利的。

不利：對於希望快速獲得結果或需要依賴他人幫助的事物而言，情況不利。

關鍵詞：緩慢但必然的成功、需要耐心、不依賴外物、克服逆境。

根據筆者的實踐經驗，現代人面對大吉並不像古代案例中那樣幸運。比如在感情問題上，遇到大吉可能意味著兩人面臨巨大的障礙，需要共同克服才能長久相處。然而，現代人在面對困難時常常退縮，因為選擇眾多，要求又高。他們可能會說：「他並不像某某人那樣對我好，為什麼我還要和他在一起？」這成為許多人即使遇到大吉也無法走向幸福的理由。另外，在財務問題上也存在類似情況。例如：「我堅持不了那麼久，還有家人等著我養活。」總的來說，對於快節奏的現代人來說，大吉已經不再像過去那樣吉利，它似乎更加突顯了在大吉來臨之前所經歷的坎坷與挑戰。

第二卦：小吉（Fortuna Minor）

拉丁語Fortuna Minor中文指小吉，較小的幸運，是「陽─陽─陰─陰」的組合，就是我們文化中小吉的意思。如果將點連起來，圖像就如同果實從樹上掉落到了樹下。

觀想學習法

我們可以想像一個畫面：果實從樹上掉落到了樹下，猶如一場自然的洗禮。細小而豐盈的果實輕輕落在地面上，布滿了一片翠綠的草地。陽光透過樹葉的縫隙灑下，將果實映襯得更加耀眼動人。

這些果實散落在地上，散發誘人的香氣。蜜蜂和蝴蝶在花叢中翩翩起舞，被豐盈的果實所吸引。小鳥們歡快地歌唱著，跳躍在果實之間，享受著甜美的盛宴。

首先，讓我們聚焦在樹上的果實掉落的意象。果實從樹上掉落，無需我們費力攀爬，就能輕鬆地撿拾到美味的成果。這象徵著我們能夠坐享其成，不需付出過多努力，就能獲得成功的機緣。然而，這種成功卻只是短暫的收益，如同抓住了一瞬間的機會，一旦把握不當，便轉瞬即逝，消失得無影無蹤。

其次，我們來思考這種成功是如何實現的。果實掉落需要外界的幫助，或是因為它已成熟，或是因為受到外界環境的影響而脫離樹枝。這種成功往往依賴於外界的支持和幫助，而非個人的努力。它象徵在某些事情中，我們能夠得到外界環境或他人的助力，輕鬆獲得幫助和支持，使事情變得更加順利。這種情況下，我們更容易得到助力，從而達成目標。

然而，當樹上的果實被摘下後，無論是因為時機成熟還是受到外界環境的破壞，它最終失去了果實，需要再次成長才能重新開花結果。這象徵著在獲得短期的收益之後，若想再次獲得成功，就需要再次付出巨大的努力。如同樹木需要重新生長、開花結果，我們也需要重新投入時間和精力，為實現新的目標而奮鬥。

透過觀察大吉和小吉，我們可以看到它們都是吉卦，但它們的涵義卻截然相反，同時又是相互依存的。這種一體兩面的關係在地占術語中被稱為「對卦」，在英文地占書中被稱為

「reverse figure」。有時候，這個名稱也會被用於另一個概念——把卦象「顛倒」過來，形成一個新的卦象，而在本書中，我將其區分為「對卦」和「倒卦」。

在占卜中，對卦是指兩個卦象在結構上相反，但是又相互關聯，彼此呼應。大吉和小吉正是這種對卦的典型例子。大吉代表著穩定、持久、內在力量和不依賴外物的成功；而小吉則代表著快速、短暫、依賴外物的成功。它們相互呼應，構成了一種完整的卦象體系。

元素學習法

「小吉」從元素結構的角度來看，含有火和風元素，而沒有水和土元素。火和風元素代表能量和流動性，具有光和熱的特質，但同時也是不穩定的，容易失去控制，無法持久地維持。就像火焰沒有引火物或火爐來保持，它只能不斷燃燒著有限的資源，最終變得空空如也。雖然看似火焰不斷壯大，但它無法持久地延續下去。因此，這種風和火的組合象徵著短暫的存在，一旦經過，便會消失。從整體來看，它對應火元素。

對應學習法

✡行星：太陽（日落的太陽、傍晚）

★星座：獅子座

「小吉」傳達的是不穩定且不持久的成功，它依賴於外界的支持，但也不能過度依賴。這個卦象象徵著快速、躲避和逃離。與「大吉」一樣，「小吉」同樣受到太陽的守護，它代表著太陽從最高處下沉的一半時間，從獅子座下降到黑夜的金牛座[19]，或從北半球下降到南半球的天空。太陽無論何時、何地，都提供著熱量、光線和溫暖。因此，將「小吉」運用到生活中時，它仍然代表著成功和幸運，仍然賦予生命力量，而非凶兆。然而，此時的太陽正處於逐漸衰弱的狀態，光芒和影響力逐漸減弱，能照耀到的人也越來越少。在命運之輪上，「小吉」表現出從上到下的旅程，如果不主動跳下來，就會在輪子下被輾毀。在命運之輪上，儘管感受非常美好，生活充滿活力，但命運多變，美好時光甚至比想像中更短暫。

與「大吉」不同，「小吉」更多地依賴外界的幫助和運氣。雖然可以迅速獲得外界幫助，但同樣容易失去。在生活中，獲得他人的支持固然有益，但一旦失去他們的支持，我們可能會感到無所適從。這種快速的得失象徵著「小吉」的快速結果和變化。因此，對於解決眼前問題、需要迅速放棄或獲得的事物而言，「小吉」是有利的，但對於「大吉」擅長的事物則不太適用。

結構學習法

共有6個點，為偶數卦，所以是描述客觀狀況而非主觀經驗。是代表變動、快速、短暫的卦象。

逆卦：為大吉，說明「小吉」是一種相對不獨立的成功，它不代表最終的目標，也不是唯一的選擇，成功的時間較短，很快就會衰敗。

倒卦：為大吉，同上。

倒逆卦：同為小吉。

19 星盤上，獅子座與金牛座呈九十度角（圓的四分之一），亦即獅子座到金牛座的時間是四分之一天，也因此太陽從獅子座下降到黑夜的金牛座系經過了六個小時。

實踐經驗

有利：適合短期的事情。適合不勞而獲的事情。

不利：不適合長期的事情。遇到困難很快就會放棄。

關鍵詞：暫時的、表面的、易變的，是受空間和時間約束的。

在理論上，「小吉」被視為次吉的卦象，但實際上在當今時代「小吉」其實更加有利。大多數人希望能夠輕鬆獲得成功，期望天上掉餡餅，躺著就能得到財富；感情方面也不願意經歷長期的經營，更傾向於快速閃婚；在職場上，人們寧願使用人工智能來替代員工；在資訊時代，「小吉」似乎比「大吉」更具優勢。就像在阿拉伯的地占中，「小吉」的地位確實比「大吉」更受重視。如果我們將十六個卦象中的哪一個用以象徵國王，它並不是「大吉」或者「道路」這些具有良好能量的卦象，而是「小吉」——可以躺著享受別人的服務，不勞而獲，有什麼比這更幸福的呢！

當然，在感情方面，它代表著一段短暫的感情；在財富方面，它代表著快速獲取財富的工作，甚至不需要工作，只需坐享其成。然而，一旦獲得一筆財富，故事就不能繼續，如要獲得第二筆財富，仍然需要透過辛勤的工作。

第三卦：道路（Via）

拉丁語Via，中文是指「道路」，也有人稱為「旅程」或「蠟燭」。「陽—陽—陽—陽」的組合，是唯一一個純陽的組合，就像易經八卦的「乾卦」，代表著強大、積極的純陽之氣。如果將點連起來，圖像就像一條筆直通往遠方的道路，或是一個孤單的人，而我比較喜歡用河流和一條道路去作為觀想的畫面。

◆◆◆◆

觀想學習法

現在，請你們放鬆身心，閉上眼睛，進入一個寧靜的狀態。想像自己置身於一條特別的道路上，這條道路是一條單行道，只有你一個人能夠通行。感受一下這種孤獨的氛圍，體驗一下面對挑戰和困難時獨自一人的感覺。

現在，把注意力轉向這條道路的景象。它向遠方延伸，你無法確定前方是筆直還是彎曲，這讓你感到一絲迷茫。但是請記住，這種不確定性也代表著事情的結果並非一成不變，它可能帶來好的一面，也可能帶來壞的一面。請接受這種變化的可能性，讓不確定性在你心中沉澱下來。

繼續觀想，這條道路一直向前延伸，沒有任何岔道。它代表著新的旅程的開始，你有明確的方向和目標，清晰地知道自己要前往何處。儘管有明確的目標，但未來仍然充滿變化與可能性。把這個觀想的感受牢記在心中，現在，慢慢地回到現實世界中。

元素學習法

在「道路」卦中，它具有純陽的特質，擁有完整的元素結構，並常常被對應到水元素。它代表著強大和變化能力，就像一條大河，能夠改變周圍的事物和狀態。它的力量不是透過強行改變他人，而是透過自身的自由流動和適應性來影響和轉化他人。

火焰向上燃燒，空氣向外流動，土壤向內收縮，而水則透過自身向下流動。這種自由流動的特性使得水能夠快速改變周圍的環境和形態。正如古希臘哲學家赫拉克利特所說：「人不能踏進同一條河流兩次。」河流中的水不斷變化，隨著水量的變動，它可以改變河道的方向和形狀。這象徵著水的變化性和能動性，以及它對周圍環境的影響力。

對應學習法

✡行星：月亮（下弦月）

★星座：巨蟹座

「道路」卦象對應滿月充盈的能量狀態，代表著從滿月到新月的變化。這個變化體現了一切事物的轉變，從曙光到黑暗，從輝煌到陰鬱，從喜悅到悲傷，從自由到禁錮，從真相到謊言，從滿足到恐懼。它提醒我們一切事物都具有雙重性，並且存在於一個平衡的狀態中。

「道路」卦象象徵著一種不斷變化的平衡，就像一個搖擺不定的天秤，在兩端之間快速轉換。增加後下一刻又會減少，並且所有力量都在這個平衡狀態中存在。這種平衡和變化的系統就像太極圖中陰陽的變化，是一個完整且穩定的系統。

結構學習法

共有4個點，為十六卦中最少點數的卦，且為偶數卦，因此是描述客觀狀態，代表了變動的、快速的、短暫的卦象。

逆卦：為群眾，說明道路是不穩定的、不多的、不靜止的。

倒卦：為道路本身。

倒逆卦：為群眾，指它們是一體的循環。

在地占中有一個基本技法稱為「合卦」，可以透過將兩個卦合併成第三個卦來產生新的卦象，我們稍後再介紹。任意一個卦與「道路」合卦，就會變成它的逆卦——變成與一相反的樣子。例如與「大吉」合卦，變成「小吉」。因此，「道路」是完全一百八十度的變化，與凶卦合卦，凶卦就會變成吉卦，與吉卦合卦就會變成凶卦。所以道路是一個中性卦，不好也不壞。

實踐經驗

有利：在面對壞事情時，道路的出現是有利的。它代表了所有力量的結合，是地占中最活躍和最具移動性的卦象。它的能量充滿活力，強大而有活力，能夠帶來劇烈的變化。

不利：在面對好事情或者當我們渴望保持穩定和舒適狀態，留在原點時，「道路」的出現就變得不利了。它可能帶來劇烈的變化和動盪的能量，打破現有的平衡和舒適狀態，讓我們陷入不確定性和挑戰中。

關鍵字：所有力量的結合、活躍、移動、有活力、強大、劇烈的變化。

在實踐中，我們通常會根據具體個案的背景來解讀卦象的意義。例如，當個案的感情出現問題時，「道路」的出現可能指示未來會有和好的變數。然而，如果兩個人詢問是否能夠長久並結婚，尋求穩定的結果時，「道路」的出現就可能不利了。因此，我們需要明確自己對未來的期望，來確定「道路」是吉是凶。

此外，卦象的具體位置也會影響其解讀。例如，當一宮出現「道路」時，可以表示這個人目前單身；而當五宮出現「道路」時，可能代表該人有明確的喜歡對象。在不同的位置上，對卦象的意義解讀也會有所不同。

因此，在實際應用中，我們需要根據具體的情況和卦象的位置，綜合考慮吉凶的判斷依據，以更準確地解讀和應用「道路」卦象的意義。

第四卦：群眾（Populus）

拉丁語Populus意為群眾，就是一群人。如同《易經》中的「坤卦」是純陰的組合。如果將點連起來，圖像就如同是一群人圍在一起。此外群眾也可以代表朋友、家庭或團體組織的介入。對群眾基礎的感悟，我們還是先從想像一群人的畫面開始。

觀想學習法

讓我們一起進入觀想的空間，想像著一個古老的小鎮，這個小鎮聚集著一群人，他們彼此熟悉，代代相傳。這個小鎮的生活平靜而穩定，沒有太多的變動，人們以安靜的方式過著自己的生活。

你站在小鎮的中心，四周是一群人，他們互相交流、走動，笑聲和喧囂聲此起彼落。這群人沒有明確的目標或方向，他們只是一個集合，一個群體。你感受到他們的存在，感受到這個群眾所擁有的力量。

人群中的行動是如此分散，缺乏明確的引導或目的。他們彼此碰撞、交錯，就像一片散沙，缺乏組織和協調。沒有人引導他們，他們就沒有方向和目標感，這個場景讓你感受到群體的潛力，但同時也感受到混亂和不確定性。

這個小鎮代表了群眾的穩定性和安全感。在這種穩定中，群眾可以安心生活，不受外界的干擾和變化影響。然而，這也意味著他們沒有太多的變動和進步，缺乏明確的目標和引導。他們像水一樣，順流而下，適應著環境的變化，但並沒有自己的獨立意識和目標。

在這個觀想中，我們可以體會到群眾的力量和潛力，同時也看到了領導者的重要性。領導者可使群眾的力量集中和發揮，為整個群體帶來秩序和目標。「群眾」需要一位像「道路」一樣的領導者相互依存，共同構成穩定而有活力的社會團體。

群眾是一個中性的詞，它可以帶來正面的改變，也可以帶來負面的影響。這取決於領導者的能力和目標。如果領導者有正確的引導和明確的目標，這群人的力量足以破壞世界，產生積極的變革。然而，如果領導者缺乏方向或目的，這群人的力量可能會造成負面的影響。

道路是變化，群眾是不變；道路有著明確的目標方向，群眾卻是沒有方向；道路代表少但有，群眾則代表多，同時代表無。

元素學習法

「群眾」在解卦中的難點，在於需要理解象徵中的「多」和「無」、「平靜」而「渾濁」兩種象徵之間的矛盾。我們需要透過對元素的感悟去理解這層涵義。

「群眾」是地占中唯一一個沒有任何元素的卦象，正因為如此，它能夠反映一切事物。就像一個剛出生的孩子，因為一無所知也一無所有，所以學習能力是最快的。如果「道路」是一條河流，「群眾」就像是一汪靜止的湖泊。湖泊可以倒映天空，天空中可能有不同的雲朵、陽光、星星或月亮，每一天都帶來不同的景象，表面是多樣性的。「群眾」卦提醒我們，面對生活中的挑戰，我們應該像水一樣靈活適應。水具有自由流動和適應性強的特性。它能夠隨著環境的變化而變化，並快速適應不同的形態和狀況。不僵化、不固執，根據具體情況做出最適應的反應。這就像李小龍所說的名言：「成為水吧，我的朋友（Be water my friend.）」。

但湖泊作為一個靜止的水域，如果與河流形成相反的象徵，就代表著一潭死水，失去了新鮮流動的力量，這樣的湖泊會變得十分渾濁。群眾的「平靜」與「渾濁」就像公司內部的溝通和協作存在著一種平靜但渾濁的狀態。雖然團隊成員都表現出和諧的表面，但在工作中卻缺乏積極的互動和創新。這種情況使得公司的發展受到了限制，無法迅速適應市場變化和應對挑戰。

群眾的「多」和「無」，我則喜歡取這個比喻：就像一個人同時和多個人約會、交往和投入感情。雖然他可能會感受到多重的激情和浪漫，但卻很難給予每個人足夠的關注和關懷。這種分散的關係模式可能導致情感的冷漠和疏離感，因為沒有人能夠真正得到他的專注和真心，很多感情就代表著沒有感情。

對應學習法

✡行星：月亮（上弦月）

★星座：巨蟹座

在占星學中，我們將「群眾」與上弦月對應。上弦月代表著緩慢的成長和事物的穩定性，就像一個小鎮會因為人口和資源逐漸增加而慢慢擴張。月亮逐漸增大的過程在一些傳統中也象徵著力量逐漸增強。

我們可以將群眾與月亮的意象聯繫起來，因為月光是源自於太陽光，所以群眾也是反映了周圍事物對群眾的影響和作用。就像月亮從太陽獲得光芒一樣，群眾也從周圍的環境中獲取力量和能量。

在星座方面，與「群眾」對應的是巨蟹座。巨蟹座代表著穩定性和安全感，代表內在和家庭，與「群眾」的穩定性和安全感相契合，象徵著事物持續發展和群體的力量。

結構學習法

共有8個點，為偶數卦，且是十六卦中點數最多的卦象，對應的是客觀狀態。代表了穩定、緩慢、漫長。

逆卦：道路，說明群眾是沒有活力的，是不變、不轉彎的。

倒卦：它本身。

倒逆卦：道路，說明道路和群眾是一個循環。

在盤中，當任意兩個相同的卦象合卦，永遠都會變成群眾，代表著一群人有著共同的目標、觀念和希望。就像一張白紙等待著一支筆，群眾象徵著等待新的可能性的靜止狀態。

實踐經驗

有利：當我們面對需要達成共識和和諧的情況時，群眾卦可以被視為有利的因素。或者希望一件事物多時，就是一個好的卦象。

不利：當我們渴望獨處或者追求改變時，群眾卦就可能變得不利了。群眾的眾多可能會帶來無盡的干擾和壓力，阻礙我們尋找內心的平靜和靈感。特別是當群眾卦和不好的卦一起出現時，它會加劇這種不利的狀態。如果不希望一件事物多時，就是一個不好的卦象。

關鍵詞：穩定、安全、多而沒有、平靜中的混亂。

當問及感情問題時，如果出現在五宮意味著有很多選擇、濫交的狀態（多），或是並沒有明確的愛（無），表示一種多則無的狀態。如果問及職業方向，比如出現在六宮或職業所對應的宮位，則代表這種職業方向，將會工作量多，忙得不可開交（多），卻賺不到多少（無）。

第五卦：獲得（Acquisitio）

拉丁語Acquisitio，意思為獲得、得到。為「陰─陽─陰─陽」的組合，如果將點連起來，圖像就如同兩只正立的碗，可以承裝物品。如其字面涵義，這個卦非常簡單直接，指向得到。

觀想學習法

獲得是十分好理解的，想像著兩只正立的碗，它們擺放在我們面前。這兩只碗代表著我們可以承載和獲得的實物，它們象徵著物質層面上的佔有和經濟上的獲得。當我們努力工作、面對問題並且經歷反思後，這些努力和經歷都變成了過去，現在我們已經獲得了實際的成果。

讓我們一起進入觀想的空間，想像自己置身於一座繁華的都市中。高樓大廈拔地而起，霓虹燈閃爍不停，人們匆匆忙忙地穿梭在擁擠的街道上。這是一個充滿了繁忙和物質追求的世界。

在這個城市中，你是一位成功的商人，擁有著許多財富和物質的積累。你住在一幢奢華的公寓裡，駕駛著名車穿梭於豪華商場之間。每天你都與人們打交道，進行著商業交易，獲得著更多的財富和地位。

然而，儘管你擁有了世俗上所追求的一切，你卻感受不到內心真正的快樂和滿足。每天的生活變得單調而空虛，沒有情感陪伴和內心的富足。你發現自己越來越迷失，對於財富的追逐變得毫無意義。

元素學習法

風和土元素為陽性，缺乏火元素和水元素，整體上對應風元素。

在「獲得」卦中，我們可以看到風和土元素的結合。風象徵著與他人的互動和交流，而土代表著實際的物質世界。這個卦象告訴我們，獲得財富和物質資源往往需要與他人進行交易和互動。

在我們的日常生活中，我們經常透過交易來獲取所需的物質資源和財富。這可以是我們購買商品或接受服務的過程。透過與他人進行交流和合作，我們能夠滿足彼此的需求，並共同創造價值。

然而，我們要注意到金錢和物質財富並不能帶來真正的快樂和滿足。它們只是滿足需求的一種工具和媒介。真正的豐富和幸福來自於內心的滿足和與他人建立深層次的關係，沒有火元素的激情和水元素的柔情，「獲得」只是世俗上的獲取，所以在感情問題裡，這個卦暗示著只有肉慾，並沒有流露太多感情。

對應學習法

✡行星：木星

★星座：射手座

「獲得」卦象對應著順行的木星。木星作為最為吉祥和強大的行星之一，象徵著擴張和增長。「獲得」卦象意味著實實在在的物質收穫、幸運和良好的收入，直接明瞭地代表著獲得、提升、接受、獲取。無論在哪個方面的問題中，都象徵著「得到了它」。

作為人類，我們常常渴望擴張、成長和獲取物質上的回報。因此，「獲得」在一般情況下被視為吉利的卦象，僅次於大吉和龍首。然而，我們要注意到在特定情況下，獲得並不代表好事。例如，當我們詢問與疾病有關的問題時，獲得疾病自然是不利的；當我們詢問與債務有關的問題時，獲得債務當然也是不利的。因此，卦沒有絕對的吉凶，它需要根據具體情境來判斷。

結構學習法

共有6個點，為偶數卦，所以是在描述客觀，是穩定的卦象。

逆卦：失去，說明「獲得」是與得到、收穫、積累，包含所有與失去相反的意思。

倒卦：失去，同上。

倒逆卦：為它本身。

實踐經驗

有利：在想要獲得某些具體的物質，比如找人、找東西、金錢、房子的時候，或落在財帛宮為吉。

不利：當想要獲得感情、情緒支持、減肥，以及疾病、死亡、邪惡、負面的事物時，「獲得」自然是凶卦。

關鍵詞：獲得、增加、拿到、得到、收到以及找到。

當我們期望獲得某些東西時，比如尋找人或物，「獲得」卦落在財帛宮（二宮）時被視為吉兆。這意味著我們有可能成功地找到我們所追求的東西，達到目標並獲得財富和豐盈。財帛宮代表物質財富和價值，所以「獲得」在這個位置上具有積極的涵義。如果問及感情，則獲得多指肉慾而缺乏感情。

然而，當我們想要擺脫或放棄某些東西時，「獲得」卦落在疾病宮（六宮）則被視為凶兆，意味著我們可能會面臨健康問題或困擾。在這種情況下，「獲得」卦暗示著我們可能會獲得不希望的結果，需要特別小心處理。

舉例來說，如果我們詢問能否成功減肥，而「獲得」卦代表著「獲得體重」，那麼它暗示著我們可能無法成功減肥，甚至可能反而增加體重。這是因為「獲得」在這個特定問題中具有負面的涵義，與我們的期望相反。

第六卦：失去（Amissio）

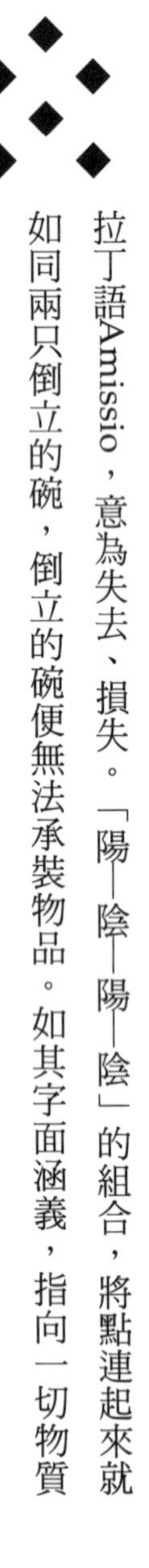

拉丁語Amissio，意為失去、損失。「陽—陰—陽—陰」的組合，將點連起來就如同兩只倒立的碗，倒立的碗便無法承裝物品。如其字面涵義，指向一切物質上的失去。

觀想學習法

想像一個倒立的碗或口袋，它無法容納和保護物品，就象徵著失去和損失。一般來說，這指的是金錢或實物的損失。如果涉及到愛情問題，通常表示短暫的愛情獲得，但最終會失去。這個卦的出現預示著任何問題最終都會面臨失去的可能性。

「失去」意味著損失，錯失機會或物品，通常就會將其視為凶兆。然而，也有一些情況下，「失去」可能帶來積極的意義，比如疾病舒緩或減少債務。在拉丁語中，「失去」具有喪失、離開、被帶走、減少等涵義，暗示著事物離開、消失或無法再回來。

元素學習法

「失去」對應火和水元素，但這兩種元素並不穩定，所謂「水火不容，灰飛煙滅」。與風土元素不同，火與水元素需要其他因素的參與才能共存，否則它們將無法持續存在，一旦碰撞，就會迅速熄滅。因此，「失去」卦具有離開和移動的特性，它與短暫、快速、瞬息即逝的性質相關。

無論好壞，多數人都不希望失去，無論是生命、關係還是感情。因此，失去通常被視為凶兆。然而，有時候我們反而會希望疾病或債務消失。在這些情況下，失去代表著積極的改變和解脫。因此，「失去」卦象的解讀需要根據具體的問題進行判斷。

對應學習法

☆行星：金星逆行

★星座：金牛座

金星逆行對「失去」卦的涵義產生了影響。金星與奢華、愛情和物質慾望有關，也與世俗、以個人財富相關。這種逆行使得佔有變得脆弱，守護和保護已有的財富或關係變得更加困難。它帶來了一種失去已有事物的可能性，讓我們面對喪失和離開。

金星逆行突顯了對物質慾望的過度追求和自我的佔有。它可能意味著失去了已有的愛情關係、物質財富或奢華享受。逆行的影響使得我們需要更加謹慎對待自己的佔有慾望，以免過度追求而失去其他重要的事物。

在「失去」卦中，我們意識到失去是生命中不可避免的一部分。無論是失去物質財富、人際關係，還是失去某種狀態或身分，它都是一個轉折點，使我們放下過去並面對新的變化。失去可以帶來痛苦和傷感，但也可以成為成長和轉變的契機。

在逆境中，我們可以學會放手和釋放。失去並不意味著結束，宇宙會平衡，新的事物會進入我們的生活。失去的空間也給了我們重新定義和發展的機會。重要的是要接受失去的事實，並尋找其中的積極面和成長的機會。

結構學習法

共有6個點，為偶數卦，用以描述客觀形勢而非內在經驗。這是一個變動的卦象。

逆卦：獲得，與獲得完全相反，就是失去。

倒卦：獲得，同上。

倒逆卦：為它本身。

實踐經驗

有利：當你希望失去某樣東西，比如減緩疾病或減少債務，這時「失去」卦就有利。

不利：對於大部分情況來說，「失去」卦都不利。

關鍵詞：離開、被帶走、被偷走、無法到達、缺失、放錯位置、遠離、減少、平息、虧損，以及所有與失去相關的詞彙。

在實踐中，當涉及到愛情問題時，常常指的是，兩個人即使之間還存在著愛，也無法長期維持在一起。如果他們還是選擇在一起，也可能因為兩人身處異地，一旦開始同居或一起生活，就很容易導致分離。如果提問者問對方愛不愛自己，結果「失去」出現在七宮，就代表著有愛，但沒有做出行動，因此兩人關係也並不會長久。

要理解「獲得」和「失去」一體兩面的涵義，我喜歡引用《倚天屠龍記》中的那段故事：明教教主陽頂天在練不世奇功「乾坤大挪移」時，正在要緊關頭，突然間發現了夫人和成昆私下相會，突然走火真氣逆衝，以致無法挽救，在死前他對夫人說：「我娶到妳的人，卻娶不到妳的心。」這就是「獲得卦」；多年以後，成昆見到夫人的屍身說道：「我得到了師妹的心，卻終於得不到她的人。」這就是「失去卦」。

第七卦：快樂（Laetitia）

拉丁語Laetitia，意為快樂、喜悅。「陽—陰—陰—陰」的組合，將點連起來，圖像就如同一扇門。如其字面涵義，這個卦象是代表歡樂、快樂、好運及滿意，也是比較好理解的一個卦。

觀想學習法

想像一座未來的城市，這座城市還沒有建成，但是已經開始規劃了。在這個城市的中心，有一塊空地，這將是城市的核心區域。人們充滿期待地聚集在這裡，討論著城市的設計和發展方向。

在這個空地上，人們展開了熱烈的討論，分享著各自的想法和建議。他們充滿激情地談論著未來城市的美麗景觀、現代化的建築、創新的科技設施和便利的交通系統。儘管這些想法還沒有實現，但大家的心情已經充滿了快樂和開心。

人們在討論中展現出積極向上的行動，他們願意為這座未來的城市貢獻自己的智慧和力量。每個人都對未來的發展充滿信心，並為能夠參與其中感到驕傲和開心。

雖然這個城市還沒有建成，但在規劃的過程中，人們已經感受到快樂。他們享受著與他人共同創造美好未來的過程，這種參與和期待本身就帶來了無限的快樂和滿足感。

也許在實際落實規劃的過程中，會面臨各種困難和不滿，這是不可避免的。但是現在還未到那個階段，而是規劃和構思的時刻。任何事情的開端都容易感到快樂，就像快樂卦如同門的卦象。這種快樂是短暫而珍貴的。

有些書籍中，快樂卦被歸類為最吉的卦象，但實際上並非如此。快樂卦常常代表著一種「現在什麼都還沒有，但很開心」的狀態。它並不一定表示具體的物質成就或外在的成功，而是指事主的心情非常好。

快樂卦提醒我們，快樂是一種內心的體驗和情緒狀態，它不僅依賴於外界的物質條件，更取決於我們自身的心態和態度。即使我們身處困境或面臨挑戰，我們仍然可以保持開心和積極的心情。

因此，快樂卦並不意味著一切都已經順利或圓滿，而是強調事主的心境良好。它提醒我們，在面對困難和挑戰時，保持一顆開放、快樂和樂觀的心態，這將有助於我們更好地應對問題並尋找解決方案。

元素學習法

「快樂」只與火元素息息相關，因為它只有火元素為陽性。它與驅動力、意志和思想緊密相連。快樂並不是行為的目標，而是在追尋目標的過程中產生的感受。當我們展現自己的意志，或者從事我們認為正確的事情時，我們會感到快樂。這與五行中「火」為「喜」的概念一樣。然而，就像燭光燃燒的剎那一樣，「快樂」的活力和喜悅只存在於非常短暫的瞬間。火元素具有動態和向外擴展的屬性，因此快樂的影響並不持久，火焰持續燃燒必須依靠助燃物的支持。

對應學習法

✡行星：木星

★星座：雙魚

「快樂」與木星和雙魚座相對應，因此從行星和星座上它包含了風和水的特質。雙魚座具有模糊和含糊不清的特性，也代表著接納性和反映性。雙魚座缺乏清晰感，象徵著想像力、身體上的穿越感和幻想。

當我們制定計畫並追求自己的意願時，往往會感受到快樂和樂觀的情緒。這是因為我們在構思事情的計畫或假設時，激發了內心的激情和興奮。我們充滿了對未來的期待，對實現目標的渴望，這種積極的心態帶給我們快樂的感受。

然而，當我們實際落實計畫而遇到批判和困難時，我們可能會產生不同的情感。雙魚座的模糊性和缺乏清晰感可能導致我們感到迷茫或困惑。然而，正是在這個時候，我們要依靠木星的力量。木星作為守護行星，為我們帶來榮耀和幸運。它提供了支持和機遇，幫助我們克服困難，實現內心的願望。木星的能量引導我們跨越障礙，堅持追求我們的目標。它增加了我們的信心和自信，使我們能夠更容易地享受快樂的狀態。

結構學習法

共有7點，為奇數卦，所以對應的是內在的主觀意識。是一個變動的卦象。

逆卦：龍首，揭示了一種沒有持續性、沒有準備和沒有聚焦在物質上的狀態。所以「快樂」象徵著突然而短暫的運動或行動，沒有經過深思熟慮或計畫，可能是一種衝動的表現。這種狀態下，「快樂」是短暫且不穩定的，無法持續產生積極的影響。

倒卦：悲傷，說明「快樂」是一種不受限制、沒有自我約束的狀態。這種狀態下，快樂與悲傷相對立，它可能表明一種擺脫負面情緒的自由狀態，沒有被限制或困擾。然而，這種快樂也可能是短暫的，因為沒有自我約束，可能會導致一些不利後果。

倒逆卦：龍尾，說明「快樂」是快速運動和受意圖驅動的狀態，同時具備改變方向的能力。它象徵著靈活性和適應性，能夠迅速做出決策和行動，以達到預期的目標。

實踐經驗

有利：對情緒來說是有利的。

不利：對想要隱藏一件事情來說，所謂「紙包不住火」，快樂卦是不利的。也不利於長期投入穩定的事物，或要做一些細活。

關鍵詞：意願、想要行動的意志、行動中發現樂趣、短暫的、不持久的、向上的。

「快樂」是一個吉卦，每個人當然都是希望自己能夠擁有快樂。然而，真正純粹的快樂往往不是來自於對物質的追逐和佔有，而是在沒有擁有任何東西的時候，對未來的設想和想像而在腦海中產生的快樂。相比之下，基於物質成功的快樂往往是複雜多樣的，因為過程往往是痛苦的。

所以，在實際的案例中，快樂往往並不如人們期望的那樣令人滿意。在現代社會裡，人們常常關注的問題是：我是否能獲得這筆財富？他是否能買給我一顆大鑽戒？我是否能擁有那套房子？在這種情況下，快樂往往只存在於幻想中，表達的是你得不到的東西。

然而，當涉及到愛情和人際問題時，快樂卦能夠提供情感上的價值，帶來良好的結果。

第八卦：悲傷（Tristitia）

拉丁語Tristitia，意思是「悲傷」。「陰—陰—陰—陽」的組合，如果將點連起來，形成了一種坍塌的形象，如木樁、陷阱、倒塌的房屋或破損的門，以及磚塊從上方掉落到地面。正如其字面意義所示，這個卦象象徵著孤獨、失望、悲傷、抑鬱和沮喪，暗示著可能會有巨大的損失。它揭示了一種負面情緒和心境，可能意味著在某些方面遭遇挫折、困境或逆境。

觀想學習法

讓我們透過觀想來深入理解這個卦象。在觀想中，我們感受到悲傷的力量，這是一種深刻的情感，可以悄然而至，將我們的心靈淹沒。悲傷是一種破碎的感覺，就像一座美麗的拱門被摧毀，它代表著喪失珍視的事物或關係。

這種喪失並非來自虛幻的幻想，而是來自我們生活的真實面。它可能是失去一段深愛的感情、一個重要的機會，或是失去一個珍貴的人。這種悲傷的經歷不僅在情感上帶來痛苦，也在我們的生活中留下了空虛和缺憾。

然而，正如觀想中拱門的磚塊從上方掉落一樣，悲傷的到來是突然的，沒有任何預兆。它迅速而無情地摧毀了安寧，使我們無法預測和防備。這種突如其來的悲傷讓我們感到無助和無法掌控，就像一個保護家庭的大門被打開，讓外界的傷害進入。

拱門需要修復，悲傷也需要時間來療癒和恢復。我們必須面對這種痛苦，接受失去的事實，並逐漸尋找新的希望和重建的機會。雖然悲傷可能是長期的旅程，但透過勇氣和堅持便可以走出陰霾，重新找到內心的平靜和喜悅。

讓我們在觀想中深入體驗並學會接納，因為悲傷是我們生活中不可或缺的一部分。這個過程中，我們也會發現悲傷帶來的成長和洞察力，以及內在的堅韌和力量。

元素學習法

悲傷卦對應土元素，土元素的特點包括乾燥、寒冷、厚實、黑暗、沉重和安靜。首先，土元素乾燥和寒冷的特點與悲傷的感覺相關聯。悲傷常常讓我們感到內心乾渴和寒冷，就像土地在缺乏水分的情況下變得乾燥和冰冷一樣，乾燥和寒冷使我們感到孤單、失落和疏離。

悲傷的沉重使我們感到壓抑和負擔，就像土地的厚實和沉重使其難以被移動或改變。悲傷所帶來的情感和思緒在我們心中形成一層厚重的包袱，使我們難以輕鬆起身。悲傷常常也伴隨著黑暗的情緒和內心的安靜。這種黑暗和安靜不僅代表著我們的情感陷入了一種沉思和內省的狀態，也象徵著我們內心深處的痛苦和無聲的呼喊。

對應學習法

☼行星：土星

★星座：水瓶座

土星作為一顆運行緩慢且黑暗的行星，具有持久、穩定的特質。這與悲傷卦所象徵的長期悲傷和沉重感相呼應。土星被視為大凶星，象徵著痛苦、麻煩、厭倦、憂鬱、悲傷和貧瘠等負面因素。這些特質也可以與悲傷卦所帶來的悲傷情緒和困難狀況相聯繫。

土星的影響通常被認為是負面的，有時甚至會帶來嚴重的困難。這與悲傷卦所呈現的內向性相符。悲傷卦告訴我們，解決問題或繼續發展取決於個人自身的決定，與外界的影響和環境無關。這提醒我們在面對悲傷和困難時，我們需要依賴內在力量和自己的選擇來找到解決方案。

結構學習法

共有7個點，為奇數卦，所以描述的是內在的主觀狀態，是一個穩定的卦。

逆卦：龍尾，代表「悲傷」不是迅速的變化，也不是輕易結束的。相反，悲傷的狀態是一種緩慢而持久的。

倒卦：快樂，說明「悲傷」不是快樂的，不是自由的，也不容易被人看見的。

倒逆卦：龍首，說明「悲傷」是緩慢的、穩定持續的。

實踐經驗

有利：結構、穩定、與土地相關、農業、建築，或是保持事物隱藏、掩蓋、需要保密的事情。

不利：其他方面都不利。

關鍵詞：悲傷、悲痛、悲哀、消沉、心神不安、心懷不滿、持續時間長、內在的困境、沒有選擇。

「悲傷」一詞意味著減少，但並非一定是負面的減少。儘管它通常在許多事件中被視為不利的，如工作中可能意味著降職、缺乏認可等，但在涉及到獲得或擁有土地、從事農業、建築、保持事物隱藏、保密等方面的事件中，它反而具有正面的意義。

在實際案例中，當問及愛情，「悲傷」自然代表相處不愉快，或者有隱瞞的事情。當問及財產，代表一種無法流通的財產、固定財產或定期存款等。「悲傷」在阿拉伯地占裡涵義會更多。

第九卦：結合（Conjunctio）

拉丁語Conjunction，意為「結合」，也有「集合」或「交匯」的意思。「陰—陽—陽—陰」的組合，如果將點連起來，就會得到一個交叉的形狀，或十字路口，或像是一座橋。

觀想學習法

讓我們一起進入觀想的空間，想像自己置身於一座神祕的迷宮之中。這座迷宮充滿了曲折的小道和岔路口，每個轉角都隱藏著不同的可能性和選擇。

你在迷宮中遇見一位陌生人，決定一起踏上這段旅程。你們在迷宮中相互依賴，步伐相伴著節奏，充滿著互信和默契。每當你們遇到困難和難題時，你們一同探索，分享著喜悅和困難。你們面臨著選擇，迷失在迷宮的曲徑中，你們停下腳步，凝視著各個通道，彼此交流著疑惑和想法。你們思考著每條道路所可能帶來的後果，不確定哪條路才是正確的，但你們心懷信任，相信只要攜手前行，答案將逐漸顯現。

每一次的選擇等同把命運交給對方，你們互相激發勇氣和智慧。你們分享著策略和見解，將各自的觀點交織在一起，讓決策變得更加全面和明晰。在這個過程中，關係日漸緊密，心靈也更加相通。

終於，當你們找到正確的道路，迷宮的出口出現在眼前，你們充滿了欣喜和滿足。你們互相擁抱，感受著勝利的喜悅，同時也感謝對方在這段共同的旅程中所做出的貢獻。這段經歷成為你們彼此情感的紐帶。

逐漸地，你們接近了迷宮的終點，但也意識到，一旦到達目的地，你和夥伴將面臨離別，各自回到原本的生活中。你們感慨萬分，深情地擁抱，然後各自踏上自己的道路。即便如此，雖然「結合」只是暫時的，但這段經歷將永遠留在彼此的記憶中，它讓你們成長並銘刻在心。你望向那分別的十字路口，看著遠去的背影逐漸模糊，內心在掙扎且糾結著，你似乎要做出一個重大決定。

「結合」是一種矛盾的心理狀態，同時也帶來了失去方向感的感覺。在許多信仰和民間宗教中，十字路口都有著特殊的涵義。當我們站在十字路口上時，我們不再是沿著一條道路前行，不再屬於這個世界的任何一方。只是靜靜地站在那裡，目睹著行人穿行，車輛駛過。

總的來說，「結合」意味著在做出決定之前的那個瞬間，它是通往最終目的地前的選擇。在這個時刻，我們面臨著眾多可能的道路，而每一條路都是我們的選擇之一。此時出現的「結合」並沒有明確地回答最終會如何選擇，而是告訴我們「正在做出選擇」這個狀態。

元素學習法

「結合」的風和水元素呈陽性，而火和土元素則呈陰性。當風與水相結合時，形成了一種濕潤的狀態。風象徵著自由和變動，它是一種流動的力量，能夠帶來新的機遇和改變。水象徵著情感和直覺，是一種柔軟而流動的能量，能夠滋潤和連結事物。在結合卦中，風和水的結合意味著在某種程度上達到平衡。這種平衡包含了自由和情感的結合，因此與他人建立深厚的情感聯繫是有利的。

對應學習法

✡行星：水星逆行

★星座：處女座

水星逆行提示我們需要對過去的決策和交流進行反思以便更好地調整和改進。這個卦象提醒我們在面臨決策時要謹慎思考，仔細分析各種因素，避免盲目行動。處女座的特質進一步強調了細緻和謹慎的態度，它提醒我們需要注重細節，需要進行深入的分析和考慮。

「結合」作為一個推理和考究的卦象，它強調了對外界力量的交匯和互動。這意味著在做出決策和處理問題時，我們需要與他人進行溝通和合作，以獲取外界的意見和反饋。這種與他人的結合和互動可以幫助我們重新考慮過去的選擇，並重新提出計畫。這種重新考慮並非獨立完成，而是需要借助他人的參與和意見，以達到更好的結果。

其次，作為一個轉變的卦象，類似於「道路」，「結合」並不意味著完全的改變，而是需要重新考慮和調整。它提醒我們在面臨轉折點和決策時，需要審視過去的選擇和計畫，以便在新的情況下做出更明智的決策。這種轉變可能涉及到重新評估目標、重新制定計畫或調整策略，但整體上保持了某種穩定的基礎。

結構學習法

共有6個點，為偶數卦，所以描述的是外在的客觀狀況。

逆卦：限制，所以「結合」有不孤立、不受控制、不固定的特質。

倒卦：它本身。

倒逆卦：限制。

實踐經驗

有利：討論、商討、會面、做決定、短期旅行、友情、短暫的愛情。

不利：需要隔離、穩定的。

關鍵詞：有助於交流、雙方的關係和他人相處、有同理心、與他人產生共鳴、心靈感應等。

「結合」是中性卦，通常情況下，當周遭是吉卦時它便是吉卦，周遭是凶卦時它則是凶卦。在問及愛情問題時，一般有兩種可能性：一是有可能是此時事主有多個選擇對象，但還未做出選擇；二是有可能近期前任會短暫回來找事主，需要根據實際情況判斷。問及友情，指非常友好的關係；問及合作，代表此時會有好的合作；問及財運，則平平，反覆不定；問及創業，事主適合合夥一起創業，不適合單獨行動。

第十卦：限制（Carcer）

拉丁語Carcer，意為「監獄」，但也釋義為「阻礙」或「捆綁在一起」。「陽—陰—陰—陽」的組合如果將點連起來，就像圍牆一樣，也有說像是上下相對的兩只碗，把東西困在中間，這裡我們稱之為「限制」。一般來說，人們並不喜歡受到限制的事物，所以限制通常被視為凶卦。

觀想學習法

讓我們透過觀想來深入理解這個卦象。首先，想像一道圍牆，它將我們困在一個封閉的空間內，無法逃脫。這種限制可能是由規定、約束或監禁所導致。在這個封閉的環境中，我們感到困擾和不安，可能會遇到延誤，引發焦慮和憂心忡忡的情緒。我們被迫耐心等待，無法自由行動。

然而，在這種監禁的環境中，我們的生活相對穩定，有食物和水供應。有些人甚至願意停留在這裡，因為他們尋求穩定和安全感。對於那些本身不渴望採取行動，而是尋求穩定和安全的人來說，這種限制可能被視為吉兆。

元素學習法

在元素方面，「限制」是一個土象的卦，蘊含著火元素和土元素的乾燥特質，但沒有水元素和風元素的濕潤性質。濕潤代表著流動和傳播的能力，而「限制」卻暗示了事物之間缺乏互動。

「限制」卦的圓形形狀帶給我們一種沒有明確起點和終點的感覺，只是畫出一個區域來劃分其他事物。圓形也常常暗示著陷阱或重覆的涵義，它代表著延遲和困境，就像鏈條和婚戒一樣都是圓圈形狀。

這種乾燥和圓形的元素結構共同強調了「限制」卦的本質。它象徵著固定的界限和缺乏流動性的特徵。這個卦暗示著事物受到約束和限制，無法自由地擴展或與外界互動。它給予我們一種被束縛於無法逃脫的圈圈中的感覺，無法穿越界限。

在這個卦象中，事主可能有著強烈的個人意願和想做的事，但受到環境的限制而無法行動。這種無法自由行動的感覺比「悲傷」更加令人難過，因為它讓人感覺到無助和無法改變現狀。

對應學習法

✡行星：土星逆行

★星座：摩羯座

在這個卦象中，土星被視為具有界限和約束力的行星。它在物質世界中創造出穩定的輪廓和規範，限制我們的行動和自由。這種限制可以是責任、規定或規則，它們指引著我們應該前往何處、如何行動以及何時行動。

「限制」這個卦象提醒我們要意識到現實世界中的限制和約束。它暗示我們需要遵守規定和責任，儘管可能會感到受限。然而，我們也應該審視這些限制是否真正符合我們的目標和願景，以及是否需要超越它們。

這個卦象傳達了挑戰和反思的訊息，鼓勵我們認識現實世界中的限制，並在框架內尋求穩定和安全。然而，它也鼓勵我們保持靈活和創造力，尋找超越限制的可能性，為自己創造更廣闊的發展空間。

結構學習法

這個卦為6點偶數卦，為客觀、穩定。

逆卦：結合。說明「限制」是不果斷的、不短暫的，也不與他人聯繫的。

倒卦：它本身。

倒逆卦：結合。

實踐經驗

有利：想要維持或者是在一個既定的環境中，或需要嚴格執行、隔離、安全或者穩定的事情。

不利：其他方面都不利。

關鍵詞：限制、延遲、規則、壓抑。

「限制」在解讀時，它確實暗示事情可能會受到限制和延遲的影響。如果它出現在法官的位置，這表示目前的狀況是被迫的，需要遵守責任或規則。而當它出現在其他位置時，它暗示著壓力或緊張感，因為它具有土星的特質，通常與稀缺、貧窮、不足等因素相關。

然而，正因為「限制」是一個穩定的卦象，當我們希望保持安穩和不變時，它可以轉變為一個吉卦。在這種情況下，它提醒我們遵守規則和責任，接受當前的限制，並在穩定的環境中尋求安全感。這個卦象鼓勵我們尋找內在的穩定和平靜，透過遵循規則和承擔責任來實現目標。

限制在表面上看起來簡單，但在實際案例中，它確實可能給解讀帶來一定的困難。它的涵義可以因情境而異，可能表達的是某件事情的不可能性，也可能表示該事情受到了延遲或需要經過深思熟慮。例如，通常在問學校是否能考上時，「限制」通常指「條件未被滿足」，也就是沒到分數線；如果問及愛情，指兩人已經斷絕溝通交流，或者溝通存在障礙，關係已經到了無法和解的境地，只能保持現狀；但如果問及婚姻問題，則代表可以長久穩定；問及錢財交易，通常指暫時無法收到錢，會延期。如事主詢問的事情是確定會發生的話，時間大多都會延遲。

第十一卦：白色（Albus）

◆　◆
◆　◆
　◆
◆　◆

拉丁語Albus，意為「白色」。「陰—陰—陽—陰」的組合，將點連起來就如同一只酒杯的樣子，有些人說這個卦的形狀像一位白鬍子的老人，但筆者始終難以聯想。白色唯有水元素，所以是是充滿了水的象徵意義——智慧、和平、適中。

觀想學習法

讓我們回憶一下在什麼樣的場合會看到酒杯的象徵符號？最常見的就是紙箱上，表示易碎品，提醒人們需要小心輕放。它提醒我們不要急於求成，要有耐心，因為只有經過時間的積累，我們才能取得成功。

這個卦象在阿拉伯傳統中會更認為是一位老人的形象，要了解這一層涵義，要借用約瑟夫．坎伯（Joseph Campbell）的《千面英雄》（*The Hero with a Thousand Faces*）所說的「英雄之旅」經典框架：

在一個遙遠的國家裡，邪惡的君主統治著這片土地，他的殘暴和貪婪讓鎮上的人們生活在恐懼之中。這個時候，一位年輕的英雄出現了，他的使命是從邪惡的君主手中解救被囚禁的小公主。

正如我們在很多英雄故事中看到的那樣，英雄的首次挑戰都是失敗的，失敗後他和夥伴們分離了，又不能獨自完成這個任務，他需要幫助並學習戰鬥的技能。因此，他偶然來到了森林中，尋找那位傳說中的智者。

在森林的深處，他找到了一位白鬍子的老人。這位老人代表著智慧、知識和技能。他如同《魔戒》中的甘道夫一樣，是智慧的象徵，他白色的鬍子和衣衫，都讓人聯想到了那個「白色」的意象。

然而，擁有智慧和經驗的老人不能親自上陣。他的年紀和體力不允許他參與戰鬥。他的任務是將他的智慧和知識傳遞給年輕的英雄，幫助他完成任務。

而白色的涵義，正是這個老人的形象：行動緩慢、脆弱易碎，但富有經驗、有智慧，他可以賦予他人能力，卻不善於行動。

元素學習法

「白色」水元素呈陽性，火、風、土元素都為陰性，是被動的卦象，對應水元素。

水元素象徵記憶、反應、情緒、直覺、沉默。水元素通常代表著感情、直覺、深度和內在的智慧。水流動、適應且能深入石縫，它的特性象徵著靈活性和深度，同時也象徵著我們內在情感的深度和複雜性。

然而，我們有時候可能會在思想的迷宮中迷失方向。精神的探索和沉思是美好的，但我們不能僅僅活在思想的世界而忽視了生活的現實和身體。我們需要在思想與行動、理想與現實之間找到平衡。

這就是為什麼在許多故事中，老人常常扮演重要的角色。他們的智慧往往是引領英雄戰勝邪惡的關鍵。然而，由於年齡和體力的限制，老人往往不能親自參與決戰。這恰好提醒了我們，理想和現實、智慧和行動，需要彼此相輔相成，我們才能真正地成長和進步。

對應學習法

✡行星：水星

★星座：雙子座

「白色」這卦中有水星和水元素的結合，與白色本身的涵義相匹配。

結構學習法

一共7個點，為奇數卦，所以是描述主觀而內在的狀態。因為僅有水元素且為奇數卦，所以是穩定、緩慢的卦象。

逆卦：為男子。所以「白色」是不衝動、不流血、不愚蠢，審慎行事，以理性而非情緒來驅動行動。

倒卦：為紅色。所以「白色」是不表面、不生氣、很慢，避免衝動，保持冷靜，理性生活。

倒逆卦：為女子。所以「白色」是是帶有平靜、反省、平和、接受，有冷靜的頭腦，有能力進行深度反思，有一顆包容和接納的心。

實踐經驗：

有利：一般建議事件需要經過緩慢的思考和計畫，利於感情、利於一切水上事物。

不利：不利於短時間的行動 、馬上要出動的的事情。

關鍵詞：三思、計畫、深思熟慮、反思、反應、回憶、需要緩慢、向智慧的人詢問、以以往經驗行事。

「白色」往往被視為吉卦，但是很微弱，預示著需要有一段長時間的考慮和規劃，對於短期內的行為並無好處。「白色」結合到生活中的問題，既表示事情是很簡單的，但也提醒你這件事情需要小心有危險。「白色」本質上是在提醒我們需要「三思而後動」，要深思熟慮，要向有經驗和智慧的人詢問，參考以往的經驗。也和故事裡的老人一樣，「白色」卦更像是一位無法直接參與任務的觀察者，僅能提醒和指導，而無法直接完成任務。

在愛情方面，白色卦代表吉。它作為純水的卦象，雖然預示著平淡的生活，但也象徵著恆久的愛情，如細水長流般的穩定；在財富問題上，歐洲系統中將它視為中等的卦象，既不能帶來豐厚的收益，也不會導致大的損失。然而，如果是在阿拉伯的系統中，白色卦是最為吉祥的財運卦象。由於沙漠地區長年缺水，擁有水和植物的地方就成了富饒的象徵。在中東地區，人們比較的不是誰家有車有房，而是誰家的樹更多，誰家的樹更粗壯，因此在起卦前我們必須先明確使用的系統。

第十二卦：紅色（Rubeus）

拉丁語 Rubeus 意指「紅色」。「陰—陽—陰—陰」的組合形成了倒立的紅酒杯形狀，象徵著紅酒從杯中倒出的樣子。紅色在生活中通常具有危險的信號。是十六卦中最凶的卦之一。就像在港劇中古惑仔進酒吧並引發衝突的場景，他們可能會砸碎酒杯，紅酒倒了一地，並指責或威脅其他人，這與這個卦象的意象相吻合。當我們憤怒時，我們的情緒會像紅色一樣燃燒，紅色也會讓人聯想到血液與受傷。這種象徵性的色彩給人們一種警示的感覺，提醒我們要保持小心和警惕。

觀想學習法

首先，紅色象徵著劇變、混亂和令人憤怒。它代表著挑戰和困難，可能面臨暴力、危險和激情等不利因素。暗示著事情可能會因為情緒激動而導致糟糕的結果，因此需要花費時間來仔細考慮和冷靜再做出行動。

紅色也暗示著存在欺騙的可能性，事情可能不是表面上看起來的那樣。如果一宮的位置出現了紅色，也通常會指向提問者有可能提供錯誤背景，故意欺騙地占師，提醒地占師保持警惕。

讓我們想像一個安靜的海灘，陽光灑在細軟的沙灘上，海浪輕輕拍打著岸邊。在海灘上，有一群朋友正在享受著美好的時光。他們在沙灘上建造著城堡，挖掘著壕溝，笑聲和歡樂瀰漫在空氣中。其中一個人正在精心構建一座高高的沙堡，他傾注了許多心血和時間，希望能成為所有人的焦點。

然而，突然間一陣狂風吹過，將這座沙堡擊倒。沙堡在一瞬間坍塌，變得支離破碎。建造者感到沮喪和憤怒，他為自己的努力感到不值。但很快，他看到周圍的朋友並沒有因為沙堡的崩塌而失去興致，他們繼續享受著玩耍的樂趣，重新開始建造新的沙堡。

高高的沙堡象徵著我們為之努力付出的目標和希望。「紅色」就像這陣狂風一樣突然毫無徵兆地襲擊，是一種不可預測的挑戰和困難，可能讓我們感到沮喪和憤怒，但是很快又會恢復正常。

元素學習法

「紅色」只有風元素呈陽性，其他元素都為陰性，因此整體上對應風元素。「紅色」是一個象徵著激情投入的卦象，但僅當它參與其中時才顯現其特質。它好比一場龍捲風，來去匆匆，但若持續存在，將摧毀一切。它具備將萬物捲入和迅速排斥的能力。這一特性與其唯一擁有的風元素有關。作為風象卦，它缺乏水元素的連結性，缺乏土元素的圍繞和容納，也沒有火元素的指導和照亮。風元素不停地從一個事物轉向另一個，再轉向下一個，從不停留在某一事物上太久。

對應學習法

✡行星：火星逆行

★星座：天蠍座

「紅色」這個卦象代表了放縱、濫用和剝削的特質，與天蠍座和火星的象徵相關。它涉及了毒品、酒精、性、暴力等膚淺的衝突，以及天蠍座的瘋狂、無節制、激情和危險性。

結構學習法

它共有7點，為奇數卦，所以更多是描述主觀內在。這是一個變動的卦象，有著快速且短暫的影響。

逆卦：為女子。說明「紅色」是沒有耐心的、不和諧的、不隨和的。

倒卦：為白色。說明「紅色」不是內省的、沒有遠見的、不平衡的。

倒逆卦：為男子。有強烈渴望、易激動、快速的。區別是男子是有明確目標方向的，紅色是四處破壞毫無目的。

實踐經驗

有利：對酗酒、暴力、沉迷、上癮、性等問題為肯定的。

不利：幾乎都不利。

關鍵詞：爭執、暴力、速度、破壞。

在實踐中，問及愛情，紅色顯示了可能存在的暴力行為，輕則辱罵、爭執、欺騙，重則家暴、謀殺傾向。如果問及事業或財產，意味著極大的虧損，錢如同紅酒潑出去一樣，覆水難收；問及健康問題，紅色也會代表出血性疾病，也可能是炎症。紅色無論出現在任何地方，我們都需要十分注意。可能是某方面的災難。

第十三卦：男子（Puer）

拉丁語Puer，意思是「男子」，尤其是指年輕的男子，與「白色」所指的老人有著完全相反的意思。「陽—陽—陰—陽」的組合，如果將點連起來如同一把劍，或者是男性的生殖器。

觀想學習法

我們可以想像一個穿著盔甲的年輕戰士，他騎著馬，戴上面罩，舉起長劍，在戰場上衝鋒上陣。他的面罩局限他的視線，無法看清周圍的一切，因此他只能集中於面前的事物，並投身於當下的戰鬥。所以男子是有力量的，對於戰爭、競技比賽或者需要主動時，男子是有利的一方。同樣的，因為愛情需要衝動，所以涉及愛情時，男子通常也是主動的一方。但在其他時候，男子大多都是凶的，代表缺乏經驗的，只看到眼前利益，目光短淺，因此需要他人協助牽引到正確的路上，暗示此人在行動前必須先思考。

年輕的男子往往對自己的能力和力量感到自信，他們充滿熱情和動力，渴望在生活中有所成就和突破。然而，這種自信可能會導致他們行動過於衝動和魯莽，缺乏謹慎和思考。因此也會忽視周圍的提醒，追求自己的目標而忽視了潛在的風險，忘記考慮後果。人年輕時往往欠缺大方向的考慮，容易受到短期利益的驅使。隨著年齡和經驗的增長，「男子」漸能學會控制衝動和魯莽的傾向，變得更加成熟和謹慎。透過挫折和錯誤，他們逐漸意識到在行動前思考的重要性，從而平衡衝動和理性，做出更明智的決策。但此卦所描述的還是一位正處於年輕又有勇無謀的「男子」。

元素學習法

火、風、土三個元素為陽性，整體上對應風元素。

因此「男子」有戰鬥的動力和意願，有火元素的開拓，也有土元素的落實讓男子前進。他的勇氣和好奇引導他繼續前進，風元素能讓他和這個世界互動。他所缺乏的僅僅是面對他人的情緒與同理心。作為一個戰士，他關注的是與他人戰鬥而非與之相處，「男子」沒有水元素，他是沒有「心」的，缺乏情感的流露與同理心。因此「男子」不代表對對方沒有感情，他反而是火熱的，一副大男人主義的樣子，較少考慮到對方。

對應學習法

✡行星：火星

★星座：牡羊座

「男子」很容易被理解，對應火星又對應牡羊座，它是明亮的且陽性的，它代表了對一個方向的激情和動力。一種純粹的精力、渴望與活力，自然隨之而來的是輕率、魯莽和放縱。當然放縱的層面還是同為火星守護的天蠍座的「紅色」要更重。

結構學習法

共有5個點，為奇數卦，所以是描述主觀的狀態。它是一個變動的卦，表示影響是快速且短暫的。

逆卦：白色，說明男子是沒有遠見的、目光短淺、缺乏智慧、缺乏同理心的。

倒卦：女子，說明男子是沒有耐心的、不被動的、不願意傾聽他人意見。

倒逆卦：紅色，說明男子易衝動行事、情緒波動大、放縱的。

實踐經驗

有利：對所有需要力氣、戰爭、競賽、愛情及所熱愛的事情等都有利。

不利：對需要穩定性和持久性不利，也暗示衝動魯莽。

關鍵詞：行動、針對某件事有充足的精力、爭執、實際身體上的暴力、渴望、速度、勇氣和改變。

「男子」代表著年輕男性的特質和行為，包括力量、熱情、衝突、實際身體上的暴力、渴望、速度、勇氣和改變。因此，在戰爭、競技比賽以及需要主動的情境中，男子是有利的一方。在愛情中，男子通常是主動追求的一方，但由於年輕男性缺乏經驗，他們往往只看到眼前的利益，可能表現出魯莽和輕率的行為。因此，男子需要學會在行動之前思考，並平衡熱情和理性，以取得成功和成長。總體而言，男子卦在需要活力、競爭力和勇氣的情境中是有利的，但在需要穩定性和持久性的情況下可能不利。

此外，在工作和財富問題上，男子卦表示他目前從事的工作讓他充滿激情和動力，儘管並不一定是非常賺錢的方向。他可能願意在追求自己的激情和興趣時，犧牲一些經濟上的利益。在實踐中，一旦問及適合的職業方向，盤中出現「男子」的位置，表示事主所熱愛正在做的事。

第十四卦：女子（Puella）

◆ ◆ ◆ ◆ ◆

拉丁語Puella，意為「女子」，指年輕的女孩。「陽—陰—陽—陽」的組合將點連起來，就會像一個手鏡，也有類似生殖器的樣子。因此，這個卦象代表了所有與女性及陰性有關的涵義：生育、治癒、教育、培養、直覺和智慧。此外，男子和女子是一組對卦，因為男女各自具有獨特的特徵和長處，我們不能簡單地說誰更有利或不利，誰吉誰凶，而是取決於問題的具體情況。

觀想學習法

想像你與一位年輕女子坐在一起，她非常敏感和善解人意，能夠讀懂他人內心的感受。你們之間建立了一段愉快的關係，可能是友誼，也可能是家庭關係，享受著彼此之間的快樂與和諧。

然而，年輕女子的美貌是短暫、易變的，終將會老去。這象徵著一切事物的起初都美好但並不持久，事物容易變化，也容易優柔寡斷。所以涉及愛情或親密關係的問題中，女子代表著暫時的快樂，而不是長久的幸福。

這裡又可以引用《倚天屠龍記》中的一幕，張無忌的母親在臨死之前對他說：「孩兒，你長大後要提防女人的欺騙，越是美麗的女人越會騙人。」這並不僅是電影中的情節，千年前的阿拉伯人也認為有吸引力的女性往往不是好人，存在欺騙的可能性。

作為一種古老的占卜方法，地占術所處的時代傾向於男性至上主義，對女性的理解存有貶低，相反地在某些方面也對男性具貶低之意。然而，當我們回顧整個卦象，我們會發現每個卦象都有自己的缺點和優勢，無論是男性還是女性。我們應該以平等和客觀的態度看待性別，並欣賞每個人的獨特之處。

現代社會中，我們重視性別平等，並相信每個人都應該享有平等的權利和機會。然而，在研究卦象時，我們要考慮到卦象所處的時代和地域背景。卦象的象徵意義在一定程度上可能會偏向某個性別，這反映了當時社會觀念和文化的影響。因此，我們要以開放的心態理解卦象，因其為古老文化和傳統的產物，與現代的價值觀可能存在差異。儘管卦象可能存在某種偏見，但我們可以將其作為文化遺產的一部分來探索，並了解當時的社會思潮和觀念。

另一個有趣的現象是，我注意到許多神祕學大師不約而同地產生了相似的變化。大多女性神祕學大師在研究象徵原型後往往都會變成女權主義者，這引發了我對這一現象的思考。透過對地占中男子和女子象徵的理解，我們可以發現，領導力、問題解決能力和責任感並不局限於男性，女性同樣具備這些素質，她們也能在家庭中承擔責任並展現出強大的解決能力。然而，古代象徵系統建立時，往往受到父權社會觀念的影響，導致其中存在性別歧視的元素。

女性大師質疑象徵原型，並嘗試使用更早期母系社會時期的象徵來打破這種性別歧視。然而，深入研究後會發現，不論是父權還是母權時期的象徵系統，最終的解讀都是正確的。這可能令人感到困惑，為什麼任何象徵都可以有效呢？大家可以想一想，思考世界的法則才是卜卦最有趣的地方。

元素學習法

女子的火、水和土元素為陽性，風元素為陰性。

經過細緻地觀察，我們可以發現「女子」與水元素相對應。水象徵著情感、感受和包容性，正是這些特質使得女性具有較高的情感表達和理解能力。女子如同水一樣，能夠流暢地與情感交融，展現出自己與他人情感的敏感度。我們也可以觀察到風元素在女子身上的相對缺失。風元素代表著溝通、思維和交流的能力。相較於火和風的主動元素，女子在這方面可能顯得較為被動。她更傾向於傾聽他人的話語和思想，透過感受他人的情感來與之共鳴。這使得女性在人際交往中展現出較高的接受性，她們更注重情感的表達和理解，而相對較少側重於理性判斷。

對應學習法

✡ 行星：金星

★ 星座：天秤座

女子的象徵意義是多元且具有豐富內涵。她代表了美與和諧的力量，以及情感的表達和溝通。她是宇宙中的女性原型，展現出無限智慧和溫柔的力量。作為天秤座和金星的象徵，她與愛與美的女神阿芙蘿黛蒂相對應，具有優雅、溫和、親切和友善的特質。

女子所帶來的能量是積極而愉悅的，她追求平衡和和諧，致力於解決難題和矛盾。她扮演著一個包容、傾聽和協調的角色，希望每個人都能獲得幸福和滿足。她以女主人的身分出現，透過她的關懷和照顧，創造著美好而愉悅的時光。

然而，女子也面臨著挑戰和限制。她可能過於注重他人的喜愛，而忽略了自己的需求和權益。努力維持和諧的慾望，可能導致她在追求平衡時放棄了一些人或事物。因此，她需要時刻保持自我平衡，並尋求自我表達和滿足的機會。

與另一個金星對應的卦象「失去」相比，「女子」在並沒有情感上的苦惱，她努力嘗試防止苦惱或悲傷發生。女子注重的是情感的滿足和溝通，而不是物質上的。她關注和諧的人際關係和愉悅情感，以創造一個溫暖而充滿愛的環境。儘管她缺乏風元素的互動能力，但她的存在依然令人愉悅和美麗。而「失去」專注在物質和情感上的需求，「女子」是專注在溝通和情感的滿足感，雖然兩者都對應上金星，但兩者完全是金星不同的面向。它們同樣有火元素和水元素，而「失去」缺少了土元素，缺少了落實到現實中的金星能量；「女子」缺乏風元素，她可以接受一切，但無法和他人互動。

結構學習法

共有5個點，為奇數卦，因此它描述的是主觀的、關乎內在靈魂和個人經驗的內容。這個卦象代表著一種穩定的進程，動作緩慢而漫長。

逆卦：紅色。紅色象徵著激情與活力，所以與其相反的「女子」並非膚淺和輕率。

倒卦：男子。所以女子象徵著穩定和理性，不會輕率行事，也不喜歡冒險。

倒逆卦：白色。代表女子是代表著平靜、內省、寧靜和接受，幫助我們深入思考並接受事物的本質。

實踐經驗

有利：對愛情、關係、和諧有利。

不利：不利於溝通、需要主動出擊、需要維持長期的事情。

關鍵詞：美是暫時的、表面的、易變的、受空間與時間約束。

這個卦被認為在許多方面是吉利的。它強調了令人愉快、和睦、協調和平衡等重要社會特質。人們在和諧的環境中更容易建立積極的人際關係，享受良好的友誼和愛情。

然而，這個卦表示變化多端且不穩定。人的情緒和心理狀態受到多種因素的影響，包括個人的內在狀態和外部環境的變化。因此，即使在一個和諧的環境中，人們也可能經歷情緒波動和不穩定的情緒。

這個卦在涉及持久、穩定和意志堅定的問題上可能不太有利。它的能量更偏向於短暫的愉悅和即時滿足，而不太適合長期的承諾和堅持。長期的目標需要持久的努力和決心，而不僅僅依賴於瞬時的愉悅；在財富問題中，它也代表了「並不如事主心中所想那般美好」之意。

第十五卦：龍首（Caput Draconis）

拉丁語Caput Draconis，意思是「龍首」，也就是「北交」的涵義，在某些傳統中稱之為「走進命運」或「走進來」，因此這個詞也在《哈利波特》中，作為葛來分多第一學年開啟宿舍門的密碼。另外「大吉」（Fortuna Major）也是在系列作《火盃的考驗》中出現作為第四學年的宿舍密碼。地占的元素充斥在各大熱門小說和電影中，只是中文資料匱乏使人們難以察覺。「陰—陽—陽—陽」的組合把點連起來，就如同一條朝著門的小徑，或是一條龍向上騰飛的樣子，它象徵著一條幼龍剛出生的樣子。通常被視為吉卦，象徵著事物的開始和新的可能性。它代表著新生、清白、開始和無限的機會。然而，它並不意味著所有的開始都是吉利的，例如疾病或債務的開始。

「龍首」標誌著各種事件的起始。它預示著即將到來的事情，儘管事物的開始可能會遇到一些困難，但充滿了各種可能性。當與吉卦結合時，它是吉卦；而與凶卦結合時，它則成為凶卦。這是一個對新手來說比較難解讀的卦。

觀想學習法

大多地占師只能將這個卦解釋為「開始」，為了能有更深的理解，我們就需要想像一下任何事情開始之前的狀態。就像準備參加賽車比賽時，在賽前你充滿了緊張、恐懼、焦慮和不確定感，甚至會乾嘔，產生生理不適的反應，記住這種感覺，這就是「龍首」在盤中經常想表達的感覺，也是大多地占師會忽略的一層意思。在所有的開始中，無論是新學期的開始、工作的第一天、進入一段新的關係、開始新的項目，或是踏上一段新的旅程，都伴隨著一種不確定的感覺。人們可能感到緊張、恐懼、焦慮或充滿期待，因為他們不知道將要面對的是什麼樣的挑戰和變化。然而，正是這些開始帶來了生活的變化和成長，讓人們有機會探索新的可能性和實現目標。儘管開局艱難，但我們要相信自己的能力，並勇敢地邁出第一步，迎接新的開始。

就像剛破殼而出的幼龍，「龍首」象徵著開始、新生和一切的可能性。它承載著希望、夢想和預兆，但此時尚未考慮未來的因素。它象徵開端，宛如幼龍騰飛的瞬間，代表著無盡的潛力與可能。至於這條龍未來是惡龍，還是龍騎士身下的守護者，都不是現在所關注的時候。這個卦的出現僅表達這件事「才剛開始」。

元素學習法

土、水和風元素呈陽性，只有火元素呈陰性。

「龍首」就像是將燃料和木柴擺放在壁爐中準備生火。龍首的火元素是陰性的，這意味著火還沒有被點燃，但所有必要的元素都已經就位。壁爐的結構（物質層面）由土元素支撐；木柴（靈性層面）就像水元素一樣存在；而空氣（風元素）允許火焰與外界產生交流。然而，即使壁爐裡的燃料和木柴已經準備好，它仍然需要某人用火柴或打火機（代表自我能量、意志、動力）點燃它，激發壁爐中的火元素。這個過程是漸進的，需要時間來讓火焰穩定並持續燃燒，這與土元素的穩定性相呼應，因此「龍首」在整體上對應著土象。

對應學習法

✡行星：北交

★星座：處女座

「龍首」在占星上對應的是月亮的北交。月亮的運行軌道同地球軌道有兩個交點：北交點和南交點，月亮進入北天球的是北交點，進入南天球的是南交點，這兩點呈一百八十度交角。星座上對應處女座，由此在關乎維持資源採集、細節的事情、微觀的管理控制上，它都是有利的。

結構學習法

共有5個點，為奇數卦，所以描述的是主觀的。它是穩定、緩慢、漫長的。

逆卦：快樂。說明龍首不是快速的、並非一無所有的、不是空想，不是短暫的。

倒卦：龍尾。說明龍首不是結束、不是災難、並非不吉利的。

倒逆卦：悲傷。說明龍首一切的開始都是緩慢的，和悲傷一樣需要經歷災難的，心中總有些難受。

實踐經驗

有利：對新事物的誕生、將可能變成現實的發展有利。

不利：不利於結束、封閉或脫離某種狀態。

關鍵詞：開始、新生、提升健康、新工作或者一段新感情。

「龍首」在解讀中，它通常指出事物開始發展、新的事物的開端。包括剛出生的孩子、恢復健康、開始新的工作或遇到新的對象，將金星和木星的吉象影響到特定的主題中。它不利於結束、封閉或脫離某種狀態，只對新事物的誕生和即將發生的現實有利。有些人也會把龍首做成標誌，用以為象徵未來繁榮昌盛。

第十六卦：龍尾（Cauda Draconis）

拉丁語Cauda Draconis，意思是「龍尾」，與龍首為對卦，所以是南交點。「陽─陽─陽─陰」的組合將點連起來，就像是離開家或者一條龍墜落的樣子。南交象徵分裂混亂、結束、瞬間的損失、厄運。但結束也意味著新的開始，象徵了此人必須準備離開過去，開始新的生活才會有起色，但結束後是好是壞無法討論。要注意如果盤中第一宮是南交，通常此事不問。

觀想學習法

每一件事物都經歷著起始和終結的過程，情感的湧動無法避免。當我們逐漸走向終點時，心中常常充滿了苦澀和不捨。就像我們不願意告別美好的假期、離開童年的故鄉、放下已逝的愛情，或是不願面對親人的離世。然而，我們必須承認世界上存在著那些必須結束的事物。我們渴望疾病消退、戰爭停止、終結失業，甚至是結束那份讓我們疲憊不堪的工作。龍尾象徵著一切的終結，對於某些情況而言，它可能被視為不利的象徵，因為它意味著結束和離別。然而，對於那些期盼結束不利境遇的人而言，龍尾的出現卻是吉兆。因此「龍尾」

是非常好理解的卦，它提醒我們生命中所有事物都有終結的時刻。

元素學習法

火元素、風元素和水元素呈陽性，缺乏土元素。整體上對應火元素。

當事情走向結束時，它的發展過程可能很漫長，但實際的結束卻是在一瞬間完成的。卦象中的「龍尾」並不代表慢悠悠或緩慢，相反，因為火元素的存在充滿了積極性。在「龍尾」的結構中，沒有土元素的存在，因此沒有穩定的基礎來承載它，或者給予它延續的條件。水的不穩定性、風的流動性以及火的揮發性，所有這些元素都是流動的，一旦沒有土元素的固定和塑造，其他三個元素就無法實現並離開。正是由於這種揮發性的特性，使得「龍尾」與火元素相對應。

對應學習法

✡行星：南交

★星座：射手座

在占星學中，「龍尾」對應著月亮的南交點。南交點象徵著轉變和挑戰，具有凶兆意義。與「龍尾」相對應的是兩顆具有強烈能量的行星——火星和土星。這些行星代表著激情、動力和限制。「龍尾」在情感上引發的影響是複雜而有變化，類似射手座的特性。它充滿著冒險精神和好奇心，但也帶有不穩定性和挑戰性。在情感的旅程中，「龍尾」提醒我們要面對轉變和困難，並以靈活和堅定的態度迎接未知的變化。

結構學習法

共有5個點，為奇數卦，所以描述的是主觀意志、靈魂的內在狀態。它是變動的卦象。

逆卦：悲傷。表示龍尾並非緩慢而穩定的移動、不是公開的悲傷，也不是持續的情感狀態。

倒卦：龍首。這意味著龍尾不是新的開始、不利，不能明智地處理可能出現的事情。

倒逆卦：快樂。代表龍尾快速移動、強大和短暫的影響力。

實踐經驗

有利：在面對困境、疾病、離職等不良狀態時，這個卦象顯示出有利的意味，預示著即將結束這些不良狀態，走出困境。

不利： 在發展或開始新事物方面，這個卦象並不利。它暗示著不太適合進行新的計畫或項目，可能會遇到困難或阻礙。

關鍵詞： 結束、擺脫狀態、快速的、突然發生。

「龍尾」代表各種事件的結束，並且結束了新事物發生的可能。它的出現預示著事情即將結束，無論是好是壞；在健康方面，它象徵著情況的惡化，特別是當它出現在一宮和八宮時，可能暗示著死亡的可能；在愛情方面代表了一段感情的結束，已經無法回頭；在財富方面代表了極大的虧損、事業的倒閉或項目的結束。

從「大吉」到「龍尾」，以上十六卦的涵義並不是全部。我們還可以繼續透過觀想圖像或發揮想像，將自己對以上十六種事物的感受寫下來，並畫出思維導圖。如果你只是將十六卦涵義背誦出來，沒有透過自己理解，最終很快就會遇到瓶頸，任何占卜的學習都是如此。

歐洲與阿拉伯的對應基本差異

前一章介紹了歐洲對地占十六卦的理解方式。現在，讓我們轉向阿拉伯地占的觀點。由於歐洲地占建立在阿拉伯地占基礎之上，因此在阿拉伯地占中，對卦象象徵的理解並無太大的差異，只存在細微的區別。例如在財運方面，阿拉伯地占認為「白色」對財運來說更加有利。與歐洲地占相比，阿拉伯地占在對應關係上更加結構化且更為豐富。

一、吉凶性差異

吉凶性	吉
歐洲的吉凶對應	大吉
	獲得
	快樂
	結合
	龍首
	小吉

凶	中性
失去	道路
紅色	群眾
限制	女子
龍尾	男子
悲傷	白色

在歐洲地占裡，有些地占師會認為「白色」是吉卦而「結合」是中性卦，有些則是相反。在我的理解中，「白色」固然是吉卦，但往往它都是作為中性卦去提醒事情切不可急或暗示當事人太過著急，所以將它歸在中性卦；而「結合」雖然通常和「道路」都代表著一種變化，不同是的「道路」把一切都顛倒，將好的變成不好，不好的變成好；「結合」則是需要傾聽他人的意見，以做出一個更好的選擇，所以此處將它歸類在吉卦之中。

吉凶性	阿拉伯的吉凶對應					
吉	大吉	小吉	快樂	白色	龍首	獲得
凶	失去	紅色	悲傷	龍尾		
中性	道路	群眾	女子	男子	限制	結合

在阿拉伯地占中，首先比較明確的觀點是，「白色」被歸類為吉卦，「結合」被歸為中性卦。此外，中性卦中也出現了限制卦，這是歐洲地占系統中絕對不會出現的情況。在阿拉伯地占中，還存在一些相對折衷的對應方式。他們認為以下五個卦同時具有兩種屬性：「結合」、「男子」、「道路」被視為中性偏吉；而「限制」和「女子」則被視為中性偏凶。

二、性質差異

如上一章節所說，歐洲十六卦可以分為穩定卦和變動卦兩種。

性質	歐洲的性質對應							
穩定	悲傷	限制	獲得	群眾	龍首	大吉	女子	白色
變動	快樂	道路	男子	紅色	龍尾	小吉	失去	結合

阿拉伯地占中，十六卦並不是單純分成穩定和變動兩種，而是分成四種性質：向內、向外、翻轉、固定，是根據卦的結構分類的：

火爻為陰、土爻為陽，則整體形狀就像個朝下的倒三角，所以為向內卦；

火爻為陽、土爻為陰，則整體形狀就像個朝上的正三角，所以為向外卦；

火爻為陽、土爻為陽，則整體形狀就像旋轉陀螺，所以為翻轉卦；

火爻為陰、土爻為陰，則整體形狀就像結構穩定的方體，所以為固定卦。

性質	阿拉伯的性質對應			
向內	悲傷	大吉	獲得	龍首
向外	快樂	小吉	失去	龍尾
翻轉	道路	男子	限制	女子
固定	群眾	白色	結合	紅色

阿拉伯尤其重視吉凶和性質結合一起來解讀，它的優先權甚至超過卦本身的象徵性。比如問及愛情是否會長久，出現「限制」，限制本身是指長久的卦象，雖然是凶卦但至少是長久的；但如果用阿拉伯系統來解讀，限制屬於中性偏凶且翻轉，意味著並不會長久。

三、四元素的對應差異

如上一章節提到，十六卦中每一個爻都對應一個元素，由上至下分別是火、風、水、土。每一行都由一個點或兩個點來表示，分別代表陽、陰。陽為主動、擁有；陰為被動、缺失。除了每一爻都對應四元素以外，每一卦在整體上也對應一個元素。一般來說，卦的元素對應是由卦的結構來定義的，卦的元素對應永遠是在爻中為陽性的元素（除了道路以外）：

元素	歐洲的四元素對應			
火	快樂	龍尾	小吉	失去
風	紅色	男子	結合	獲得

水	白色	女子	道路	群眾
土	悲傷	龍首	限制	大吉

阿拉伯對應系統的其中一種是這樣：

元素	阿拉伯的四元素對應			
火	大吉	群眾	快樂	男子
風	獲得	結合	紅色	龍首
水	白色	失去	道路	龍尾
土	小吉	悲傷	限制	女子

四、行星和星座對應系統差異

星座實踐中，歐洲常用阿格里帕的對應系統：

性質	行星	星座	卦象
歐洲星座和對應	太陽	獅子	大吉
			小吉
	月亮	巨蟹	道路
			群眾
	火星	牡羊	男子
		天蠍	紅色
	水星	雙子	白色
		處女	結合
	木星	雙魚	獲得
		射手	快樂
	金星	金牛	女子
		天秤	失去
	土星	摩羯	限制
		水瓶	悲傷
	北交	摩羯	龍首
	南交	天蠍	龍尾

阿拉伯也有多套系統，常用的是：

性質	行星
阿拉伯星座和對應	太陽
	月亮
	火星
	水星
	木星
	金星
	土星
	北交
	南交

星座	卦象
獅子	小吉
	獲得
巨蟹	道路
	白色
牡羊	男子
天蠍	紅色
雙子	群眾
處女	結合
雙魚	快樂
射手	龍首
金牛	女子
天秤	大吉
摩羯	限制
水瓶	悲傷
摩羯	失去
天蠍	龍尾

在上述表格中，我們注意到「白色」和「群眾」，「小吉」和「獲得」，以及「龍首」和「失去」的位置發生了調換。基於行星星座的對應關係，這種變化將像蝴蝶效應一樣影響許多方面的對應關係。此外，阿拉伯系統中的行星日與歐洲系統是不同的。

行星時指的是古埃及人和巴比倫人將一天分成二十四小時的時間制度。白天從日出到日落被等分為十二小時，而黑夜從日落到日出也被等分為十二小時，共計二十四小時。由於夏季白天較長，冬季較短，因此每天十二小時並不均勻等分。希臘人根據「迦勒底星序」（按行星速度從慢到快的順序）將二十四小時一一命名為土星、木星、火星、太陽、金星、水星和月亮。每天的第一個小時所對應的行星成為該天的命名行星，從而形成了七星制度。這一制度在占星學、塔羅學和魔法的基礎讀物中都有提及，因此不再贅述。對於學習阿拉伯神祕學來說，我們必須了解——行星時的計算不一定以太陽升起作為起點，許多神祕學愛好者經常忽略這點。

在古代中國地區的傳統時間系統中，起點是子時，而現代以午夜十二點作為一天的起點是來自羅馬。在同一時期的羅馬，實際上還存在另外兩種算法：埃及人從日出開始計算一天，而巴比倫和古希臘人（包括希臘化埃及人）則以日落作為起點。以日落為起點的傳統透過希臘傳入猶太，並進而傳入阿拉伯。直到現在，阿拉伯人仍然沿用以日落作為一天的起點。因此，在魔法實踐中，必須清楚了解古代文本的來源。

希臘化埃及魔法莎草紙（PGM）文本：日落開始算起。
早期猶太及阿拉伯文本：日落開始算起。
希臘文本：有些是日出，有些是日落。
羅馬文本：午夜開始算起。
拜占庭文本：有些指日出，有些指日落。
歐洲中世紀至文藝復興文本：日出算起[20]。

為什麼會出現同一個國家時期的文本中，同時出現有時日出、有時日落的系統？這可能歸因於瓦提斯・瓦勒斯（Vettius Valens）的貢獻。如果讀者熟悉瓦勒斯的著作，可以直接查閱他的《選集》（*Anthologia*）第一冊第九章。

簡要來說，瓦勒斯在解釋行星的篇章裡，首先解釋了一天應該從日落開始計算，以及如何進行計算，並指出這種傳統源自巴比倫和希臘。為了更清楚地解釋，他舉了一個例子，在這個例子中則以日出為起點……該解釋證明了日出、日落系統都有人使用。由於瓦勒斯的影響非常深遠，而在當時，擇日占星（Electional Astrology）還未從事件占星術（Katerchic Astrology）中分離出來，因此希臘的占星作品很少強調行星應用。基本上直到中世紀之後，這個概念才開始流行起來，這導致用日出還是日落都可以。

神祕學實踐者主要修習現代、中世紀晚期到文藝復興時期的占星術、魔法，以及北歐的體系。這些文本都是以日出作為起點進行計算。然而，如果我們將研究範圍擴大到更古老的

---

20 不同的時期、地域對於「一天的開始」定義不同，遂概括性地替各時期文本對於時間計算上的差異進行了歸納。

魔法實踐，我們就需要打破一些固有的基礎知識。這時候，若我們重新審視一些重要的文獻，如PGM III 494-611和占星魔法著作《致力成為賢者》（*Picatrix*）中的擇日部分，又會有全新的收穫。

不論是歐洲系統還是阿拉伯系統，它們都基於四元素、行星、星座對應等要素發展出以下對應關係：方位、環境特徵、其他時間刻度、疾病、身體部位、外貌特徵和字母。除了這些基本對應之外，阿拉伯系統比歐洲系統擁有更多的對應關係。例如：食物的味道、國家、職業、信仰、動物、植物、形狀、金屬、阿拉伯語字母、香水、服裝、水果、蔬菜、穀物等，這些額外的對應關係使得阿拉伯系統可以應用於更多的問題。

如何提問？

在目前的書籍市場上，專門闡述「如何提問」的書籍似乎並不常見。然而，無論在卜卦、塔羅，還是占星等領域，提出問題都是重要的環節。當無法解讀牌面或星盤時，不一定是解讀的過程，而可能是提出的問題有誤。一個精心構思的問題，不僅能大幅降低解讀的難度，還能幫助我們整理思路。

一、提問是否有必要

首先，並非所有問題都適合拿來占卜。占卜師並非萬能，他們無法給出所有問題的答案。以下是我曾遇到的一些令人哭笑不得的問題，例如：

「為什麼我的手機聲音鍵壞了？」
「我該如何同時學會義大利語和英語，而不混淆兩者？」
「我什麼時候能跟某明星在一起？」
「我未來的伴侶向我求婚的戒指會是幾克拉？」
「我未來開的車會是什麼牌子的？」
「紅樓夢後四十回說的是什麼故事？」
「我身上哪顆痣需要點掉？」
「我什麼時候才能變美，驚豔路上所有人？」
「我是人嗎？如果不是，是什麼？」
「可以請地占描述一下未來的科技嗎？」
「盜賊的來意是什麼？」

二、問題是否具有邏輯性

有些問題，儘管看起來很常見或頗有道理，但實際上卻毫無邏輯。比如，有人可能會問：「我這一生遇到的小人有什麼特徵？」這種問題看起來似乎合理，但仔細思考後會發現它其實並不現實，因為一個人的一生中，可能會遇到許多的敵人，這些敵人都有各自的特徵和特質。當你問這樣的問題時，你到底是想了解哪一個敵人的特徵呢？是你的首位敵人，還是你最後的敵人，還是你最主要的敵人？或者，你是否希望占卜師一一列出每一個敵人的特徵？又或者，你是否認為所有的敵人都有共同的特徵，比如你的敵人的腳掌上都有顆痣？這種假設實在是太過玄妙，並不符合常理。

其次有些疑問偏向民俗地域性，不適合詢問地占師。比如有人問筆者：「能幫我看看我是否有童子命嗎？」我說地占看不了，個案就會說：「童子命都看不了有什麼厲害的？」這時候我只能深呼吸並說：「地占能夠看出你是否中了邪眼或中了Zar[21]，家中是否有巨人，以及要如何發善（Sadqa）解決問題，這些都不曾出現在中國傳統信仰中，因為我們沒有這些文化，如同阿拉伯人無法推算童子命，所以也不要為難地占師了。」

21：Zar是伊斯蘭文化社區中緩解惡魔、邪靈或不幸，用於幫助患者恢復精神健康的儀式，但伊斯蘭教人士會視Zar為異端，是不符合正統教義的行為，所以是否為有益的儀式則根據社區傳統而定。

三、是否符合倫理道德

道德與倫理觀念的確存在著地域性差異。在東方文化中，我們通常不會建議人們透過占卜來參與賭博或盜墓；然而，在西方國家，自古至今，賭博被視為一種遊戲，盜墓則被視為尋寶。像是《神鬼奇航》中的角色，儘管他們的行為在東方文化中可能被視為不道德，但在西方文化中卻能被視為英雄。

然而，還有一些雖與道德與倫理無關，但還是需要考慮到占卜結果可能對事主產生的影響。最典型的例子就屬占壽限。當人們聽到自己的壽命長度後，往往會改變他們對生活的態度，即使事主堅稱不會受到影響，但如果占卜的措辭稍有不當，仍有可能給事主帶來深遠的傷害。

最後，還有一些問題實在讓人無法回答，如有人問：「我父母什麼時候會去世，我才能繼承他們的財產？」這樣的態度實在無法恭維。

我們該如何提出好問題？

一、不要直接占卜個案的問題

許多占卜師接到個案的問題時，往往直接占卜問題，但這並不是好習慣。由於個案可能不清楚如何提出適合占卜的問題，作為一個專業的占卜師，我們需要理解其真正意圖，並從中挑選出關鍵的問題進行占卜。占卜師應該具備理解個案思緒的專業，並能從中抓住關鍵，重新提出具有針對性的問題。例如，曾有個案詢問她的男朋友是否背叛了她，但後來她表示，其實她背叛在先，如果男朋友也有此行徑，她就可以放心行事。因此，個案提問的目的並非總是他們真正想要詢問的問題。在後續章節中，我將教大家如何識別個案是否誤導占卜師。

二、縮小範圍

提問的技巧中，最重要的一點就是要縮小問題的範圍。在二〇一八年全國塔羅大賽決賽中，我出了題：「這道題的問題是什麼？」這個問題的難度在於答案的可能性是無限的，讓人無從下手。其實，這並不是一個奇怪的問題。在古代有一種叫做「射覆」的占卜遊戲，也有類似的問題。如果我們直接提問：「他手裡的東西是什麼？」那麼解答這個問題就會非常困難，因為這個東西的可能性是無窮無盡的。因此，我們需要有技巧地提問。例如，我們可以將這個物體的屬性分為幾個大類：顏色、形狀、材質、用途等，然後針對每一個屬性占卜一次，透過分析不同的屬性，可以更好地推測這個物體是什麼。這就是為什麼塔羅牌需要牌陣，占星需要有宮位，地占也需要盾盤和宮位盤的原因，所謂「盤」、「陣」就是人處理問題的思維模型。我們需要將問題構建到能適應占卜工具的處理模式，這就像使用AI時，我們必須掌握如何有效地設定指令（prompt）一樣，這樣才能獲得最理想的答案。

三、提問需要精準

在卜卦過程中，我們常會遇到因為語言細微差異而產生全然不同解讀的情況。例如，「兩人會不會結婚」與「兩人能不能結婚」可能導致完全不同的答案。前者詢問的是最終的事實結果，而後者則探討的是結婚條件是否具備，兩種問題的差別顯然非常大。因此，一字之差可能導致截然不同的答案，所以必須先釐清自己真正的問題是什麼，可以寫下來，釐清思路後再進行提問。在解卦的過程中也需要嚴格依照問題來進行解讀，必須確保回答與提問的問題完全匹配。例如，對於問題「A和B會結婚嗎？」卻得到「他的靈性很好」的回答，顯然答非所問，令人驚訝的是，這種情況竟然常發生。

四、需先確定事件是否會發生

在處理尋物問題或預測事件時間的問題時，人們往往直接問「這件事何時會發生？」或「我丟失的物品在哪？」但有時我們會發現，即使能確定位置或時間，但仍然找不到物品或事件根本未發生。這是因為我們忽略了一個關鍵的先決條件，即這個事件是否會發生。

因此，在進一步提問之前，我們需要先確定事件是否會發生。如果事件沒有發生，那麼後續的解讀都將無效。

五、問題的句式——將否定疑問句轉換成簡單的一般疑問句

有時，人們會使用否定疑問句進行提問，例如：「我是不是找不到工作了？」這會造成解讀的困擾，因為「是」的答案可能表示「是的，你找不到工作」或「不是，你能找到工作」。因此，我們應避免使用否定疑問句，以免引起混淆。最好將否定疑問句轉換為簡單疑問句，例如：「我能找到工作嗎？」這樣，無論回答是「是，你能。」還是「不，你不能。」都不會引起混淆。如果必須回答否定疑問句，只需按照問題的表述方式回答就可以了。

地占起卦方式

一、在沙地／紙上畫點

地占最常使用阿拉伯地占，他們開始占卜時會先祈禱，進入一種恍惚的狀態，同時專注於他們被問到的問題。然後他們會在土地上或沙地上畫出16行的點，這些點的數量並無特定的規定，而是由占卜師放空隨機點出。之後要數每行的數量為奇數或偶數，奇數為陽，偶數為陰。這樣的操作需要進行16次，每四行為一個卦，這樣4乘4一共16行，就得到四個「母卦」——整張盤都會由這四個母卦開始排列。

如圖7，從右向左放空在地面上畫點，直到你想停為止。

接著數一數剛才畫了幾個點，是奇數還是偶數，決定是陰還是陽。

以上就4行為例，一共需要16行。

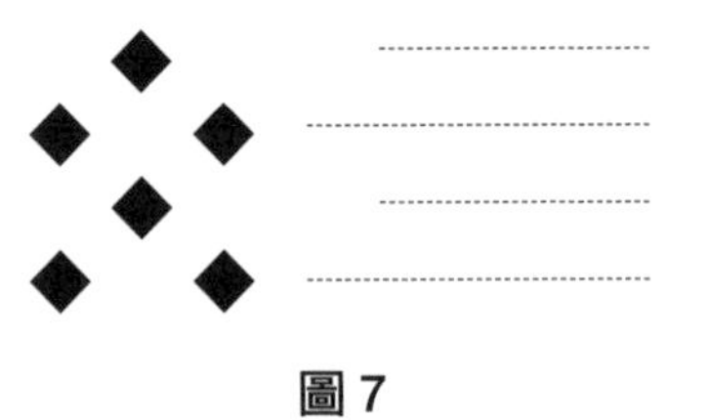

圖7

二、地占四元素骰子

隨後，在印度、巴基斯坦地區更流行起了使用地占骰子的習慣。地占骰子的使用方式直截了當：你可以選擇一顆骰子擲四次，或者一次擲四顆骰子。如果擲出的點數是奇數，就用1個點代表；如果是偶數，就用2個點。有些人會使用四種不同顏色的骰子（例如，紅色代表火，黃色代表風，藍色代表水，綠色代表土）。到了現代，有些人則偏好使用桌遊骰子，這種骰子有不同的形狀，可以代表柏拉圖的四種元素：四面體（d4）代表火，八面體（d8）代表風，二十面體（d20）代表水，六面體（d6）代表土。骰子的好處是小巧方便，可以放在小袋子裡隨身攜帶。

三、地占紡錘骰子（Qirra dice）

圖 8　地占紡錘骰子

地占紡錘骰子（geomantic spindle-dice）在阿拉伯和東方地占術中很常見，特別是在中東和南亞地區就是使用這種名為「qirra」的骰子。這種工具使用兩組四顆骰子，每組骰子橫向排列在一根紡錘上，每顆骰子有四面，每個面上都印有半個地占圖形：兩點的垂直線、四點的正方形、三點的向上三角形和三點的向下三角形。地占師會把骰子放在兩手掌心搓動，使它們自由旋轉，然後停止並產生一個穩定的位置，如此就會產生四個卦象，比起前兩者大大提高了他們進行預測的效率。

這種骰子有不少的起卦規則，例如，如果兩條骰子扔下時上下疊在一起，代表提問者近期運勢不佳，精神受到邪靈影響而拒絕回答；如果強行再次起卦，地占師將會遭受到反噬。諸如此類的規則都是口口相傳，未曾在書中傳承。

四、地占儀

圖 9　大英博物館展示的地占儀器
（Brit. Mus.Neg. No. XXXII 9）

還有一種工具是中世紀使用的精緻地占儀器，由銅合金製成，鑲嵌了金銀，主要由四個部分組成：前板、後板、框架和懸掛裝置。較小的部分包括二十個圓形刻度盤和四個半圓形滑動弧線，它們都固定在前板的背面。前板嵌入框架中，像畫框一樣。後板位於框架的後面，並由兩個小釘固定在位。前板上有幾個銘文和地占符號。框架上刻有一首詩，前面裝飾有莖和三葉圖案。懸掛裝置是三角形的，形狀為精緻的植物圖案，中心有一個刻線的環。後板的邊緣被一段帶有植物和阿拉伯花紋背景的銘文所環繞。

黑板的中心有一條交織的帶子，上面覆蓋著一個菱形的銘文。後面的銘文給儀器的擁有者帶來祝福、好運和繁榮。但是，由於後期的修理，許多刻度盤已經不能正確對齊。

五、先天卦盤

專業的阿拉伯地占師多會使用先天卦起點數的方法，先天卦一共有二十八種系統，不同的先天卦系統規則不同，不同的卦序作用也不同。常見的是先在紙或沙地上從右向左點出一排點，但只需點出一排，減去16個點之後得到餘數，在圖10至12中找到餘數所對應的卦型再依次逆時針數7格，按順序找出四個卦。常用的比如圖上到下：Sukan 先天卦序、Bazdah 先天卦序、Abjad 先天卦序。

圖 10 Sukan 先天卦序

圖 11 Bazdan 先天卦序

圖 12 Abjad 先天卦序

筆者在一些家傳的《民間法本》中還發現了另外一種，是向個案取1至99中四個數，如果大於16的數就除以16取餘數，比如客戶說7、10、12、22，因為22大於16，所以22除以16餘6，然後從先天卦盤中取這四個母卦，和梅花易數這些取卦思路是一樣的。我們在初學時候一般只用Sukan先天卦序，從符號「I」開始逆時針算：

1
2
3
4
5
6
7
8

快樂	9	白色
獲得	10	小吉
失去	11	大吉
群眾	12	龍尾
男子	13	女子
限制	14	龍首
悲傷	15	結合
紅色	16	道路

當然，以上只是做一些傳統起卦的介紹，如今已經很少人在手動起卦了，就連阿拉伯的地占師都是用華人製作的地占ＡＰＰ。所以現在我們用應用程式就可以起卦，你可以在手機商店搜索「地占」，點擊一下就能進行起卦。有些人對手機起卦持懷疑態度，認為手機隨機點出來的結果怎麼能稱為起卦呢？這種疑問就像過去學校老師認為電子詞典不能代替紙本字典，而如今幾乎所有人都在使用電子詞典。通常來說，較為簡單的程序往往更加準確。

圖 13　地占 APP 可由此 QRcode 下載。

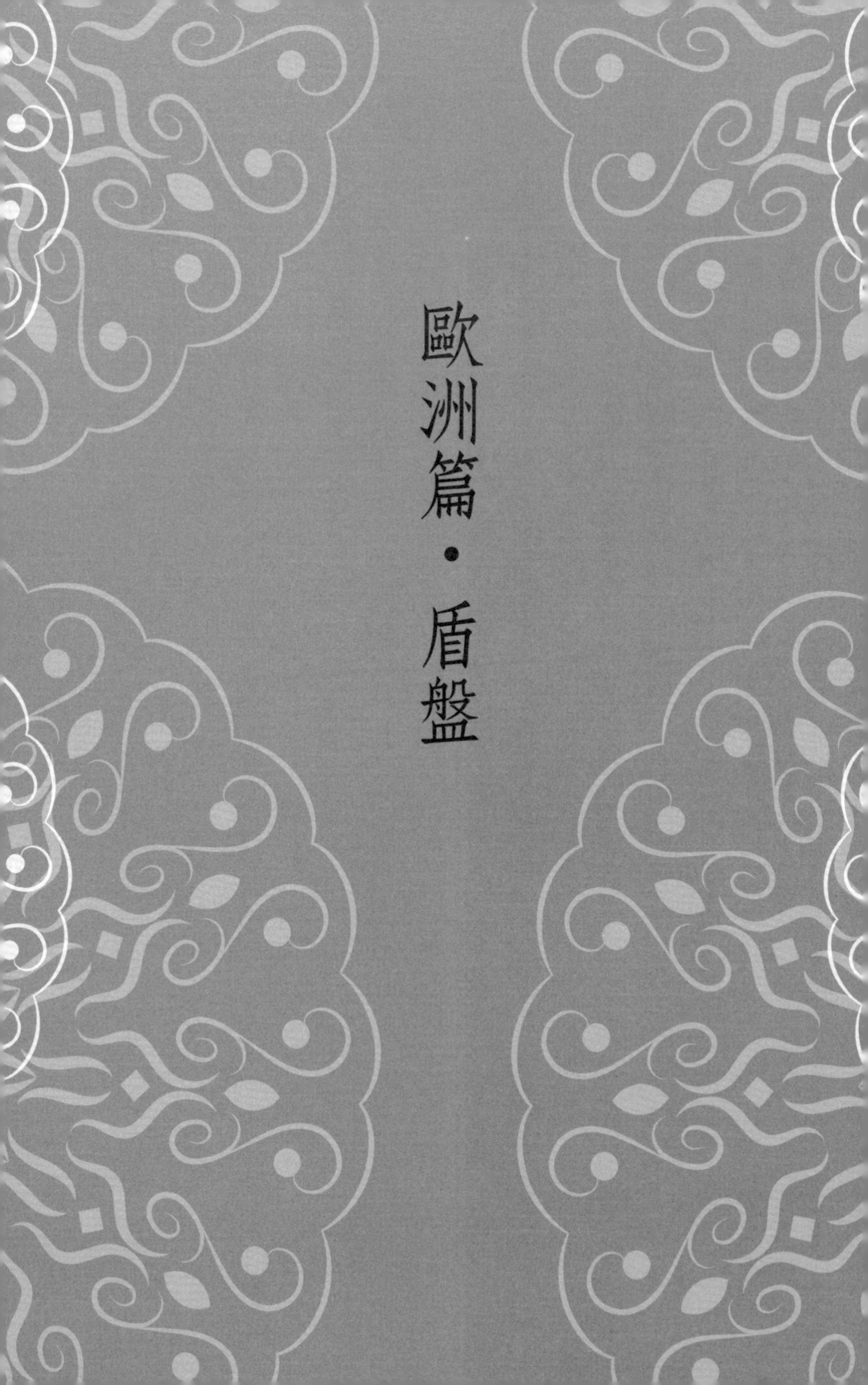

歐洲篇・盾盤

初識盾盤

卜卦的「盤」

在了解起卦之後就可以開始進行排盤。由於卦是萬物的原型，任何一種成熟的卜卦系統不會僅僅使用單一的卦來解讀，因為這樣得到的訊息有限，而且由於一象多應的原因，單一卦象的解讀可能會顯得分散。因此，需要使用多個卦來分別解讀一件事件的不同方面。這就是為什麼占星學有星盤，塔羅牌有牌陣，而地占則使用「盾盤」來進行第一步排盤。

在一般人眼中，牌陣似乎被視為一種「神聖不可侵犯」的存在。人們似乎會認為一個紙牌占卜師能使用多少種牌陣來進行解讀，就能決定其卜術的深厚程度。然而，這是非常錯誤的認知。牌陣只是一種釐清思路的方式，它是一種思維模型。

舉例來說，如果我們想要問關於時間線性的問題，想了解一件事情的過去、現在和未來的發展情況，我們可以抽取三張牌來分別解釋過去、現在和未來。又如，在選擇性問題中，我們可以使用特定的牌陣。這類牌陣有很多種，例如我們可以給選項A抽一張牌，選項B抽一張牌，來對比牌A和牌B之間哪個選項更好；但我們也可以給A、B分別抽兩張牌，其中兩張代表A的優勢和劣勢，兩張代表B的優勢和劣勢。同時，再抽一張牌代表選擇A還是B的關鍵因素是什麼。這樣的思維模型可以建立一個相對中立的框架，讓我們在做出選擇時擁有更大的自由度，而不僅僅依賴於兩張牌的對比來指導我們的決策。同樣的，學習地占的時候也要注意這點，當我們處理同一種問題的時候，我們可以依不同思路入手不同的「沙盤」，不同的模型不僅會影響答案的準確度，還會直接影響卜者在得到答案後所做出的決定。不論是「陣」、「盤」還是「局」，它們所反映的都是人類處理問題的思維模型。

盾盤的結構

在前一章節中，我們已經介紹了如何起卦，現在讓我們來看看如何將這些卦排列成一個盾盤。盾盤的結構形狀類似於盾牌，因此得名為「盾」。與阿拉伯傳統一樣，書寫方式是從右向左進行。結構上可分為以下五個部分：

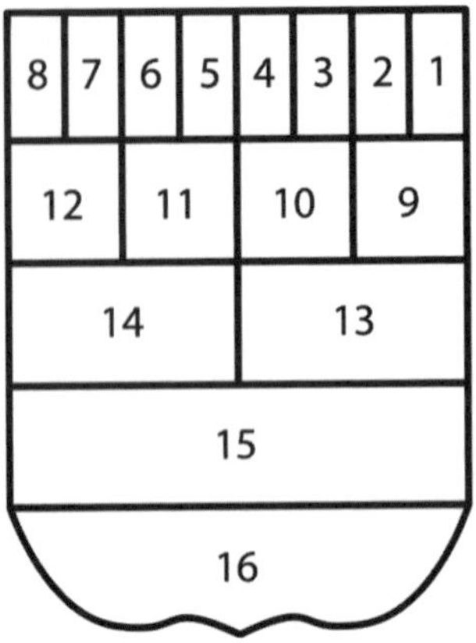

圖14　盾牌

1、2、3、4卦稱為母卦（Mothers）；

5、6、7、8卦稱為女卦（Daughters）；

9、10、11、12卦稱為侄卦（Nieces）；

13、14卦稱為證人（Witnesses），其中14為左證人，13為右證人；

15卦稱為法官（Judge）。

還有一個位於盾盤之外的第16卦，在阿拉伯被稱為「宣判」（Sentence），在歐洲地占術中翻譯為「調解人」（Reconciler），也有別名「法官的判決」（Judge of Judge）和「結果的結果」（Result of Results）。

關於1至12卦名稱的來源，即為什麼稱為母親、女兒和侄子，可以追溯到伊斯蘭教、猶太教等教派的習俗。在這些教派中，若哥哥去世沒有留下後代或因戰爭而去世，弟弟有義務娶哥哥的寡嫂，並將所生的孩子視為亡兄的法定繼承人。這在《聖經》的舊約部分中有所記載，《創世紀》第三十八章，猶大的兒子俄南因為不願意為他已故的哥哥珥（Er）留下後代，而選擇遺精於地，這被視為對上帝的不敬，因此上帝對他發怒並將他殺死。這個故事也創造了「自慰」（Onamism）這個詞，指的是「為了避免受孕而中斷性交的行為」。

這種教義並非無稽之談，也非為了保護自家利益而提出的。在古代，它旨在鼓勵男性參與戰爭，讓伊斯蘭能取得勝利。男性無需擔心自己戰死後妻子和孩子的照顧問題，可以安心為國家而戰。由於阿拉伯男性可娶四個妻子，因此盾盤的結構中有四個母卦、四個女卦以及四個侄卦，象徵著一個男人的家庭成員。

兩個證人和一個法官形成了盾盤的法庭結構。在這個法庭上，宣判針對的是這個男人，他的家人都在場，法官正在傾聽兩位證人的陳述以做出判決。從結構上來看，我們可以初步了解盾盤中每個位置的作用。此外，在阿拉伯地占中，通常侄卦的位置會稱為孫女卦。

盾盤的排盤方式

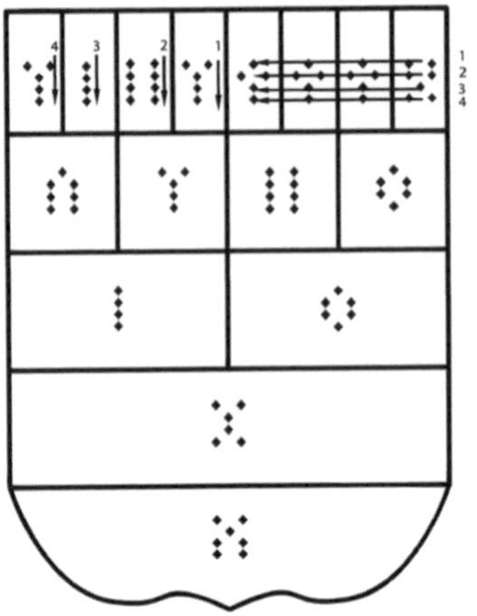

圖15

盾盤如何排盤呢？首先，1、2、3、4卦是起卦得來的，也就是上一章說的，透過投硬幣或畫點數等方法得出前四個卦。5、6、7、8卦則從1至4卦的四爻中分別衍生出來。

第5卦：從右往左分別選取1、2、3、4卦的第1爻（火爻）之後，按照從上往下的順序記錄在五宮，即形成新的四爻（如圖15箭頭①所指的方向）。

第6卦：從右往左分別選取1、2、3、4卦的第2爻（風爻）之後，按照從上往下的順序記錄在六宮，即形成新的四爻（如圖14箭頭②所指的方向）。

第7卦：從右往左分別選取1、2、3、4卦的第3爻（水爻）之後，按照從上往下的順序記錄在七宮，即形成新的四爻（如圖14箭頭③所指的方向）。

第8卦：從右往左分別選取1、2、3、4卦的第4爻（土爻）之後，按照從上往下的順序記錄在八宮，即形成新的四爻（如圖14箭頭④所指的方向）。

如圖14所示，前四個卦分別為 ◆◆/◆◆/◆/◆◆ ◆/◆◆/◆/◆ ◆/◆◆/◆/◆ ◆/◆◆/◆/◆，所以：

第5卦為四個爻從右往左的第一行順序排列，所以是「陰、陽、陽、陽」，也就是龍首 ◆◆/◆/◆/◆。

第6卦為四個爻從右往左的第二行順序排列，所以是「陰、陰、陰、陰」，也就是群眾 ◆◆/◆◆/◆◆/◆◆。

第7卦為四個爻從右往左的第四行順序排列，所以是「陽、陽、陽、陽」，也就是道路 ◆/◆/◆/◆。

第8卦為四個爻從右往左的第四行順序排列，所以是「陰、陽、陽、陽」。也就是龍首

。

接著八個卦需要兩兩相加，得出四個侄卦（9—12卦），相加遵從「同黨為陰，異黨為陽」的法則。即：

第9卦：第1卦+第2卦，即白色 + 女子 = 限制

第10卦：第3卦+第4卦，即女子 + 女子 = 群眾

第11卦：第5卦+第6卦，即龍首 + 群眾 = 龍首

第12卦：第7卦+第8卦，即道路 + 龍首 = 快樂

在得出四個侄卦之後，兩兩相加得出二個證人（13、14卦），即：

第13卦：第9卦＋第10卦，即限制 ＋群眾 ＝限制

第14卦：第11卦＋第12卦，即龍首 ＋快樂 ＝道路

隨後，相加右證人（13卦）與左證人（14卦），得出法官（15卦），即：

第15卦：第13卦＋第14卦，即限制＋道路＝結合

這裡16卦是由1卦與15卦相加得出的，所以如圖14所示：

第16卦：第1卦＋第15卦，即白色＋結合＝紅色

一定要記住，這裡相加方法的口訣可以記為：「同黨為陰，異黨為陽」。如前文所述，凡是同樣為陰性或者同樣為陽性的爻相加就等於陰性，一陰一陽的爻相加就為陽性。

我們直接看圖14比較容易明白，比如一宮是「白色」，二宮是「女子」，第9卦就會是「限制」。白色的第一個爻為「陰」，女子第一個爻為「陽」，異黨為陽，所以第9卦的第一個爻就為陽。白色的第二個爻為「陰」，女子第二個爻為「陰」，同黨為陰，所以第9卦的第二個爻就為陰「陰」。以此類推第9卦就為「限制」，同理，10、11、12、13、14、15卦亦是如此的方法相加得出，9＋10＝13卦、11＋12＝14卦、13＋14＝15卦，而第16卦則是由1卦加上15卦得出的，16卦一般會寫在15卦的下方。

盾盤解讀

在盾盤的初級解讀中，我們首先要學習如何解讀13、14和15卦，因為它們是地占解讀中最核心的部分。所有的技法都圍繞著這三個卦展開。這三個卦和塔羅牌中的三張牌解讀方式相同，可以回答兩類問題：是否問題和時間問題。就像在塔羅牌中抽取三張牌，可以透過無牌陣的靜態解讀，也可以將它們分別以過去、現在和未來解讀。但在解讀之前，請記住，如果「龍尾」出現在一宮，表示此事不可問，整個盤面將無效，且建議短期內不再提問。

一、是否問題

在盾盤中，對於是否問題，一般我們可以直接觀察第15卦——「法官」，來確定問題答案是「是」還是「否」。如果需要更深入的解讀，可以參考第14和13卦——分別為「左證人」

和「右證人」，右證人一般也會代表事主的狀態。因此，在是否問題中，我們可以以15卦作為最終答案，而13和14卦則提供了補充說明。

以下是對於這三個卦的凶吉性質的判斷：

①如果15卦（法官）是吉，14卦和13卦（證人）也都是吉，那麼最終就是吉。

例：龍首＋女子＝小吉

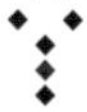

②如果15卦（法官）是吉的，13、14卦是由一個吉和一個凶組成，那麼最終結論一般是吉的，但可能會被拖延或者遇到障礙出現。

例：龍尾＋白色＝小吉

③如果13卦和14卦（證人）是吉的，但15卦（法官）是凶的，那麼表明你期待的結果會實現，但實際上這個結果並不適合你，也就是說，你的方向本身就是錯誤的、不好的。

例：獲得＋小吉＝限制

④如果13卦和14卦（證人）是凶的，但15卦（法官）是吉的，那麼最終結果會是好的，但你需要經歷長時間的艱難才能成功，需要付出很大的努力。

例：失去＋限制＝大吉

⑤如果13卦和14卦（證人）都是凶卦，這比僅法官為凶卦更凶。如果證人和法官之間由吉凶混合，則答案既可能是吉也可能是凶。

例如：法官是「小吉」，為一個吉卦，而證人是「紅色」和「快樂」，快樂是吉卦，紅色是凶卦，那總體來說，我們只需要看第15卦的小吉就可以知道事件總體是向著好的方向發展的，但可能會被延遲或出現問題，14卦和13卦一吉一凶則是對所出現問題的解釋。所以我們只知道一件事的吉凶是不夠的，需要根據問題和卦象的涵義來做更具體的解讀，但要記住千萬不要忽視問題，直接把卦解讀出來，這肯定會出錯的，因為同一個卦象在不同問題中答案都會不同。

⑬ 紅色

⑭ 快樂

⑮ 小吉

例如，如果我們假設此卦的問題是「一對男女相愛，想知道雙方未來是否會結婚」，那麼在這三個組合中，我們可以看到法官是「小吉」，這是一個吉卦，代表了成功和短暫的收穫。但對於關係是否能長期發展來說，這卻變成了一個凶卦，因為它顯示了關係是短暫的。接下來我們看兩個證人，先看13卦「右證人」，這個位置通常比14卦更重要，因為13卦通常也代表了事主的狀態。「紅色」代表了事主是熱情的，但是急性、脾氣易怒的人，經常情緒不穩定，為了小事反應過激。因此，這個位置告訴了事主無論遇到什麼刺激，都應該保持冷靜放鬆，這也說明此事必然容易讓你生氣，但如果不能好控制情緒，關係可能就會破裂。

二、時間問題

當問題涉及到事情的發展過程，我們可以將第13卦視為過去，第15卦視為現在，第14卦視為未來。我們可以透過以下方式來判斷事情的未來發展：

如果右證人（過去）是吉的，而左證人（未來）是凶的，那麼我們可以推斷事情可能會朝著不利的方向發展。

如果右證人（過去）是凶的，而左證人（未來）是吉的，那麼我們可以推斷事情可能會從不利的狀態轉向有利的狀態。

我們假設問題是以「一對男女相愛，想知道雙方關係的未來發展」來提問，這就會變成時間性的問題。即便得出來的結果是如上一個問題一樣的三個卦象，也會因為問題不同，而結果不同，13是「紅色」，是凶卦，所以過去兩人關係是凶的，可能有爭執甚至暴力，15是「小吉」，代表現在是吉的，而14卦代表未來發展是「快樂」，所以不同的提

問方法會影響到解讀方法，解讀方法一旦不同，結論就會不同，可見提問的重要性。

在進行占卜之前，我們必須明確選擇解讀方法，基於是非，還是事情未來的發展。問題的類型決定了我們如何解讀這三個卦。如果沒有預先確定解讀方法，那麼占卜結果可能會無效，因為你的思維可能會混亂，導致解讀不準確。在占卜過程中，我們不僅需要保證隨機性，也需要保持自己的思維狀態隨機，也就是說，我們需要盡可能地排除主觀因素。

地占三角（Triplicities）

在前一章，我們深入研究了盤排的技巧，以及如何解讀13、14、15這三個卦的混合涵義。這三個卦在歐洲地占系統中構成了盤的中心支柱，其他十二個宮位的闡釋都要以此三卦為參照。然而，阿拉伯的地占系統並沒有採納這種方法。那麼，歐洲地占三角究竟源自何處呢？事實上，它最初是從阿拉伯的三角中提煉出來的。

歐洲地占三角

在約翰・邁克爾・格里爾（John Michael Greer）的膾炙人口之作《地占的方法與實踐》（*The Art and Practice of Geomancy*）中，他探討了這種方法，並稱為地占三角（Geomantic Triplicities）。這個術語和實踐方式是源於羅伯特・弗拉德（Robert Fludd）的創建。在這裡，我們用「三角」這個詞來代表這些特定的位置。該書強調，除了13、14、15這三個卦之外，還有其他幾個重要的位置，如圖16，包括：

第一三角：1＋2＝9卦

第二三角：3＋4＝10卦

第三三角：5＋6＝11卦

第四三角：7＋8＝12卦

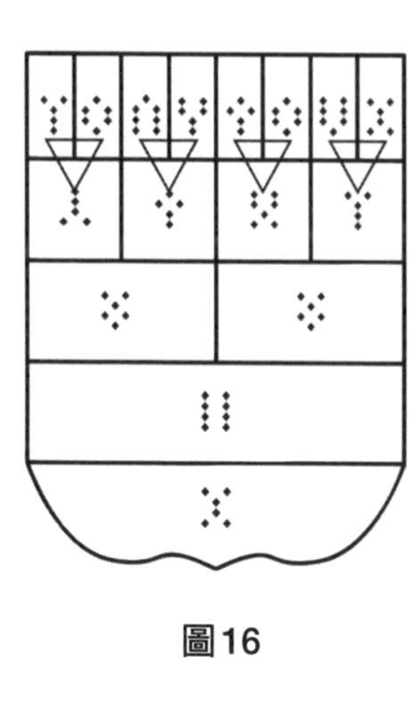

圖16

在格里爾的作品中，每個三角的涵義被清晰地定義了出來，從右向左排列：

第一三角：關注的是事主當前的自我和環境狀態。

第二三角：用於解讀當前事件的情況。

第三三角：專注於探究事主所處的地方以及該地的人群和活動。

第四三角：解讀事主生活中的其他人，包括朋友、合作夥伴、同事等人彼此之間的互動與關係。

對於地占三角的解讀方法和13、14、15卦是相同的。一種方法是看它們的靜態關係，以法官卦為最終答案，左右證人卦互為補充。另一種方法是按照時間流逝的順序來看過去、現在和未來的變化。然而，在所有中世紀的文獻中，只有羅伯特．弗拉德的作品《地占小冊》（*Fasciculus Geomanticus*）的第三書第四章僅此一頁提到了地占三角的用法：

地占三角，透過同時判斷三個卦來做出解讀。

第一三角：關注的是事主和他所處環境的狀況，包括他的膚色、身形、思維、習慣、物質狀況和美德。例如這個三角所揭示的情況就像在說，這個男人是個自負的人，他富有且皮膚乾燥。（事主的狀態）

第二三角：用於看事主和他所處環境的未來發展。（事主的發展）

第三三角：用於描述事主所處地方的情況，是大還是小，美好還是糟糕。它也用於描繪可能遭受損失的地方，同樣的，也在描述其他人的情況，是好是壞，勇敢或是膽小。（對象與環境的狀態）

第四三角：用於描述朋友、法庭或官員的情況，以及未來的發展。（對象與環境的發展）

顯然與格里爾書中描述相近，可能是從羅伯特．弗拉德的版本中演化出來的。書中還有另一種解構方式，從右向左排列：

第一三角：事主的狀態。

第二三角：對象的狀態。

第三三角：問題的環境地點。

第四三角：問題中的其他人物狀態。

縱觀這些版本，弗拉德的版本顯然更具有合理性，將整個布局分為左右兩半，分別表示事主的狀態和發展、對象的狀態和發展，每個狀態結合前後發展相加等於一個卦，層層疊加得出最終的卦象。這也解釋了為什麼13卦會被視為代表事主的原因。建議對狀態的三角採用靜態解讀，對發展的三角採用時間流動的方式來解讀。這種結構可以將問題切割得非常細緻，便於分析。

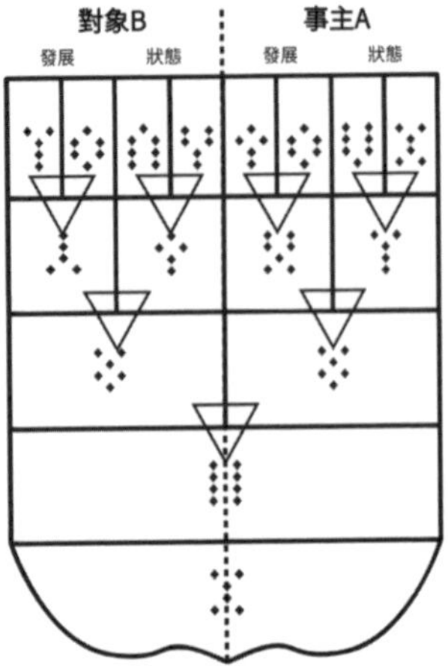

圖 17

在進行解讀時，我們通常會依賴卦象的吉凶及其內在涵義，但這只能提供一些基礎的訊息。然而，令人驚訝的是，在阿拉伯，僅憑這種方法，就能深入挖掘出全部的訊息。

阿拉伯地占三角

從古至今，無論是哪本地占書，都會提到這種三角法則的起源來自阿拉伯，但對於阿拉伯地占中的使用方法和解讀方式卻鮮有詳述。雖然許多書籍對此都有所記錄，但至今為止，《地占術百科》（*Encyclopedia of Ramal*）對三角法則的記錄最為詳盡，對每一種三角組合都有深入的解析和闡釋。

舉個例子：

⑬快樂

⑭獲得

⑮男性

問及地點：將會是清真寺的宣禮塔、祈禱的場所，靈魂與花朵都顯得格外美麗。

問及問題：出於對財富和工作的渴望，又或是出於對摯愛之人的關心。

尋物地點：藏於岩石或動物的洞穴之中。

尋物方位：向東，藏著盧比（Rupees）或阿什拉菲（Ashrafi）等（這裡泛指錢和黃金）。

問及情緒：內心對一切都感到開心，只對金錢感到焦慮。

問及財富：家庭財富與財產的納得都取得進展。

問及兄弟：兄弟快樂，且心中歡喜。

問及旅途：短途旅行有利，與工作收穫相關的旅行。

問及父親：善良，但時常感到悲傷。

問及資產：將會增長和繁盛。

問及生死：一生到四十五歲都有好運，過上奢侈的生活，七十二歲將面臨死亡。

問及孩子：他一生收到祝福，將會富有；他將會有個女兒。

問及愛情：對方會順從你，但是貧窮。

問及消息：會從某處有好消息。

問及疾病：如腹部有痛楚，週五之後就會好起來。

問及懷孕：會是個男孩，且有機會是雙胞胎。

問及下屬：他會按你的意圖行事。

問及囚犯：將會被釋放。

問及朋友：與朋友的聚會將會有一個好結果，未來是好的。

問及婚姻：美滿的婚姻。

問及敵人：有人想欺騙你，但失敗了。

在阿拉伯的地占術中，通常我們會觀察五個三角，分別是：1＋2＋9宮、3＋4＋10宮、5＋6＋11宮、7＋8＋12宮和13＋14＋15宮，然而，這些三角只能用是否問題的解讀方式靜態分析。理解時間的流動則需要採用另一種視角：

過去：將3＋6＋9＋12宮合卦，即果宮，所得的卦象是對過去的描述。

現在：將1＋4＋7＋10宮合卦，即角宮，所得的卦象是對當下的描述。

未來：將2＋5＋8＋11宮合卦，即續宮，所得的卦象是對未來的描述。

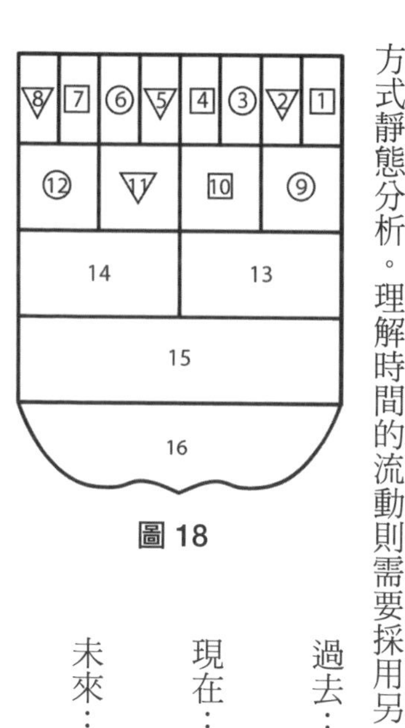

圖 18

阿拉伯地占三角組合的解釋

以下提供了三角組合的涵義，我們不應強行套入解釋，應自行解讀，這裡只是給出參考的方向，並非全面。

左	中	右	解釋
龍首	快樂	道路	會有一次旅行；出門；搬遷。返程的時候會帶著好消息回來，總的來說會有好結果。
道路	快樂	龍首	對於尋物、尋人、尋路和婚姻問題可能不太順利；問及出門問題卻是吉的。
快樂	快樂	群眾	尋找伴侶並建立深厚關係（如婚姻）會有好的結果；與主觀情緒相關的問題，都是有好的結果。
群眾	快樂	快樂	旅行和遷移結果都是吉；對於團聚或分離的問題，答案或許比預期將會延遲；在婚姻和交易上都是有利的結果。

小吉	快樂	紅色	透過對長輩的尊重和交流，你將能得到你想要的結果和財富；失物將被迅速找回；在一些事情上會引發與他人的矛盾和敵意。
紅色	快樂	小吉	從上司那裡將得到機會好運；將有愛情、希望及朋友到來；會產生浪費和失控的事情；遺失或失控的事物（物體、人、動物）將安全無恙返回；問及婚姻是吉的；問及懷孕將會生男孩。
龍尾	快樂	結合	繼承方面，將會如你所願地獲得財產和繼承物；將透過朋友的關係獲益；問及疾病，則是不利的結果。
結合	快樂	龍尾	出門可以帶來新的收入，但並不多；失物將被找回。
失去	快樂	白色	失散的朋友將會有好消息；女問卜者可能正在關注財富問題；生病的人將會康復。

白色	快樂	失去	出門和買賣將會有好的結果；古時也指奴隸會得到解脫；問及疾病則是不利的結果。
悲傷	快樂	限制	會發生痛苦的事情；寵物走失；孩子流產；下屬離開；與他人爭吵或財富上的的損失。
限制	快樂	悲傷	與朋友和兄弟之間討論工作；問及健康都是不利的結果。
男子	快樂	獲得	從朋友和長者獲得的財富和榮譽；問及業務的擴展和收購都是有利的結果。
獲得	快樂	男子	所有的希望都可能成真；將會從外界獲得支持。
大吉	快樂	女子	女性或權貴所考慮的事情將會一無所獲；與年長的女人結婚；如果問題是關於財產或旅行，將會有所獲。
女子	快樂	大吉	如果問及與朋友見面，那麼會有好的結果。

紅色	紅色	群眾	由於財產而引起的敵意和爭執；有人逃跑；購買寵物；飲用藥物。
群眾	紅色	紅色	總觀全面可以代表一場運動的發生而造成恐慌，還會有流血事件；會有財產上的損失；個人問題上則代表衝突和欺騙。
獲得	紅色	悲傷	為了財富的爭取，人們可能會面臨擔憂、悲傷或是敵對和衝突。
悲傷	紅色	獲得	爭奪遺產；支出採購；聘請員工；結婚、旅行都不吉。
小吉	紅色	快樂	找到生命的意義；獲得上級的幫助；旅途安全；奢侈、愉悅的事；很快找到失蹤者；所行之事都將受到祝福。
快樂	紅色	小吉	旅行或移動；朋友帶來好消息；業務擴展；人生意義得以實現。
大吉	紅色	龍首	買賣、婚姻都會如你所願實現；失物很快就會回到手中；會向西方走去。

龍首	紅色	大吉	旅行或移動；朋友帶來好消息；業務擴展；人生意義得以實現。
紅色	紅色	結合	聚會；獲得財富；花天酒地；沉溺金錢和美色；酗酒；旅途中健康；透過孩子的潤滑，可避免結婚關係中的不合。
結合	紅色	白色	出門平安；愉快結束；交易和財富增長；失去的財富回到手中。
女子	紅色	道路	財富的損失；連夜逃跑；恐懼和疾病；戰爭和敵意；因遺產的繼承產生矛盾；與一位女性產生爭執。
道路	紅色	女子	財富的損失；下屬的背叛和悲傷；問及婚姻，代表兩人不合適。
龍尾	紅色	失去	和別人產生分歧、矛盾、爭執；財產、一切的損失；流產與不幸。

失去	紅色	龍尾	問任何事都有麻煩，如果正出門在外，應該趕緊逃離。
女子	紅色	限制	懷孕的人會生兒子；買賣、婚姻、招聘成功；失蹤者將會以最好的狀態歸來。
限制	紅色	女子	負債；工作失敗；一位男性正與多位女伴一起出門。
大吉	小吉	道路	你會從長輩或上司那裡得到你想要的；失聯的人目前安全；生意興隆；出門安全，你的行動將受到神靈的守護。
道路	小吉	大吉	採購和銷售相關事宜會有滿意的利潤，適合與長者出門。
小吉	小吉	群眾	業務將會繁榮，地位將會提高，購買和銷售會有利潤。

群眾	小吉	小吉	與朋友運動、旅行、聽音樂，處於和睦的關係；失蹤者難以找到；與年長者交往可能會帶來好處或智慧的收獲；某些活動的參與可能會導致不幸的結果。
失去	小吉	結合	在工作或旅行中可能會有幸運和成功；能夠實現你的目標；病患將會康復。
結合	小吉	失去	旅行中獲得財富；在旅途會建立新的友誼關係，或者鞏固友誼，與親友更緊密地聯繫。
獲得	小吉	限制	獲得預期的利益；可計畫購買土地和家具；問及愛情則有利；與夥伴合作能實現你的目標。
限制	小吉	獲得	會有來自朋友和年長者的好消息；可以計畫旅行或出門；期望婚姻幸福美滿；事業興旺；病患康復健康。
悲傷	小吉	男子	來自於長者的好處；經歷困難後如今將緩解；出門計畫受到祝福和保佑。

男子	小吉	悲傷	對上司或長者感到害怕或擔憂；感受到來自朋友的敵意或不友好；可能會失去財富或遭受經濟損失；對生病的擔憂或恐懼；失蹤的人會給人帶來悲傷和擔憂。
紅色	小吉	快樂	尋找財富和愛情，將會是徒勞的；失蹤的人最終會安全回來。
快樂	小吉	紅色	旅行或出門的機會；會遇到敵對、惡作劇或需要處理法律訴訟的情況；獲得財富；發生爭吵或衝突；建立愛情關係；被遺棄或浪費的東西將重新回到手中。
女子	小吉	龍首	與他人發生衝突或敵對關係；會擴展業務或事業；獲得財富積累；實現目標；將會結婚；生活品質得到提升。
龍首	小吉	女子	夫妻不和；朋友不合；來自長者的悲傷和憂愁；買賣以及從愛人那裡得到某種意圖。

白色	小吉	龍尾	面對敵人獲得勝利；地位將會提升；擴展業務的問題將會好轉；失蹤者和逃亡者將很快回歸。
龍尾	小吉	白色	將繼承自長輩的榮譽和財富；失敗後將迎來成功；將會戰勝敵人；旅程將受到祝福。
白色	白色	群眾	整日花天酒地；如果這三個卦的證人是「獲得」，那麼從中也有獲得財富的機會。
群眾	白色	白色	朋友帶來了消息，在水中，尤其是河流，會找到你所要的。
悲傷	白色	大吉	獲得財富；購買動物或投資於動物相關；注意下屬的背叛可能導致財富損失。
大吉	白色	悲傷	和伴侶之間將出現敵意；失蹤的人將返回；信件是來自女性、朋友和長輩的。
失去	白色	快樂	旅行將會有損失；關於愛情則有利；生病的人將康復；銷售比購買要好。

快樂	白色	失去	許多東西被浪費；由孩子們帶來的悲傷和痛苦；病人將康復。
紅色	白色	結合	與親戚溝通；如你所願發生親密關係，如果證人中有一個「女子」則之後會產生衝突。
結合	白色	紅色	愛情；分開導致分離和痛苦；將會懷孕；為了尋找失蹤者或失物而外出。
道路	白色	男子	商業將繁榮發展；與所愛之人共度時光；從朋友身上獲得啟示；失去的東西將重新找回或恢復。
男子	白色	道路	一切事情都將受到祝福成功。
女子	白色	限制	親密關係可能導致財產的損失；與家人和親戚分離；得到疾病。
限制	白色	女子	沒有計畫或目的的旅行可能不會有好的結果。

小吉 ◆ ◆ ◆ ◆ ◆ ◆	白色 ◆ ◆ ◆ ◆ ◆ ◆ ◆	龍尾 ◆ ◆ ◆ ◆ ◆	關於商業將繁榮和發展；關於寵物、動物將會被解決；失物將會難以恢復和找回。
龍尾 ◆ ◆ ◆ ◆ ◆	白色 ◆ ◆ ◆ ◆ ◆ ◆ ◆	小吉 ◆ ◆ ◆ ◆ ◆ ◆	與某位權威或有影響力的人接觸，而帶來幸福和社會地位的提升；愛情能幫助實現個人目標或願望；生男孩。
龍首 ◆ ◆ ◆ ◆ ◆	白色 ◆ ◆ ◆ ◆ ◆ ◆ ◆	獲得 ◆ ◆ ◆ ◆ ◆ ◆	如果有財物被偷，很快就會找回；帶來幸福和好運，業務也會繁榮；有機會購買有價值的珍寶；涉及到與某人建立重要的合作夥伴關係；愛情幸福美好。
獲得 ◆ ◆ ◆ ◆ ◆ ◆	白色 ◆ ◆ ◆ ◆ ◆ ◆ ◆	龍首 ◆ ◆ ◆ ◆ ◆	懷孕的女人可能會有一個好的結局；有機會獲得財富；失蹤者可能會很快回來；此外，朋友之間的恩怨應該很快能得到和解。
女子 ◆ ◆ ◆ ◆ ◆	結合 ◆ ◆ ◆ ◆ ◆ ◆	男子 ◆ ◆ ◆ ◆ ◆	為了榮譽而付出努力；病人的狀況惡化；浪費金錢。
男子 ◆ ◆ ◆ ◆ ◆	結合 ◆ ◆ ◆ ◆ ◆ ◆	女子 ◆ ◆ ◆ ◆ ◆	朋友間維持和平；業務不斷擴展；有良好的合作；病人的狀況是不良的。

悲傷	結合	龍首	從缺席的人或親人朋友那裡接收消息；有人從旅行中返回。
龍首	結合	悲傷	在某些工作中需要合作；發生悲傷和憂傷的事情；從長者那裡獲得支持；有人返回；結婚不利。
快樂	結合	龍尾	某人失蹤後已安全歸來；婚姻得到祝福；人們因出門獲得新的資產或寵物；業務繁榮。
龍尾	結合	快樂	人們進行旅行和遷移；工作範疇不斷擴展；追求財富；病人康復；失蹤者高興地回來。
白色	結合	紅色	失蹤的人現已返回；人們購買和銷售各種商品；經濟繁榮；婚姻充滿幸福和愛。
紅色	結合	白色	人們遭受財富損失；有人出血；購買金銀和服裝；找回失蹤者；從朋友那裡得到消息。

結合	群眾	限制	道路	小吉	失去	獲得
結合	結合	結合	結合	結合	結合	結合
群眾	結合	道路	限制	失去	小吉	大吉
購買寵物；集結購買商品；失蹤者已抵達；在水上遠行。	結婚大吉；有遺產；有新建築即將建立；朋友之間的愛。	出門安全；工作上取得成功；生活愉快；朋友聚在一起；戰勝了敵人。	人們一起出門，進行買賣；生活舒適；戰勝敵人；病人獲得健康。	由於困境而遷移；物資浪費；遇到麻煩；為孩子做深思熟慮的計畫。	購買動物或交通工具；從長者那裡得到安慰；當下遭受損失；病人恢復健康。	保護生命的健康和安全；工作範疇不斷擴展；失蹤者或親人返回；從朋友那裡得到好評。

大吉	結合	獲得	旅行帶來好處；業務繁榮；參與婚姻和其他活動；與喜歡的人見面。
龍尾	龍尾	群眾	將會有財產損失；失去動物；業務將關閉；遭遇迫害和腐敗；旅行不利。
群眾	龍尾	龍尾	朋友、夫妻之間不和；涉及索賠問題。
道路	龍尾	悲傷	有人逃跑；寵物丟失；感受到悲傷和憂慮；財產會遭受損失；生病；誹謗；失蹤的人將感受到痛苦。
悲傷	龍尾	道路	地位上會有變動；財富有損失；考慮孩子和朋友的問題。
結合	龍尾	快樂	與長者聚會；獲得財富以及知識；從朋友那獲得安慰。
快樂	龍尾	結合	與朋友聚會；尋求所需；能夠達成某個目標；新戀情發生；從長者得到某種安慰或優待。

紅色 ◆ ◆ ◆ ◆ ◆ ◆ ◆	龍尾 ◆ ◆ ◆ ◆ ◆	失去 ◆ ◆ ◆ ◆ ◆ ◆	夫妻之間發生分裂；戰爭和敵意；在財務上遭受損失；下屬可能會背叛；感到悲傷；在業務上遇到困境。
失去 ◆ ◆ ◆ ◆ ◆ ◆	龍尾 ◆ ◆ ◆ ◆ ◆	紅色 ◆ ◆ ◆ ◆ ◆ ◆ ◆	旅行或遷移；丟失寵物；存在繼承權問題；對長輩感到恐懼和危險。
小吉 ◆ ◆ ◆ ◆ ◆ ◆	龍尾 ◆ ◆ ◆ ◆ ◆	大吉 ◆ ◆ ◆ ◆ ◆ ◆	工作順利；得到尊重和榮譽；對某事抱有期望。
大吉 ◆ ◆ ◆ ◆ ◆ ◆	龍尾 ◆ ◆ ◆ ◆ ◆	小吉 ◆ ◆ ◆ ◆ ◆ ◆	在工作中獲得繁榮；得到大家的安慰或幫助；成功達成某個目標；沉浸在某事情中且享受當下；病人獲得健康。
白色 ◆ ◆ ◆ ◆ ◆ ◆ ◆	龍尾 ◆ ◆ ◆ ◆ ◆	男子 ◆ ◆ ◆ ◆ ◆	購入寵物；從朋友那裡得到安慰；沉醉且享受某事；實現某個願望。
男子 ◆ ◆ ◆ ◆ ◆	龍尾 ◆ ◆ ◆ ◆ ◆	白色 ◆ ◆ ◆ ◆ ◆ ◆ ◆	獲得財富和奢侈品；工作繁榮；好運；從遠方得到好消息；很快能夠見到之某個失蹤者。

獲得	龍尾	女子	擁有大量財富會帶來某些痛苦；與朋友和愛人相處會很開心；下屬可能會背叛；病人的病情可能持續。
女子	龍尾	獲得	與朋友和女人在一起很開心，但最後可能會損失財富；可能會遇到麻煩；受到迫害；遭受敵意。
龍首	龍尾	限制	旅行、遷移或工作活動都進展順利；會有新戀情；孕婦分娩時可能遇到困難；病人康復過程會較慢。
限制	龍尾	龍首	最終能感受到快樂；工作擴展；進行的買賣都非常順利；與人關係很好；出門都很愉快。
龍尾	悲傷	道路	旅行和出門沒有益處且不受歡迎；旅行者將遭遇不順；會有財富的損失；下屬可能會逃跑或背叛。
道路	悲傷	龍尾	商業行為將結束；可能爆發戰爭；要深思熟慮所有事情；財富損失；病人可能會感到恐慌；旅程中將出現問題。

限制	悲傷	快樂	商業繁榮；但健康和個人安全可能受到威脅；失蹤者將開心地返回。
快樂	悲傷	限制	為了生計而旅行；商業生活；有索求的意味；孕婦需要小心；可能會有人生病。
紅色	悲傷	獲得	將擁有財富；如果盤中有太多「白色」則可能丟失財產；會感到恐懼。
獲得	悲傷	紅色	佔有欲；如果問題是關於合作，答案將對提問者有利。
女子	悲傷	失去	商業行為將結束；可能爆發戰爭；可能會有敵意；與狡猾的人交流；為逃亡者和病人擔心。
失去	悲傷	女子	將會有壞運氣；財務上的損失；與朋友和兄弟的關係可能中斷。
悲傷	悲傷	群眾	旅行將是無益且不受歡迎的；可能會有財產的損失；心情可能不佳。

群眾	悲傷	悲傷	可能爆發爭吵和敵意；可能會有嚴重的疾病；經常會擔憂和悲傷。
結合	悲傷	龍首	與不道德、狡猾的人有訴訟；將失去財產；需要深思。
龍首	悲傷	結合	人們將共同獲得財富；失蹤者將開心返回；購買動物是好運的，賣出則不吉；旅行不是好選擇。
大吉	悲傷	白色	失蹤的朋友的消息到來；商業買賣有利；為孩子的情況感到擔憂。
白色	悲傷	大吉	商業狀況良好；從孩子那裡獲得好消息；旅程將是愉快的；失蹤者將感到開心。
男子	悲傷	小吉	工作上將獲得成功；從長者那裡得到安慰；可能會感到害怕；身體健康。
小吉	悲傷	男子	獲得所需；從朋友那裡得到快樂；為自己獲得健康和安全；找到所愛之人；獲得好的商機。

限制	限制	群眾	遭受損害或疾病；從合作夥伴和戀人那裡得到幫助支持；逃犯將很快被捕。
群眾	限制	限制	沉思、反思的狀態；為謀生而出門；傳來失蹤者或朋友的消息；被敵人所困；建造新的建築物。
道路	限制	結合	尋求愛人的陪伴；從愛人那裡得到某種價值；買賣房產；涉及情感關係。
結合	限制	道路	所期望的事物會從朋友處實現；在愛情中可能會有財富和健康的損失。
龍首	限制	龍尾	尋找失物或親人；將會出門；獲得財富；得到遺產或某些東西。
龍尾	限制	龍首	對某個親密或失蹤者感到驚訝；獲得商業機會；學習知識和禮儀；遇到困難後，會先失敗但最後成功。
小吉	限制	獲得	獲得財富；可能會先遇到困難，但最後感到快樂；所有努力都會取得成功。

獲得	限制	小吉	擔憂失蹤或婚姻；旅行帶來的快樂和收益；無需依靠外部資源就能獲得成功和財富。
大吉	限制	失去	關於婚姻或生病者的健康將會得到好轉；旅行和出門的努力；獲得財產；受到朋友和感情的困擾；經歷戰爭、敵意和分離。
失去	限制	大吉	對健康狀態、疾病或損壞的物品感到驚訝；財富的損失；會有創業的想法；感情和出門問題將會有好的結果。
悲傷	限制	快樂	嘗試經營生意；從交易中獲利；失蹤者將返回。
快樂	限制	悲傷	背叛某人；與某人發生衝突；引起悲傷和擔憂。
白色	限制	女子	關心合法財富；從愛人那裡獲得支持和快樂；為了購買某物與他人發生爭執和敵意。
女子	限制	白色	將會有新戀情；從朋友那裡收到信件和消息；由於與他人矛盾從而出現的竊賊。
男子	限制	紅色	某個親密的人突然消失；失去思緒或困惑；獲得某些特定物品；擊敗敵人；失蹤者返會。

紅色	限制	男子	痛苦和失物；為了工作而出門，路途奔波。
道路	獲得	失去	獲得新知識；旅途中遭遇出乎意料的事情；難以尋回的失物最終被找回。
失去	獲得	道路	出門可能面臨財產上的損失；如果問題是關於健康，那麼健康將會恢復；孕婦將懷孕順利；將會有失蹤的朋友的消息。
群眾	獲得	獲得	進行買賣交易；會有新戀情；如果一宮有「獲得」，星期日將會有新消息；從朋友那裡獲得幫助和支持。
獲得	獲得	群眾	擁有或購買資產；進行買賣交易；迅速賺取收入；與朋友的相遇；如果「獲得」在第二宮，星期三將會有消息。
結合	獲得	大吉	會發展新的情感；與朋友的相遇；找到失蹤的人；婚後第四天將收到某個消息；對某事抱有期待。

大吉	獲得	結合	擁有大量財富；工作發展順利；可能會有某種損失；為了尋找某人而出門將是愉快的；從長輩那裡獲得尊重。
限制	獲得	小吉	根據自己的意願去滿足需要；工作上的擴張；發展情感關係；實現某個目標；健康狀況得到改善；與失蹤的人相遇。
小吉	獲得	限制	得到；獎勵和尊重；與領導者建立良好的關係；達到設定的目標；從買賣中獲得利益；健康狀況得到改善。
白色	獲得	龍首	獲得尊敬和尊嚴；得到長輩的賞識；收到失蹤者的消息；愉快的旅行；對於某個生病的人，接下來的十天將是危險的；從助手那裡獲得支持以及幫助。
龍首	獲得	白色	從長輩那裡獲得尊重；失去的東西將被找回；一次愉快的出門；與朋友們的聚會；打敗敵人；將會相遇喜歡的人；面臨敵意仇恨競爭；失蹤和喜愛的人將出現。

紅色	獲得	悲傷	工作可能會結束；有不忠實的下屬；未婚的女子將結婚；朋友間可能會有矛盾；「獲得」出現在七宮，那麼星期六將會有消息。
悲傷	獲得	紅色	對領導者感到不安和害怕；出現某種身體上的問題；如果某些徵兆是正面的，那麼將獲得尊重和財富。
男子	獲得	快樂	從痛苦中得到解脫；獲得領導者的讚賞和尊重；工作業務的增長；得到長輩的認同；從所愛的人那裡得到好處。
快樂	獲得	男子	獲得慷慨的報酬；從交易中獲得利益；購買到資產。
龍尾	獲得	女子	擔心朋友的孩子；財富和身體上的損失；從朋友那裡得到的希望可能很小。
女子	獲得	龍尾	旅行和外出可能帶來悲傷的結果；追求財富；與親人分開；與孩子不和；為了工作而遷徙；身體狀況惡化。

男子	男子	群眾	追求奢華的婚禮可能帶來不吉的結果；可能導致爭吵、損失財富或在各種工作中遇到困難。
群眾	男子	男子	財富損失。
小吉	男子	悲傷	透過旅行可以獲利；找回失物；思考工作和職業的事情。
悲傷	男子	小吉	證人是「獲得」的時候，晚些時候才會發現失去的東西；失蹤者將會回來；懷孕的人將會生下男孩。
紅色	男子	限制	若問一件事情是否需要參加，缺席反而有利；從朋友那裡獲得好消息。
限制	男子	紅色	由於愛人的關係可能與他人發生爭執和敵意；擔心孩子生病；收到不愉快的消息而感到擔憂。
道路	男子	白色	旅行和外出可能帶來商業上的成功；與朋友出門是有利的；對病人來說，這不是好的卦象。

白色	男子	道路	愛人可能會為你帶來財富；找回失去的財富；購物時會得到優惠。
結合	男子	女子	失蹤者可能會消失；從愛人那裡獲取財富；參與下棋和賭博。
女子	男子	結合	迷戀美色會造成財富損失；需要努力消除浪費。
失去	男子	龍首	找回失物；與離別的人重逢；與親戚和朋友產生敵意和爭執；容易懷孕。
龍首	男子	失去	工作帶來好運和成功；迅速獲得財富和找回失物；婚姻和其他活動都是有利的。
失去	男子	悲傷	與朋友聚會會帶來好運和更多的工作機會；參加婚禮將會是愉快的。
悲傷	男子	失去	所有的需求都能得到滿足；旅行是安全受祝福的；財運亨通；找回你失去的東西；與朋友快樂相處。

大吉	男子	龍尾	旅行和出門可能導致財產被查封；從領袖那裡得到支持；取回損壞的物品。
龍尾	男子	大吉	旅程充滿快樂；與愛人相處快樂；下屬可能會逃跑；與朋友的互動中可能只得到少量的好處。
小吉	大吉	道路	有出門計畫；收到失蹤朋友的信件或消息；達到某種社會地位；實現目標；戰勝敵人。
道路	大吉	小吉	在工作中取得進展；追求目標最終達成；治療生病的人；下屬的背叛。
大吉	大吉	群眾	收到好消息；旅行者或失蹤者將返回；有朋友的聚會。
群眾	大吉	大吉	從愛人那裡得到情緒支持；在經歷窮困潦倒後會成功；與朋友一起享受快樂的時光。
悲傷	大吉	白色	收到失蹤者的信和消息；倒閉的事業將東山再起；找回被丟失的物品。

白色	大吉	悲傷	失蹤者帶著好消息回來；工作中的堅持和努力終究會有回報；將會有一場女性的聚集或會議；旅行可能不會如願。
龍首	大吉	紅色	獲得珠寶或財富；與女性有良好的關係；會有酗酒的可能；懷孕將生下男孩。
紅色	大吉	龍首	有利於從事商業活動；進行建築或土地相關的工作；失去的東西或人將回來；從朋友那裡達到某些目標。
悲傷	大吉	女子	找到某人或某物；發生不正當的關係；從一位女性得到所需。
女子	大吉	悲傷	財產的損失；下屬的逃離；擔心某人的健康；有關遺產的索賠或請求；失蹤者歡快地回歸。
結合	大吉	獲得	將會與朋友聚會；達到某種目標；獲得財富；生病的人重獲健康。

獲得	大吉	結合	獲得財富；與女性之間的聚會；從年長者那裡獲得支持或建議；失蹤者將返回。
龍尾	大吉	男子	財富的增長；從悲傷或痛苦中找到解脫；運氣會有好轉。
男子	大吉	龍尾	因為悲傷或困難而旅行；某項工作將結束；浪費資源；正考慮世俗事務或日常問題。
失去	大吉	限制	感到驚訝或困擾；尋求女性的陪伴或關係；經濟上的損失。
限制	大吉	失去	旅行和移動；浪費布料或衣物；失蹤者回歸；工作的擴展或增長；夫妻之間的矛盾或敵意；沉思或深入思考。
女子	女子	群眾	失去資產；感到悲痛；行為惡劣；發生戰爭和敵意；婦女和孩子受害。

群眾	女子	女子	有出門計畫；下屬逃跑；從戀愛中得到支持和安慰。
失去	女子	悲傷	資產、生意、愛情都有不利的結果；對整體感到困擾。
悲傷	女子	失去	愛人離開；下屬逃逸；感到擔心和驚訝；旅行不順利；失蹤者的狀況難以掌握。
獲得	女子	龍尾	為了賺錢而出門；從他人那裡尋求同情；逃犯將很快回來；購買和銷售時面臨損失。
龍尾	女子	獲得	心情愉快；財產遭受損害；動物被害；病患得以康復。
道路	女子	紅色	財富損失；發生敵對關係；健康狀態不佳；失蹤者的情況惡化；難以逃脫困境。
紅色	女子	道路	出門時容易因為分心而走錯；財富流失；叛變的下屬。

上	中	下	解說
大吉	女子	悲傷	保持著樂觀的態度；希望旅程成功；在商業上獲得成功。
悲傷	女子	大吉	商業獲得成功；渴望成功；與俊美的人戀愛；增加開銷。
限制	女子	白色	如你所願發生親密關係；達到目標。
白色	女子	限制	旅遊；財富減少；會有戀愛；獲得應該有的財富。
龍首	女子	小吉	開始新事業；過去的浪費會失而復得。
小吉	女子	龍首	從長者那裡獲得安慰；放縱的時光；懷孕的人將生下兒子。
男子	女子	結合	會有新戀愛；尋求神的指引；迅速找到失蹤者。
結合	女子	男子	經歷各種旅程；業務繁忙；如果證人為「紅色」，則會產生敵意和鬥爭；如果是「白色」則會在世俗生活中感受到幸福。

龍首	龍首	群眾	美好的婚姻生活；生活的豐富與快樂；與朋友相處愉快；在工作中找到樂趣。
群眾	龍首	龍首	為分配遺產或財富而見面；當證人為「紅色」時，可能會引起衝突和敵意。
結合	龍首	悲傷	討論如何找回失去的財富；處理商業問題；與惹不起的人關係不和。
悲傷	龍首	結合	背叛導致財產損失；談論疾病的事情。
道路	龍首	快樂	生意興隆；病人恢復健康；尋找合適的愛人；購買寵物用品；財富提升；出門的結果可能不會如人意。
快樂	龍首	道路	旅行和遷移；動物走失；失竊物品不會被找回；但交易是有利的。
大吉	龍首	紅色	出門會引起衝突；對於婚姻是有益的。

紅色	龍首	大吉	從情人那裡得到幸福和樂趣；當證人為「龍尾」時，可能會面臨爭吵、敵意和財富損失。
獲得	龍首	白色	出門可帶來財富；得到長輩的關心和支持；從朋友那得到指引。
白色	龍首	獲得	獲得財產；商業的繁榮和經濟的繁盛；交易是有利的。
小吉	龍首	女子	在經濟上感到焦慮和悲傷；被下屬背叛；商業穩定；對領導者的恐懼。
女子	龍首	小吉	關於動物問題是有利的；對病人則有危險。
龍尾	龍首	限制	病人的健康狀況持續惡化；悲傷和煩惱；損失財富；失去寵物；如果求愛的對象是女性，可能不會有好結果。
限制	龍首	龍尾	出差旅行；各種問題都不見得會有好結果。

失去	龍首	男子	損失財產；失蹤者的情況持續惡化；對出門問題是有益的。
男子	龍首	失去	病人的焦慮和悲傷；各種工作中有突發事件。
龍首	道路	快樂	出門將獲得好運；失蹤者狀態良好。
快樂	道路	龍首	出門獲得財富；經濟出現問題但仍然在消費。
龍尾	道路	悲傷	感受到悲傷和痛苦；業務未確定；目標無法達成；朋友間存在矛盾。
悲傷	道路	龍尾	將面臨爭吵爭執；財物遺失；失去行動能力；和不應親密的人有親密關係。
獲得	道路	失去	因工作出門；可能經歷長時間的疾病，但最終會好轉。
失去	道路	獲得	將會感受到快樂和成功；由於某人的回歸而造成財富損失。

圖形一	圖形二	結果	解釋
大吉	道路	小吉	工作範疇擴大；浪費得到恢復；病人狀態改善。
小吉	道路	大吉	沉浸在愛河；從長輩那裡得到利益；得到期待的某些東西。
女子	道路	紅色	尋找伴侶；身體出血；面臨爭吵和打鬥；財富的減少。
紅色	道路	女子	不道德的行為獲得財富；從事不良活動；酗酒。
道路	道路	群眾	有一場聚會；爭吵和打鬥；聚會中的衝突。
群眾	道路	道路	多次出門；出門中有親密行為；有人歸來。
白色	道路	男子	從出門中獲得目的；失去的東西將回歸。
男子	道路	白色	被愛的人感到幸福；朋友關係和諧；有人回歸；找回失物。
結合	道路	限制	商業中取得穩定；乘船或飛機旅行；對懷孕產生擔憂。

限制	道路	結合	被音樂和旋律吸引；追求遺產或財產。
群眾	群眾	群眾	古時候指與軍隊有衝突或敵意；人們彼此聚在一起；快樂地與朋友見面。
快樂	群眾	快樂	獲得財富和收入；從長輩處獲得支持；渴望與喜歡的人外出的機會；追求知識。
悲傷	群眾	悲傷	終止業務；失去財產；提供不真實的證詞；與品行不佳的人爭吵。
結合	群眾	結合	與所愛的人聊天；人們聚在一起；從一位失聯朋友那接收消息或信件。
小吉	群眾	小吉	從長輩那裡獲得支持和幫助；看到兩位領導者之間的衝突。
大吉	群眾	大吉	與所愛的人見面；從長輩處得到幫助；會面和出門都帶來利益。

第一	第二	結果	含義
白色 ◆◆ / ◆◆ / ◆ / ◆◆	群眾 ◆◆ / ◆◆ / ◆◆ / ◆◆	白色 ◆◆ / ◆◆ / ◆ / ◆◆	有朋友陪伴；與所愛的人共度愉快時光；投身於建築相關工作；被音樂和色彩所吸引；合法的生計。
紅色 ◆◆ / ◆ / ◆◆ / ◆◆	群眾 ◆◆ / ◆◆ / ◆◆ / ◆◆	紅色 ◆◆ / ◆ / ◆◆ / ◆◆	失去心愛的寵物和物品被燒毀；終止業務；鬥爭和衝突。
男子 ◆ / ◆ / ◆◆ / ◆	群眾 ◆◆ / ◆◆ / ◆◆ / ◆◆	男子 ◆ / ◆ / ◆◆ / ◆	尋求娛樂或放縱；被音樂所吸引；如果盤中多次出現「男子」，那麼他將深陷於愛情之中。
女子 ◆ / ◆◆ / ◆ / ◆	群眾 ◆◆ / ◆◆ / ◆◆ / ◆◆	女子 ◆ / ◆◆ / ◆ / ◆	感到悲傷；失去財富；如果盤中多次出現「女子」，那麼每件事都會出現意外驚喜。
限制 ◆ / ◆◆ / ◆◆ / ◆	群眾 ◆◆ / ◆◆ / ◆◆ / ◆◆	限制 ◆ / ◆◆ / ◆◆ / ◆	克服過去的困難並獲得收入；女兒結婚；滿足領導者的所有需求。
道路 ◆ / ◆ / ◆ / ◆	群眾 ◆◆ / ◆◆ / ◆◆ / ◆◆	道路 ◆ / ◆ / ◆ / ◆	有出門計畫；朋友和戀人可能會見面；有可能失去某些東西。
龍首 ◆◆ / ◆ / ◆ / ◆	群眾 ◆◆ / ◆◆ / ◆◆ / ◆◆	龍首 ◆◆ / ◆ / ◆ / ◆	進行買賣；擁有財產；業務繁榮；放縱的生活。

龍尾 ◆ ◆ ◆ ◆ ◆	群眾 ◆ ◆ ◆ ◆ ◆ ◆ ◆ ◆	龍尾 ◆ ◆ ◆ ◆ ◆	感到悲傷和敵意；無目的地旅行；對所有事情都深思熟慮。
獲得 ◆ ◆ ◆ ◆ ◆ ◆	群眾 ◆ ◆ ◆ ◆ ◆ ◆ ◆ ◆	獲得 ◆ ◆ ◆ ◆ ◆ ◆	在業務上取得成功和繁榮；達到自己的目的；戀愛；高興地迎接失去的人。
失去 ◆ ◆ ◆ ◆ ◆ ◆	群眾 ◆ ◆ ◆ ◆ ◆ ◆ ◆ ◆	失去 ◆ ◆ ◆ ◆ ◆ ◆	感到悲傷；失去財產和寵物。

印度地占三角

在印度，人們則使用兩種三角來解讀時間流問題。

一、大三角

透過一個大三角來詮釋。

1＋2＋3＋4合卦，所得的卦象是過去；

5＋6＋7＋8＋9＋10＋11＋12，所得卦象是現在，其中八宮作為中點，需要重點解讀；

13＋14＋15，所得卦象是未來。

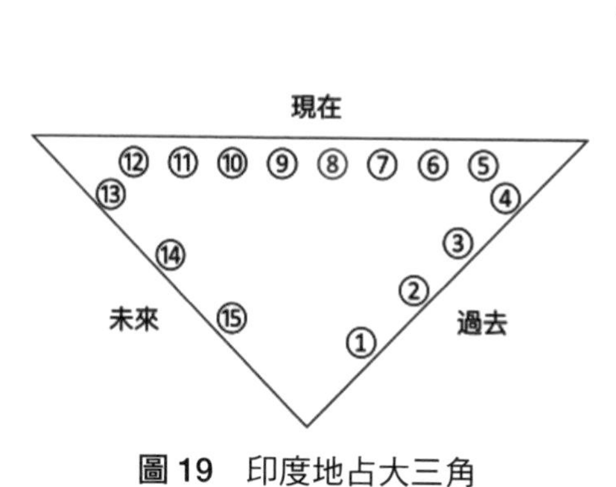

圖 19　印度地占大三角

二、克里斯多福・卡坦的三角

有些大師宣稱這種印度三角是所有歐洲和阿拉伯三角的最早起源

過去：1＋4＋13卦；

現在：13＋14＋15卦；

未來：5＋8＋14卦。

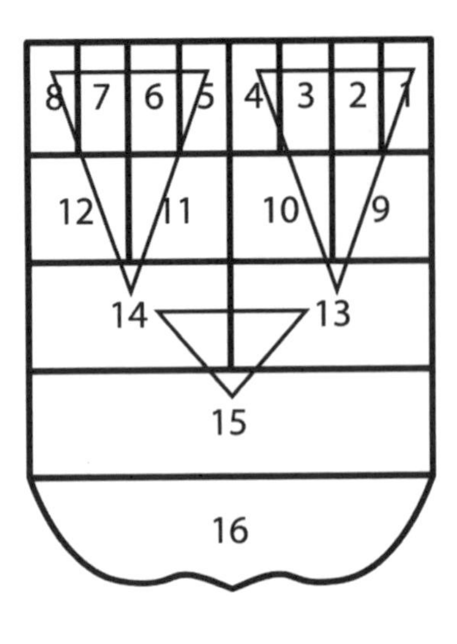

圖 20　另一種印度地占三角

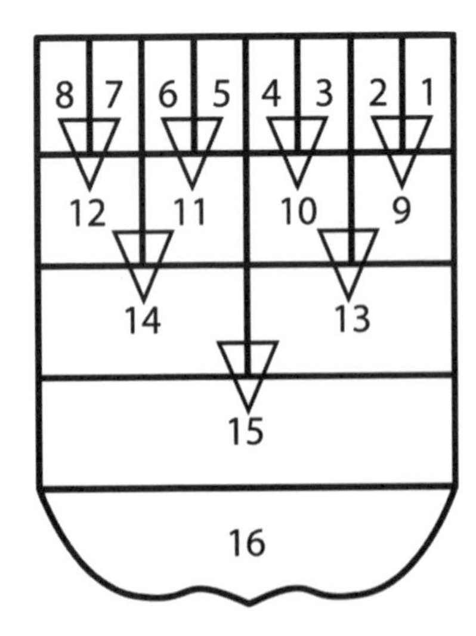

圖 21　歐洲地占三角

歐洲地占裡，一般只論13、14、15這三角，可以用來解讀是否問題（或具體的問題）和時間流問題（過去、現在、未來）。但在克里斯托弗．卡坦（Christopher Cattan，西元一六〇〇年）的書中，曾寫到上述三角也要觀察，也包含圖21的9—10—13、11—12—14三角，他說這是在阿拉伯的地占中發現的。約翰．邁克爾．格里爾因為看過這一本書，因此也引用了這一章節並改寫了一個新版本，因此成為他書中一大特色。而真實的阿拉伯地占三角並非如他們所說那般，是更為複雜的。如是否問題，在阿拉伯主要也是以13、14、15的三角來解讀，在一些阿拉伯的書中確實會論上面的幾個三角，巴基斯坦地占會論上面的兩大三角；埃及地區的會論9—10—13、11—12—14的三角，但無論哪個三角都沒有看時間的功能，時間都是以角、續、果宮來劃分的；然而，印度技法是特殊的，它可以看是否問題，也可以回答時間問題，但時間流的三角是特殊的：1—4—13、5—8—14、13—14—15，尚不知是否為某些年代誤傳的結果，但確實曾如此記載。總之非常複雜。

判定盤是否有效的條件

歐洲地占的判定方法

在我們進行任何問題的解讀之前，首先要以第一宮的卦象來判斷該盤是否有效。如果無效，則該盤的訊息可能不可信，或者表示「天機不可洩露」。這就如同卜卦占星一般，卦盤有權拒絕回答你的問題。或許有人會奇怪，為何存在這樣拒絕揭示答案的機制？

實際上，這並非難以理解。很多時候，如當事人的問題根本不存在，或者沒有發生，他們只是為了測試占卜師，或者當提問內容有其他狀況時，卦盤就會提醒你無法回答這個問題。

例如，當事人詢問他們丟失的鑰匙去哪兒了，而無效的卦盤可能告訴你：鑰匙並未丟失，就在你身邊；又比如，客戶詢問他們丟失的烏龜在哪兒？為何離家出走？此時無效的卦盤可能告訴你，當事人可能在戲弄占卜師，實際上，他們的「烏龜」可能就是口袋裡的一隻玩具小烏龜。

總的來說，判斷問題是否有效，並非是為了阻礙占卜師的預測，而是一種保護機制。接下來，我們將總結第一宮出現的不同卦象所表達的涵義：

1.「龍尾」在一宮，表示此事不問，不能作答或事主已做出決定。
2.「紅色」在一宮，表示自欺，事主對自己不誠實。
3. 如果事主與對象之間有精準相位且是「紅色」，意為事主自欺欺人，事主是有意欺騙占卜師的。
4.「失去」在一宮，表示訊息不足以解讀，需要重新了解事主的背景，方可正確解讀。
5.「群眾」在一宮，表示提問有疑點，所問並非是事主心中真正所想的問題，需要重新提問。

6.「群眾」在一宮，同時「紅色」十一宮，代表問題虛假。

通常出現「龍尾」，該盤是必然不能被解讀。也有部分地占師認為一宮出現紅色時，該盤也是無效的，但這樣就會產生過多無法解讀的盤。而當出現其他卦象時，該盤可以繼續解讀，只是提醒我們在解讀時要注意。

阿拉伯地占的判定方法

阿拉伯的判定方法稱之為「鎖盤」。指當十五卦為「道路」或「群眾」時，此盤訊息被鎖，如果強行解讀，不能說完全不對，但至少是不完整的訊息。通常我們會折衷解釋為鎖盤，代表這部分資訊被掩蓋，根據經驗來說，通常是受到魔法影響、被靈體干擾、家中被「巨人」[22]占據問題等等的影響。

對於那些初嘗地占的學生來說，如果你遇到了「鎖盤」的情況，首先你需要做的是檢查問卜者是否有戴著護符等等物品，如果有的話，取下來並重新起卦。假如沒有護符，那麼你可以再次嘗試起卦，問是否有靈體的影響，如果確實有，那麼驅除它們後再考慮重新起卦。在其他情況下，你不應該隨意重新起卦，你可以嘗試去解讀它，如果訊息似乎與現實不符，那麼你可以在一週後再嘗試求卦。

步入高階地占，你將有機會學到神祕的「解鎖」技巧。對於被「群眾」鎖定的盤，解鎖的方式相對直接。你可以將1＋13、4＋14、7＋15、10＋16這四組卦分別合卦，以此作為四個新的母卦重新起盤；然而，對於被「道路」鎖定的盤來說，被鎖的程度要更深一些，需要以多年的時間修煉，一步一步地走向「大師」的境地，才能得到這種高深技巧的傳承。

22巨人：阿拉伯、巴基斯坦、印度有許多的神話和傳說，「巨人」被用來形象地或者象徵性地描述一種強大的、超自然的存在或力量，占據或者影響一個特定地方或人的靈體。

第十六卦——宣判

歐洲地占中的十六卦

多數地占書籍探討第十六卦的應用時，往往欠缺詳細的闡述，不是稍微提到，便混水帶過。以史蒂芬．斯金納於一九八〇年出版的《地占術的理論與實踐》為例，其對第十六卦的解釋並未進行深入的剖析。儘管此書在歷史推演方面，皆呈現出令人欽佩的深度和完整性，但在實際技法的應用上，卻採納了現代的黃金黎明技法。根據作者所述，這是由於他早年曾參與過現代祕社的學習，因此他選擇使用的技法（例如入宮方式等）與現代祕社的相符。很遺憾地，他的書籍中未曾涉及任何傳統技法。

史蒂芬．斯金納認為，第十六卦主要主於法官無法給出明確的答案，或者整個盤面的答案含糊不清時運用。若答案明確，則不應使用第十六卦。也就是說，第十六卦被視為一個「額外的卦」，僅在地占師無法明確判定結果時才使用，並不適用於常規的解讀中，這種理解方式與塔羅牌中的「補牌」概念類似。然而，這種解釋顯然是現代流派遺忘十六卦技法。現代流派對十六卦的誤解，理由其實相當簡單，就在於一張占卜盤本身永不說謊，若解讀出現誤差，那麼錯誤的責任只能歸咎於解讀者自身能力不足，而不能歸因於占卜盤。在阿拉伯傳統中，第十六卦的名稱一般有兩種：宣判（Sentence）和結果的結果（Result of Result），因為十六卦在一些傳統中被看做是比四宮更高級的四宮，如果卜卦占星中四宮為「結果」，那麼盾盤中的十六卦就為「結果的結果」。直至進入現代歐洲時，才出現了「調解人」（Reconciler）的名稱。

從這些名稱中我們可以看出，所謂的宣判是法官的最後判決，盾盤就如同法庭一樣，法官在法庭上給出的結果並不是最終的結果。假如事主（即一卦）後悔並改過，或者已經實行了糾正行為，那麼最終由法官（即十五卦）給出的判決將會被減輕（即十六卦），因此十六卦是一卦和十五卦的合卦。

山姆·布洛克認為十六卦「宣判」是指法官建議的解決方式所帶來的後果和變化，因此，每一個占卜盤都應該解讀十六卦。以一個實際的例子來說，如果一個求卜者問未來的考試是否能夠及格，那麼十五卦所展示的就是他是否能夠及格，而十六卦則展示的是當你告知他十五卦的答案之後，他因為聽到你的答案而做出的選擇，以及這個選擇所帶來的結果。譬如，一些人可能因為你告訴他他會及格，而選擇放棄學習，結果最終導致考試不及格，這時候他們往往會怪罪占卜師給出了錯誤的預測。這就是十六卦在占卜中的實際應用和重要性。

讓我們舉多一個例子，想像一位問卜者手中抱著一個蘋果和一個梨，雙眼期待地看著你，詢問：「大師，我會選擇吃蘋果還是梨？」當你透過占卜告訴他他會吃蘋果時，他可能故意選擇吃梨，以挑戰你的預測。這時，第十六卦是你的祕密武器，十五卦告訴你問卜者原本可能的選擇，十六卦則揭示了他在聽到你的預測後可能做出的新選擇。地占中有許多這樣的結構和技巧，值得其他占卜工具使用者學習。

阿拉伯地占中的十六卦

在歐洲的地占研究領域中，學者對阿拉伯地占技術抱有對東方的神祕幻想，導致一些過度的解讀。雖然歐洲的地占專家在很多情況下能夠精確地理解十六卦的涵義，以及「結果的結果」的概念，但他們有時候卻會過度詮釋和應用這些概念。

在阿拉伯地占中，十六卦通常被視為四宮的延伸，並在特定情境下發揮作用，例如在尋寶的時候。以四宮的訊息來說，它可能會提供關於寶藏是以何種形式存在的資訊，像是一個箱子或一個包裹。而十六卦則提供更深入的訊息，描述這個箱子或包裹中包含的物品是什麼。在這種情境下，十六卦的使用變得至關重要。

此外，在其他應用中，十六卦可能根據其奇偶性來提供訊息，如用於判斷生死等問題的最終狀態。然而，它在不同情境中的涵義是多變的，並不像一些歐洲地占師過度揣測的那樣，僅具有單一的神祕涵義。

尋源法（Via Puncti）

歐洲地占的尋源法

先前的章節中已介紹盾盤排陣的基本構造，包括從四個母卦衍生出四個女卦的過程。我們了解到，透過將母卦和女卦兩兩相加，我們可以得到四個侄卦。進一步組合侄卦，我們可以得到左、右證人，最終透過將這兩個證人相加組合成為法官，這是十五卦的終極結果。法官代表了整個盾盤的綜合影響，而其他細節，僅描述事件的局部特徵。法官是最終的判決，它的影響超過其他任何因素。

值得注意的是，我們還有其他方法可以追溯法官的來源，找出其代表的「能量」是如何從基本的四元素流動而來的。這有助於揭示一個結果的原因，也就是找出問題的原因「為什麼是這個結果」。

盾盤的計算方法是「同黨為陰，異黨為陽」。當法官卦中的某一個爻的元素呈陽性時，這意味著在該行上的兩個卦必然是一陰一陽。此外，由於盾盤的計算結構，每組侄卦和證人都是由一陰一陽組成，能量自上而下傳遞，從頂部不斷流動到底部。這樣，法官卦的四個爻都是從上方傳遞下來的，所有的特性也是由上方的母卦或女卦中陽性的爻傳遞而來。因此，透過沿著爻向上尋找陽性爻，我們就能找到十五卦的能量源頭。這個方法拉丁語稱之為「Via Puncti」，意為「點的路徑」，我稱之為「尋源法」。

例：為什麼我的店鋪開業一直延遲？

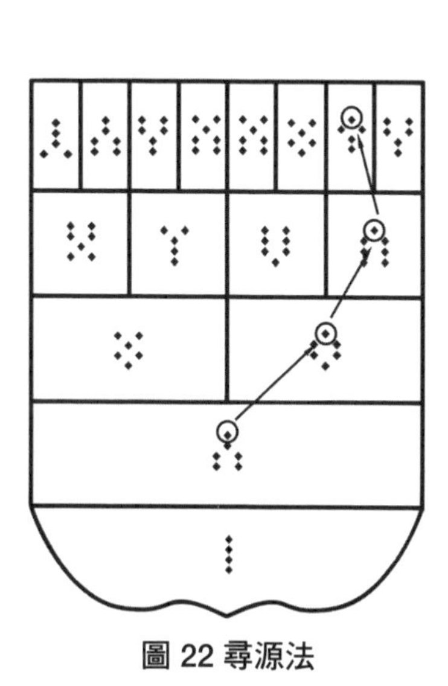

圖 22 尋源法

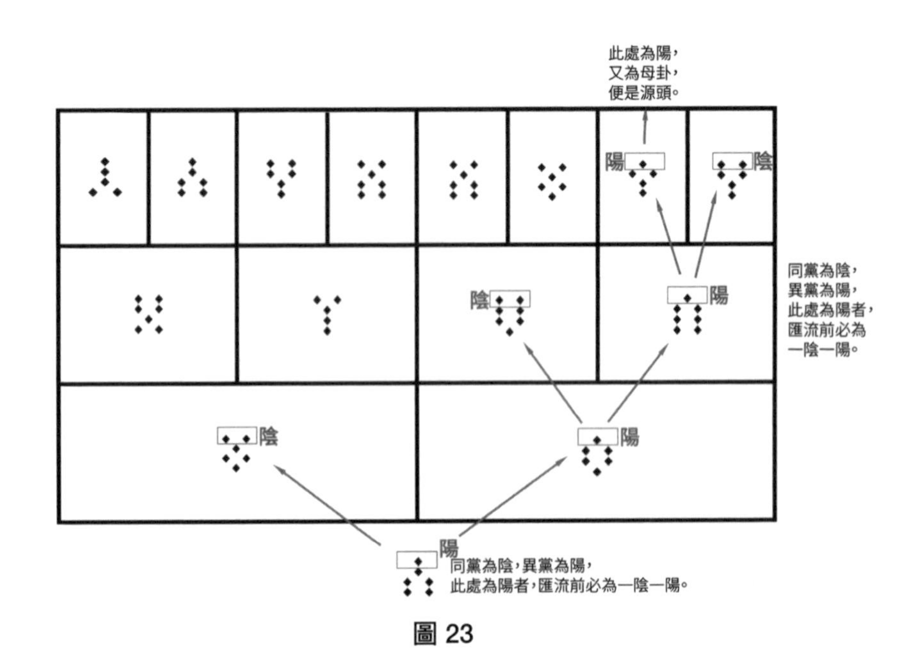
此處為陽，
又為母卦，
便是源頭。
陽
陰
同黨為陰，
異黨為陽，
此處為陽者，
匯流前必為
一陰一陽。
陰
陽
陰
陽
陽
同黨為陰，異黨為陽，
此處為陽者，匯流前必為一陰一陽。

圖 23

在這個例子中，盾盤的法官是「小吉」，它的火元素（火爻）呈陽性。我們可以追溯這些陽性爻的來源，發現它們分別源自13卦「限制」的火爻。進一步追溯，最終可以找到二宮的「女子」卦，它的火爻是陽性的。這表明店鋪開業延遲的原因可能與「女子」卦相關，較為被動，可能是資金或資源不足。

傳統上，這個方法僅使用火元素的爻來定位源頭，因為火元素代表意願、目標和渴望。然而，當15卦的火爻是陰性時，比如說，「獲得 ⁘ 」的火爻為陰，這時候因為它的兩個上級卦火爻為陰，從這裡就無法再向上追溯了。所以如果15卦為陰爻，那麼可以說原因就有兩個或多個。

到了近代，西方的學者為解決陰爻無法向上尋源的問題，創新性地發明了新的變體。在山姆·布洛克的部落格中還介紹了這種新變體，不僅使用火元素的爻來尋找源頭，還開始使用其他元素的爻，從而找到多個源頭。這種方法允許我們根據不同的元素，在一個結果中尋找不同層面的原因。例如，火元素可能代表激情和能量，而水元素可能代表情感和直覺。透過分析不同元素的爻，我們可以更全面地理解一個事件的複雜性。這一技法在現代圈子裡，以拉丁文複數形式命名為「Viae Punctorum」，因為我們現在不再僅僅關注一個單一的路徑，而是探索多個路徑來尋找深層次的原因。

例如，如再次考慮前述商店開業進展緩慢的案例，除了透過火元素的爻追溯到可能是由於資金或資源不足的問題外，還可以使用水元素的爻來尋找另一條路徑。這可能揭示了商店所有者的情感狀態影響了商店的開業進度。同樣，透過使用土元素的爻，也可能發現物流和供應鏈問題是一個重要因素，當然這些必然要觀察對應元素為陽爻的時候方可使用。

「尋源法」允許我們深入分析並理解一個問題的各種面向，從而為解決問題提供更豐富的視角和更多的選擇。

一、火尋源（Via Puncti Ignis）：火元素通常與目的、目標和渴望相關聯。在透過火尋源分析問題時，我們可能關注一個人或組織的動機和意願。這可能包括對成就的渴望、對改變的慾望，或是為了實現特定目標而採取行動。在商業環境中，火元素可能指向公司的增長和擴張目標，或者是對產品和服務的創新渴望。

二、風尋源（Via Puncti Aeris）：風元素與思想、主意、邏輯和理論相關聯。在風尋源的路徑上，我們將關注訊息如何處理、決策制定過程和理性分析。這種元素通常在學術、科學研究和技術領域起關鍵作用，其中清晰的思考和結構化的分析是成功的基礎。在企業管理中，風元素可能指向戰略規劃和邏輯決策。

三、水尋源（Via Puncti Aquae）：水元素與情感和靈性層面有關。透過水尋源分析，我們可能會關注個人或群體的情感反應，以及其如何影響行為和決策。在此元素的影響下，人們可能會更注重直覺、同情和情感連結。在領導和團隊建設方面，理解和利用水元素可以增強團隊凝聚力和員工的情感投入。

四、土尋源（Via Puncti Terrae）：土元素通常與討論後的結果和物質層面有關。在土尋源的路徑上，分析會集中在具體的成果、資源分配和物質財富上。這種元素與實際的執行、操作和建設緊密相關。在商業領域，土元素關乎財務穩定、生產效率以及市場分額。

阿拉伯地占的尋源法

阿拉伯的尋源法是一個更廣闊的研究領域。不僅限用於查找問題的根源，其應用層面更為廣泛。我們以先前相似的問題為例：為何我的店鋪沒有顧客光顧？

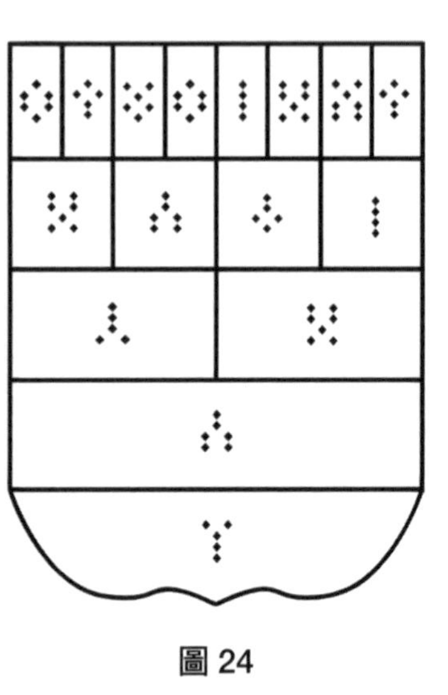

圖 24

在這個例子中，15卦為「小吉」，尋源法定位到四宮。如果是以歐洲系統來看，解釋為店鋪商品或選址的變動性太大等等原因就結束了。而在阿拉伯系統中，商鋪類問題就是對應四宮，盤中為「道路」，在阿拉伯系統裡代表「阻礙或魔法」；「道路」又對應九宮，代表商鋪受到了魔法的影響，事主也被波及，導致事主慵懶地坐在商鋪裡，也能看到他頭和肩膀都因為受魔法影響而變得十分沉重。可見同一技法在歐洲和阿拉伯的解讀風格是截然不同的。

此外，阿拉伯的尋源法還有一個用途。它讓我們了解到，實際上現代人發明的複數形式「Viae Punctorum」技法，在阿拉伯系統裡早已被使用，而且更為先進。比如，他們會使用尋源法來測出提問者的真正目的，也就是：問卜者的問題是什麼？達到「未問自答」的效果。

方法如下：

1. 若有人來了又不告訴你問題，則用尋源法找出問題；
2. 把15卦的陽爻分別向上追溯到源頭，再將這些卦合卦；
3. 觀察合卦後的卦象在先天卦中位於第幾宮，然後在後天卦中找出對應的宮位。結合先後天宮位的涵義，就是問題的方向。

這個技法是有難度的，我們來舉一個例子。比如一個問卜者走進來默不作聲就坐下，他問道：我的問題是什麼？

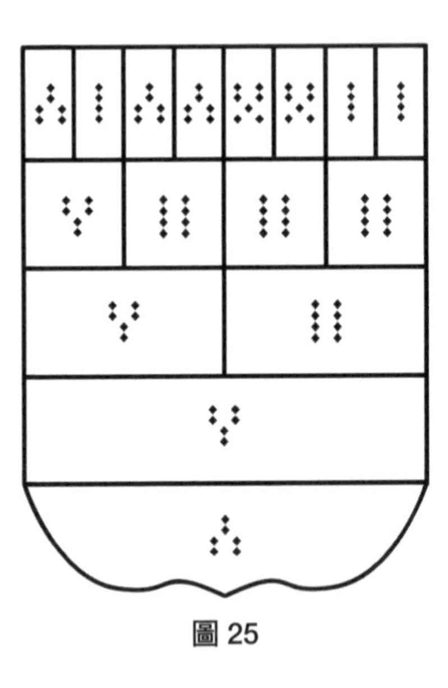

圖 25

地占師在起卦後，看到15卦為大吉，陽爻有水和土兩個元素，分別向上尋源，同時在14卦找到陽爻，再向上的十二宮找到陽爻，最終兩個都在七宮找到陽爻，所以水元素和土元素的尋源結果都是道路⁞。接著，我們將「道路⁞」+「道路⁞」合卦，得到「群眾」。如前文所述，「群眾」在Sukan的先天卦中位於四宮，因此我們可以判斷提問者的問題與家庭、父親或者被埋藏的東西有關。在後天卦中，也就是這個盤中，「群眾」出現在九、十、十一、十三宮中，這就告訴我們問題與家庭的分離（四＋九宮）、父母的關係（四＋十宮）、配偶的外遇（四＋十一宮）等有關。精準地把握宮位的涵義，在解讀阿拉伯地占中扮演至關重要且頗具魅力的作用。透過深入學習宮位的概念，我們能夠更好地理解和解析各種符號和訊息。

Sukan先天卦序

宮	卦	宮	卦
1	快樂	9	白色
2	獲得	10	小吉
3	失去	11	大吉
4	群眾	12	龍尾
5	男子	13	女子
6	限制	14	龍首
7	悲傷	15	結合
8	紅色	16	道路

真正的阿拉伯尋源法，需要了解盤的運算機理。15卦都會是由兩個陽爻和兩個陰爻組成，比如「獲得」、「小吉」、「結合」等，絕不可能出現「快樂」、「龍尾」、「男子」諸如此類的卦，除了「道路」和「群眾」這兩個特殊卦象，由於這兩個卦象破壞其規則，所以才會被定義為「鎖盤」。

15卦必定由兩個陽爻組成，它們各司其職，較上方的稱為「我爻」（self point），為尋找本盤的「命運點」（Manthi），較下方的稱為「令爻」，（Order point），為尋找「元素八級盤」（Element Eight Layers）的入口點，這些訊息都未曾出現在任何一本地占書裡。

如圖26所示，15卦為獲得，風爻為「我爻」，土爻為「令爻」。15卦的風爻向上尋源到二宮「結合」，二宮的風爻繼續流動到四宮，此四宮為「男子」，為本盤的「命運」（Manthi）。15卦的土爻向上尋源找到八宮的「大吉」。因此，土爻第五級「大吉」為元素八級盤的切入點，從而根據問題的設定，在盤中作為一宮，去尋找對應宮位的答案，這種技法與大雷諾曼有相似之處。

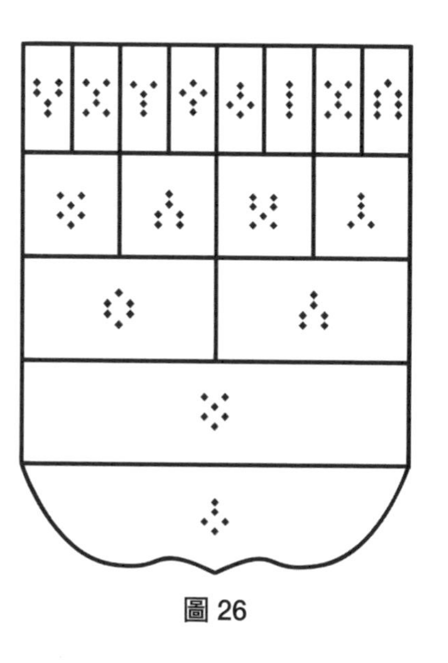
圖 26

「元素八級」是地占隱藏的一種盤，適用於任何問題。通常可以使用常見的合卦、走盾、相位、根據卦入宮的訊息來解讀完之後，再從15卦尋源找到元素八級的切入點，然後再次解讀作為訊息的驗證，當然也能只使用元素八級解讀任何訊息。在阿拉伯地占，這種技法最常見於「醫療地占學」（Ulama Ramal）中使用。由於阿拉伯地區受到希臘醫學影響，形成一套流傳於阿拉伯至印度的傳統醫學系統——「尤納尼」（Unani）。這種醫學系統再與地占相結合，以四體液學說和冷熱乾濕來判斷疾病，給病人指出過去、現在和未來的身體各個器官的狀況如何？應該忌口哪些食物？建議吃哪些草藥？會生多久病？醫生如何？應該如何預防？是用補還是用瀉？是否由靈體導致疾病的困擾？如此多的問題，都可以在元素八級的技法中獲得，可見尋源法的重要性，而這部分在歐洲地占是完全被刪除的。

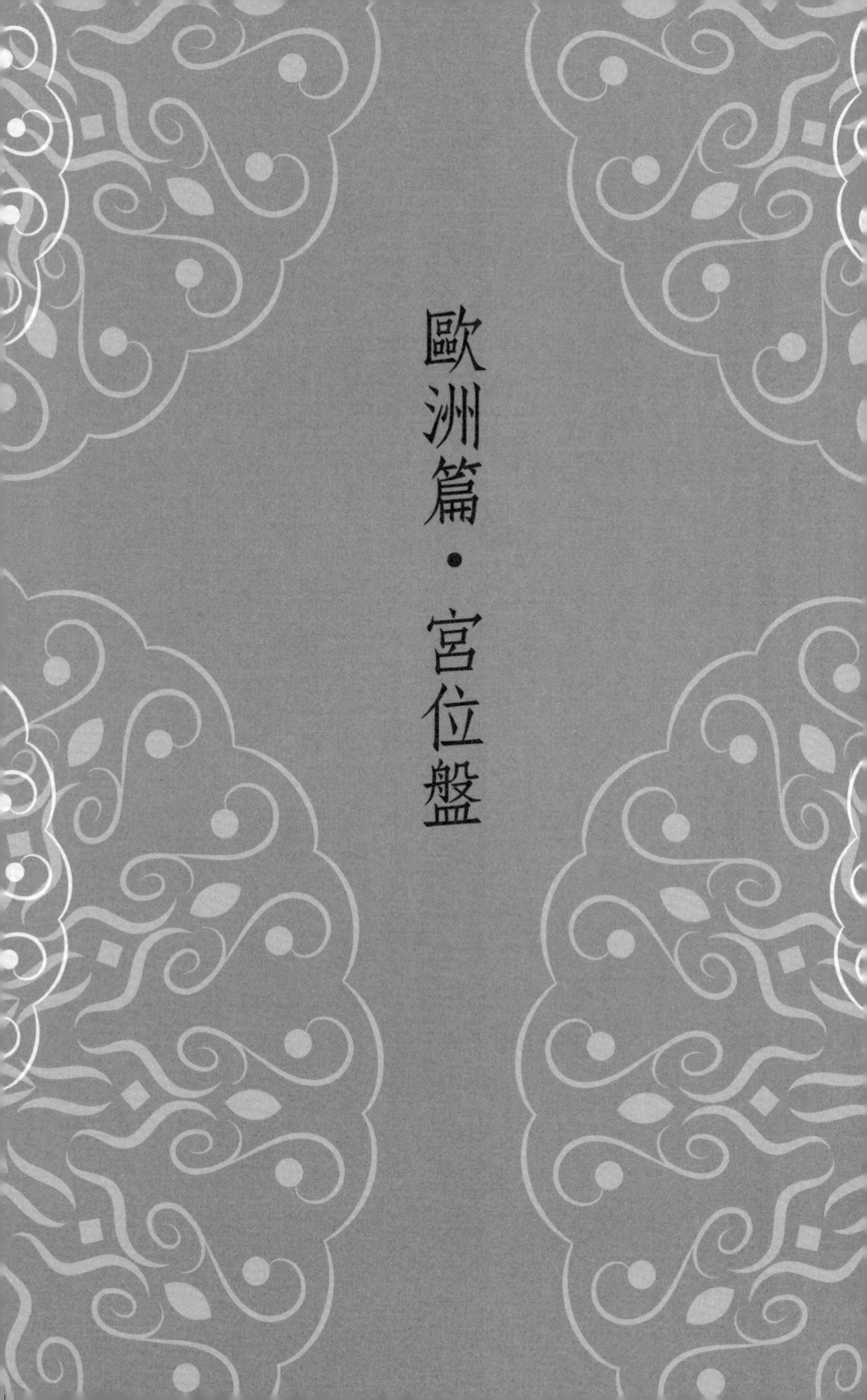
歐洲篇・宮位盤

初識宮位盤（House Chart）

地占和占星術的歷史長河中，十一至十三世紀的托雷多成為了阿拉伯文獻的翻譯中心。阿拉伯文獻在此時匯聚，猶如星辰降落在這片土地，點亮了黑暗的夜空。在這個時期，地占術透過十二世紀的譯者雨果・桑塔里恩斯等人之手，播撒到歐洲的沃土。然而，這個神祕的阿拉伯花朵在初來乍到時，並未被完全接納。歐洲人對其保持著敬而遠之的態度。

歐洲的神祕學家並沒有就此罷手。在接下來的幾個世紀裡，他們對地占術進行本土化的改造，讓地占術看起來更像是占星術的一種民間技法，讓不懂計算天文度數的大眾也能快速透過隨機起卦得到星盤結果。技法的變革如同河流的湧動，讓地占術以嶄新的姿態流傳，即使是偉大的阿格里帕，也誤以為地占術本身就是占星術的一部分。因此了解十二宮的象徵與歷史，對於學習歐洲的地占就變得尤其重要。

阿拉伯占星因其卓越的靈活性，對宮位的理解甚至超過了一般占星師的要求。如今我們對宮位的學習是從現代的角度對過去幾千年進行扁平化理解，有很多象徵的邏輯脈絡是含糊不清的。如果按照歷史發展的時間線以層次化的方式來還原這種扁平化視角，你將會得到全新的理解。因此神祕主義史、占星發展史、西方政治變遷變得尤為重要，其都與占星的宮位意義密不可分。

西方神祕主義史

無論是魔法、巫術、占卜預測，其實都是一體的。埃及本土的魔法儀式在三千年前——希臘人到來前就已經存在了。實際上希臘和埃及的文化融合並非是在西元前三三〇年托勒密王朝之後才產生的。從西元前八世紀初至前六世紀末，古代希臘大部分地區處於和平，尚未受到外族威脅，且與其他文明中心的聯繫日益密切，希臘人為了就業和學習，搬進了埃及北部和西亞地區。到了畢達哥拉斯與希羅多德的時代，也就是以雅典和斯巴達為代表的希臘城邦鼎盛時期，埃及對希臘人來說依舊是神聖又神祕的國度，此時的文化融合已經出現「希臘化埃及風格」的雛形。

直至西元前三〇年，羅馬人攻下了希臘人統治的埃及。雖然攻下埃及，但在亞歷山大省這一帶還是以希臘語作為通用語言。羅馬人似乎不想過多干預當地信仰，所以在他們的統治下僅有少部分的文化影響埃及。雖然羅馬人曾嘗試強行打壓當地的神諭術和埃及本土神祕主義實踐，但最終失敗了。隨後，隨著文化變遷，分成了以下幾個時間段：

希臘掌管下的亞歷山大省，西元前三三二—三〇年

埃及和希臘的文化融合是以西元前三三二年，希臘入侵北非時作為分界線，也就是我們說的「希臘化時代」為始。現在我們所能找到的莎草紙古本，基本上都是西元前二世紀至西元後五世紀期間。雖然可能還有更早的古本，但在一世紀前只有少量莎草紙保留至今。西元前二九九年，羅馬勢力開始進入巴爾幹半島，西元前一四六年併入羅馬。西元前三〇年，隨著希臘化諸地區陸續被吞併，最後一任托勒密王朝女法老—克麗奧佩脫拉女王死後，羅馬人徹底掌控了埃及，古代希臘的歷史隨之告終。

羅馬統治下的亞歷山大省，西元前三〇年—西元三九五年

雖然羅馬攻下希臘統治的埃及後，還是保有希臘語與信仰文化，但歷史也證明了羅馬人

並非完全妥協，羅馬人曾嘗試強行打擊當地民俗和原有的希臘化埃及系統，但最終失敗。

羅馬統治也導致猶太文化影響西方神祕學。雖然亞歷山大省自西元前就有猶太人，但猶太文化正式融合到希臘化埃及系統，則是由於羅馬人在西元七〇年對猶太打擊，攻打並破壞了耶路撒冷第二個聖殿，使得大量巴勒斯坦地區的猶太教徒移民到亞歷山大省。這段時期，亞歷山大省成為了世界上最大的猶太人聚居地，到了一世紀後，亞歷山大省百分之四十的人口都是猶太人。在那段時間裡，古猶太地方民俗、文化、所羅門和摩西等相關的典故直接融入希臘化埃及魔法，但主體框架依舊是被希臘人改良的埃及傳統框架，加上巴比倫傳過來的儀式道具。由於猶太本土魔法已相對成熟，不能完全兼容埃及框架，所以也成為中世紀「猶太內部」和「以魔法書傳播的猶太化傳統」出現分歧的原因之一。由於已經有固定框架，猶太人便套用自己的神名，所以在頂峰時期，幾乎大部分的古本裡都有猶太影子。另一方面，儀軌中使用工具的起源是很難分辨來自巴比倫還是猶太的，因為早在西元前，猶太和巴比倫已經融合過一段時間。

後來，基督教化對別國的打壓也是一個重要的轉折，而且只因三十年內的幾個事件導致。西元三二四年開始，亞歷山大被基督教化，羅馬帝國皇帝尤利安（Flavius Claudius Iulianus）卻改信希臘的多神信仰並實行「強制宗教改正」（religionis correctionis inpositis），在知識界不乏同情者，但卻缺少社會認同的基礎。基督教化在羅馬境內已有兩百多年的歷史，從下層民眾到高層，推崇者眾多，是無法推翻的。不久之後，才剛在位一年多的尤利安皇帝在西元三六三年遠征波斯後去世，死後被稱為是「判教者」，因為無子嗣，導致君士坦丁王朝滅亡。

埃及此時也在西奧菲勒斯（Theophilus，科普特的教宗）的令下遭掠奪和燒毀，現在的亞歷山大圖書館遺址中還保留著當時被燒毀剩下的捲軸和莎草紙。

歸還給希臘統治下的亞歷山大省，西元三九五—六三六年

西元三九五年已是拜占庭時期，也就是在亞歷山大省被燒毀後四年，羅馬失去埃及並歸還給希臘，這時的希臘已經不是當年的希臘，而是基督教化的希臘。基督教迅速統治了亞歷山大地區的信仰，並迫害燒毀他教大量文獻。現在我們所了解的希臘化埃及魔法僅僅是在埃及底比斯墓穴中發現的一卷文獻，經由阿納斯塔西（Giovanni Anastasi）買到並在

一八二八年販賣給了歐洲博物館和圖書館，經過多個圖書館聯合翻譯而成。

西元四一五年，基督教化下的希臘人謀害最後一位柏拉圖哲學的領軍人物——希帕提亞（Hypatia，女數學家、天文學家和哲學家），以作為對民眾的警示。這種警示延續了兩百年。

直至西元六一七年，當時的拜占庭皇帝希拉克略（Heraclius，西元六一〇—六四一年），非常喜愛魔法和占星，也提倡古典希臘文化的學習，就像波西米亞的魯道夫二世一樣，贊助學者進行天文和煉金術的研究。他邀請來自亞歷山卓的斯蒂芬諾斯（Stephanos of Alexandria，西元五八一年—六四一年）到君士坦丁堡教授「四門學問」（Quadrivium，中世紀四門學科的統稱，指算術、幾何、天文、音樂），並使之讓他成為自己御用的魔法和占星顧問。

君士坦丁堡之後的發展，西元六三六—一四五三年

二十年後，也就是西元六三六年，埃及被伊斯蘭占領，希臘人帶著他們的文化、實踐以

及手抄本北遷到君士坦丁堡，得到了拜占庭帝國的庇護，此時希臘化埃及的魔法、占星、四門學問等等，一切知識和技術已經成熟。

穆罕默德二世於一四二二年攻打君士坦丁堡的期間，使得當地學者帶著所有包含魔法和占星的學術文本遷徙到拉丁歐洲[23]，從君士坦丁堡以南的愛琴海南下，繞過雅典、斯巴達，再沿經地中海西北、義大利東面亞德里亞海北上，從威尼斯著陸，才在此開始開枝散葉。另一條路線，則是沿著「條條大路通羅馬」的厄納齊雅大道（Via Egnatia），陸運到杜勒斯和阿波羅尼亞港口，跨海到布林迪西，再北上到羅馬。西元一四五三年五月，拜占庭首都君士坦丁堡被奧斯曼土耳其攻陷，拜占庭千年帝國落幕，新興土耳其伊斯蘭崛起。

占星發展簡史

占星術的起源可以追溯到西元前三〇〇〇年的古巴比倫和西元前二七七八年的古埃及。古巴比倫人約在西元前一八三〇至一五三一年開始觀察天象，構建了一套以天體運動來預測國家命運的系統。然而，據目前考古發現，最早的個人星盤直至近西元前五〇〇年才出現。

圖 27 AO 17649（西元前五〇〇年），歷史上最早的個人星盤

古埃及人則在西元前二一〇〇年發展出了「上升十度」（Rising Decans）的概念，並在西元前一二七〇年改為新的「流轉十度」（Transit Decans）制。古埃及人還在西元前一三〇〇年建立了四軸概念，即上升、中天、下降和天底，並在此基礎上在西元前一二八〇年細化成十二宮位。

23 拉丁歐洲（Latin Europe）：係以拉丁語言通行的歐洲地區，如義大利、法國、摩爾多瓦、葡萄牙、羅馬尼亞、西班牙、摩納哥等地。

到了西元前三三二年希臘化時代，隨著亞歷山大大帝征服波斯、巴比倫和埃及等地，占星術開始希臘化。埃及和巴比倫的占星術開始融合，形成了希臘占星。希臘占星學結合了埃及的十分度、四軸、宮位以及巴比倫的個人占星。貝羅索斯（Berossus）在西元前二八〇年左右將迦勒底占星引入希臘，並在此基礎上發展。另外，托勒密的《天文學大成》在古代和中世紀的占星學中起著至關重要的作用。

在希臘化時代之後，占星術透過阿拉伯文化得以保存和傳播。在八世紀和九世紀，阿拉伯學者開始翻譯古希臘、印度和波斯的占星文獻，並進行發展和改進，將其與本地知識結合。這一時期的阿拉伯占星術在伊斯蘭文化的包容下，成為了一個重要的學科，吸引了來自不同地區的學者。阿拉伯占星術也透過貿易和征服影響了其他地區，其中包括印度和中國。

阿拉伯人意識到拜占庭、波斯人和印度教教徒都有未見過的知識，尤其是拜占庭人。他們邀請擁有相關知識的外國人到伊斯蘭領土，尤其是在巴格達地區，翻譯異國知識。他們還派遣使者到其他國家去獲取大量書籍，並在國內成立私人和政府機構，將國外的書籍翻譯成阿拉伯語。

就這樣，阿拉伯人獲取了占星術和天文學相關書籍，雖然當時古典希臘文學已大量被燒毀和丟失，但數量仍相當多，遠超過後來十五世紀麥地奇家族[24]和其他義大利人所蒐集的數量。土耳其人在掠奪君士坦丁堡和其他希臘城市和土地之前，挑選了部分物品帶回到了義大利。然而一二〇四年第四次十字軍東征摧毀了君士坦丁堡，也把當時剩下的大量文獻一並摧毀。

在十一至十三世紀，大量的阿拉伯文獻在西班牙的托雷多被譯成拉丁語和西班牙語，標誌著占星術進入歐洲。還有一本不得不提及的阿拉伯魔法書——《致力於成為賢者》（*Ghayat al-Hakim fi' l-sihr*），在阿方索十世支持下也被翻譯，並命名為《皮卡求斯》（*Picatrix*），為西方占星魔法的啟蒙之光，可惜的是部分地占術內文在譯本中被刪除。

24 麥地奇家族（Medici）：佛羅倫斯十五世紀至十八世紀於歐洲擁有強大勢力的望族。促進文藝復興時期的藝文、科學發展。

在歐洲，占星術有時受到教會的反對，但也有段時期被接受，並與基督教、猶太教和其他神祕主義傳統融合，形成了一種獨特的占星文化。文藝復興時期，占星術受到更多的關注，歐洲學者開始重訪古典文獻，並在此基礎上進行創新。

二十世紀初，現代占星學逐漸嶄露頭角。占星學家開始將古老的占星術與當代科學、心理學理論結合，形成一種新的綜合方法。這種結合使占星學能夠更好地解釋與理解個人心理及行為模式，也促使各種新興系統開枝散葉。

最早的宮位系統

宮位（Houses）是一個極為重要的概念，將天空分為十二等分，是相對於地平線固定的。在古希臘，宮位被稱為「τόποι」（topoi），這個詞在希臘語中意為「地方」或「位置」。每個宮位都具有特定的象徵意義，與生活中的某種領域相關。宮位是根據天空的四個主要軸來定義的，這四個軸分別是：

上升：第一宮，就是太陽升起的位置。

上中天：第十宮，也就是太陽的位置。

下降：第七宮，也就是太陽下降的位置。

下中天：第四宮，也就是午夜太陽達到最低點的位置。

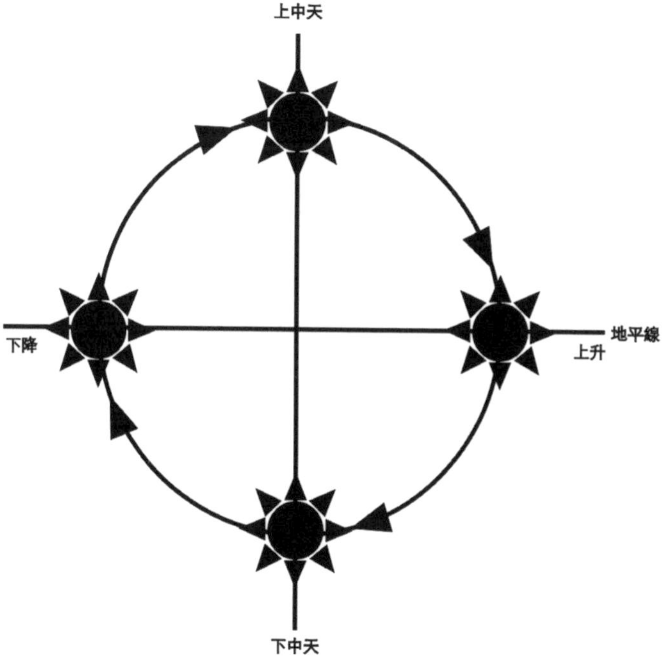

上中天

下降

地平線

上升

下中天

圖 28

雖說宮位早在西元前一二八〇年就已經建立，但目前可考最早的線索，「Ashomolean D.O. 622 石板」（西元前三八年）;「Chicago MH 3377 五塊石板」（西元十三年，位於現伊拉克境內的梅迪內特・哈布〔Medînet Habû〕，拉美西斯三世葬禮殿內）;未編號石板（西元

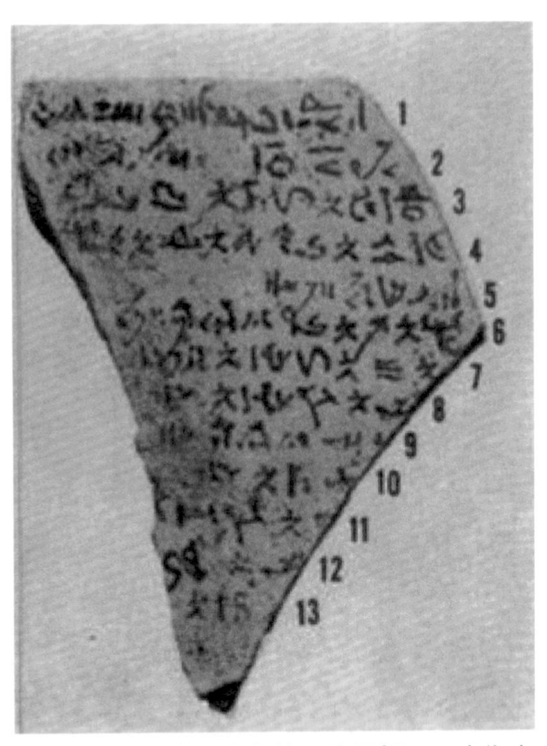

圖 29 梅迪內特・哈布的五塊石板，一宮為上升的地方；二宮為冥界之門（生命的供給）三宮為兄弟；四宮為地底世界（父親）；五宮為幸運（子女）；六宮為厄運（疾病）；七宮為婚姻；八宮為死亡的條件；九宮為神；十宮為女神；十一宮為命運；十二宮為惡魔。

十七年）：Thompson 1和未編號石板（西元十八年）；「Strasbourg D 270石板」（西元三五年）：Thompson 2（年份不明）。[25] 值得強調的是，這個時期的埃及已深受希臘文化影響，所以我們看到的是融合了埃及和希臘元素的宮位系統。在石板上，四軸稱為上升點、下降點、天空之河（中天）、塵埃（下中天）。

此外，梅迪內特・哈布的五塊石板中，對宮位的命名如下：一宮：上升的地方。

二宮：冥界之門生命的供給。

三宮：兄弟。

四宮：地底世界（父親）。[26]

五宮：幸運子女。

六宮：厄運（疾病）。[27]

七宮：婚姻。[28]

八宮：死亡的條件。

---

25 Ross, Micah. "A Survey of Demotic Astrological Texts." Culture and Cosmos, vol. 11, no. 1 and 2, Spring/Summer and Autumn/Winter 2007, pp. 1-25.

九宮：神。

十宮：女神。[29]

十一宮：命運。[30]

十二宮：惡魔。[31]

埃及的宮位涵義與當代常用的宮位涵義存在著差異，特別是第九至第十二宮。並不意味這些宮位涵義已經過時，實際上在阿拉伯地占中，它們仍被廣泛應用。這些宮位的解讀是在埃及、巴比倫和希臘文化的影響下演變而來，我們將在後續章節中深入探討這些「神魔」宮位的意義。

埃及人使用宮位來象徵太陽繞地球的運動軌跡，並借助太陽神神話來描繪人類生命從誕生到死亡的旅程。因此，要理解古埃及宮位的涵義，我們應從天底（第四宮）開始——太陽在冥界時，也是生命的開始與終結。

第四宮（下中天）：生命的誕生與終結之地

第四宮又稱下中天，是太陽在午夜之時處於地平線下的最低點。在古埃及神話中，有個

---

26 希臘語使用「Ὑπόγειον」（hypogeion），指黑帝斯的冥界，地底世界。

27 實際上，考古學家並沒有對此處的通俗語有明確的譯法，有些使用德語翻譯成「Trennung」，指分離、斷開、憎惡。在P. Berlin 8345中記錄的名稱為「wry」，指邪靈、怪物。通常希臘占星手稿中會寫「Κακὴ Τύχη」，指厄運。

28 最早奧托・諾伊格鮑爾（Otto Neugebauer），西元一八九九－一九九〇年）將其通俗語翻譯為「命運」，這個詞在希臘語中會對應「ἀποτελεσματικά」（apotelesmatic），指「結果」。在希臘文化中，「命運」被視為人生的指引或命運的安排，它決定了個體的經歷和結果。但這種解釋被後來的科普特研究者推翻，因為通俗語和科普特語都有m、n不分的情況，正確的解釋應該為「成為妻子」，即指婚姻。

29 埃及體系使用十宮為女神，希臘體系使用三宮為女神。曼尼里烏斯（Marcus Manilius，西元一世紀）將金星守護十宮，這是埃及體系最後一次體現。

30 最早諾伊格鮑爾給出了音譯「Psais」，直譯為命運。對其研究的傑出貢獻者是多麗安・吉瑟勒・格林鮑姆（Dorian Gieseler Greenbaum）。發現命運宮的守護之靈（Agathos Daimon）和五宮的幸運之神（Agathē tuchē）的深層聯繫，後文將詳細討論。

31 通俗語（p̃ sšr）指「殺戮惡靈」，在埃及的語境下專指《塞特納二》中塞特納・卡埃姆斯與之戰鬥的惡魔。到了希臘語時才使用了「κακὸς δαίμων」（cacodemon），泛指惡靈。

著名的故事描述了太陽神「Ra」在地底世界與邪神「Apep」的戰鬥。Ra在黑暗中尋找自己的眼睛，經歷一系列的挑戰和考驗，最終重新找回光明和力量。這個故事象徵著太陽神的重生和光明的復甦，也象徵光明與黑暗間的永恆鬥爭。

埃及人認為，太陽神的旅程與重生過程緊密相關。他們希望能夠模仿太陽神的旅程，在死後達到重生和永生。此刻的太陽處於最黑暗的時期，象徵著生命的開始與終結。在梅迪內特・哈布石板上，四宮被被本土化為「黑帝斯的冥界」，並賦予「父」的意義。隨著時間

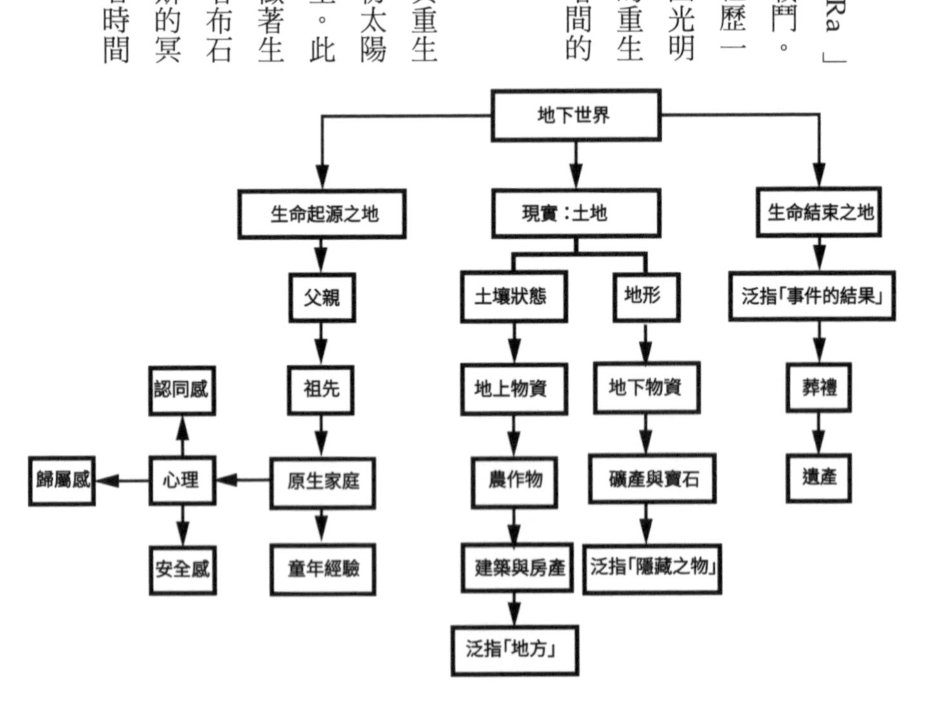

圖 30 四宮的涵義演進

的推移，在希臘羅馬時期的影響下，第四宮的象徵意義逐漸擴展。它開始與原生家庭、父母、祖先遺產以及土地和地下資源聯繫起來。當占星學傳入阿拉伯地區時，與地占術同樣地受沙漠環境氣候影響，第四宮常被用來分析地形、環境、尋找寶藏及水源的確切方向，甚至能分析一個地區的精靈（Jinn）。

在現代占星學中，第四宮的涵義持續在演變。它通常與個人的情感基礎、家庭認同、歸屬感和安全感相關聯。在歐洲地占裡，第四宮的涵義與常見的宮位涵義基本一致。而在阿拉伯地占，第四宮還用於分析房屋的住戶數量、周圍環境，並結合第三宮和第五宮來綜合分析鄰居的情況和品性。在搬家問題上，第四宮也能代表當前的居住地和新建房屋的風水問題；在分析再婚的宮位盤時，第四宮還可能代表了盤主的第一任配偶。

第三宮：生命的第一動力

當太陽自第四宮的黑暗中重獲光明，開始上升到第三宮時，象徵生命的重生和新的開始。在占星學中，第三宮象徵近距離的關係、溝通和交流，同時也承載著月亮的豐富、肥沃和生產力的能量。這個宮位可被比喻為生命的溫床，孕育擁有各種可能的種子。

第三宮是個擁有創造力和表達力的時期。在古埃及的神話中，第三宮與古埃及命運之神（Shai）的力量有關，創造被視為命運之神所展現的力量之一，而當中最具創造力的便是語言和文字。因此第三宮從生命的第一動力，衍生到創造力，再最終落實到溝通、文字和訊息傳遞。在宗教和哲學的演進中，第三宮的意義逐漸擴大，包括短途旅行、運輸、鄰居、親戚、身邊的人、口才、文筆、新聞、禮物和夢想，有時還涉及白日夢和幻想。

隨著訊息時代的崛起，第三宮的涵義在當代得到了進一步的拓展。它代表

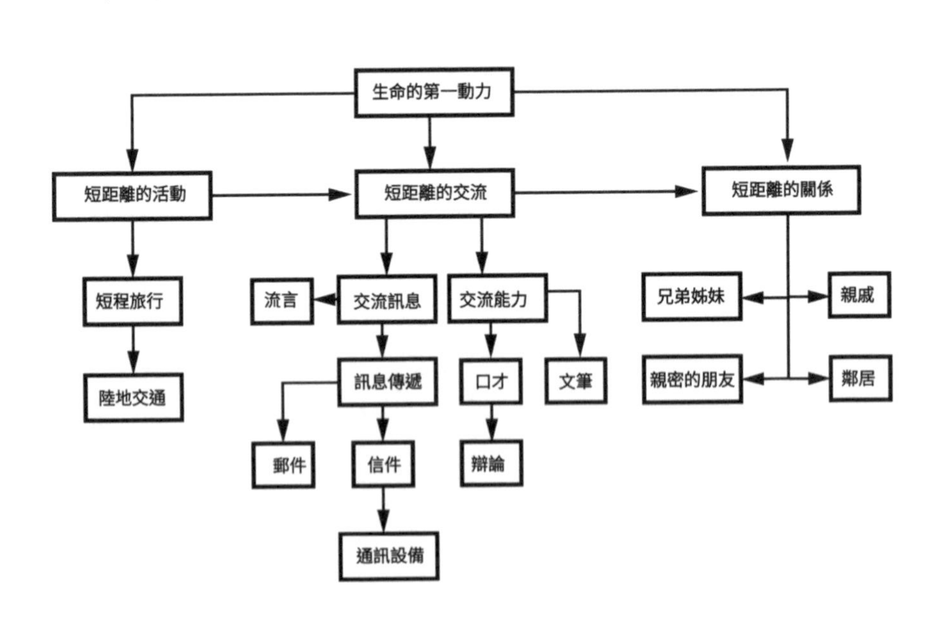

圖 31 三宮的涵義演進

了我們與周圍世界的聯繫，訊息的交流和傳播，延伸到日常通訊工具和媒體的使用。

在阿拉伯地占，無論是否親近的朋友大多使用三宮，而在歐洲地占中，通常使用十一宮更多。在阿拉伯，三宮在尋寶或射覆遊戲常指向該物品的形狀；在追捕逃犯的問題上，三宮的卦象還代表逃犯是否已經離開當地。

第二宮：維持生命的基本條件

第三宮象徵著重生和新的開始，上升到第二宮，代表生命的種子正在土裡悄然醒來，胎兒在母親的子宮中準備迎接這個世界。其最早稱作「冥界的門口」。這裡埃及通俗語的原文對應的希臘語應該是「Ἅιδου Πύλη」，拉丁語「Inferna porta」，都表示進入冥界的某種入口，它預示著即將通往生命之地，為此積累了維持「生命的基本條件」，因此，在象徵鏈中，「食物」的排序比起「財富」更要靠前。由於後世希臘占星師如瓦提斯．瓦勒斯（Vettius Valens）直接使用「βίος」將宮位指向「生計」，等同於財富，便限制了對第二宮的理解，當我們把視角轉向更深層的定義時，財富和物質資源也只是維持生命的條件之一。

第二宮象徵著從冥界崛起的過程，就像植物的種子在地下生根，準備展開它們的綠葉。第二宮的原型本身也與蘇美的伊絲塔（Ishtar）勇敢進入冥界，經歷了死亡和重生的神話故事有關。在旅程中，她失去了所有，但最終透過她的堅韌和勇氣恢復了希望。

隨後第二宮的涵義開始擴展。它不僅包括了生命的基本條件，也開始與物質財富、資源聯繫起來。在這個時代，人們開始認識到物質、資源的重要性，並將它們視為支持生活的基石。希臘哲學家如普羅提諾（Plotinus）的主要作品《集》（Enneads的Ennead 4, Tractate 8）中，描述了他從物質世界回到精神世界的經歷。他描述了從身體昇華到更高層次的現實並與神聖（the One）「合一」的願望，探索了物質與靈性世界間的關係。此外，第二宮還與個人價值觀有關，其反映了一個人對自己價值的認知。隨著「轉宮」的出現，任何宮位的下一個宮位，都代表前一宮位的資源與支持，這也延伸出歐洲地占術裡一種叫「組合卦」（Company）的技法。

在現代占星學中，第二宮通常與個人的財富、資源、價值觀、自尊、消費和支出相關。它能了解個人如何管理和運用自己的資源。在現代社會中，第二宮的能量和影響力貫穿著我們在經濟和物質生活的各種面向，提醒我們重視並運用自有資源，以實現繁榮和幸福。

在世俗問題裡，二宮通常指向國家的財產、經濟狀態與國內生產總值（GDP）；生產錢財的地方、跟金融相關的地方：銀行、證券交易所、金融機構、貨幣市場，甚至是國家的物質資源如農產品一類；在訴訟或衝突事件中，可以表示衝突發起人的支持者、證人、甲方的資源，以及能支持甲方的人和證據。阿拉伯地占中，多用於買賣和借貸問題。二宮也會象徵幼兒（雖然很少，一般還是使用五宮），尤其是指對方隱藏的孩子（七宮轉四宮轉五宮）。有時候在問及「我的丈夫還會娶其他人嗎？」諸如此類的問題時，也會以二宮來判斷。

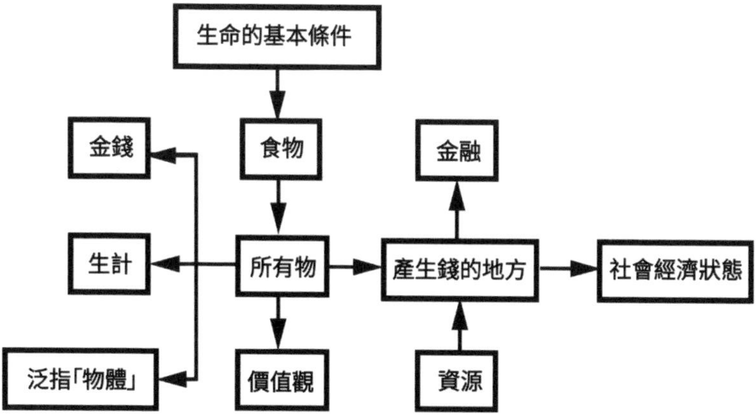

圖 32 二宮的涵義演進

第一宮（上升）：生命力的湧動

第一宮如同太陽初升的那抹曙光，是生命浩渺旅程的起航港灣。第一宮在第二宮「維持生命的基本條件」的庇護下，迸發出生命的活力與無窮潛能。它是個人星盤的開始，展示了一個人的性格、外表、心理及基本的健康狀況，皆是「我」的基本概況。

第一宮的名稱「ὡροσκόπος」，即英語「horoscope」，在現代語境中常指「星座運勢」，在專業領域指「星盤」，這些專業的解釋也是十六世紀之後才使用，它指的是「觀察或繪製星盤，顯示行星所在位置」，原本的涵義早已被遺忘。英語來自法語「horoscope」，又來自拉丁語「hōroscopum／horoscopus」，拉丁語則來自古希臘語「hōroskopos」，有時也指「一個觀察出生時間並繪製星盤的人」。其源自「hōra」（小時；季節；時間段）+「skopos」（觀察者），詞根為「*spek-」（觀察）。在上世紀之前，考古學家也一直誤以為其指的是星盤的意思，最終在巴比倫中找到代指「東升點」的線索，即「上升點」。

在現代，第一宮的解釋變得更加豐富和多元。就現代地占來說，人們透過將十六個

ＭＢＴＩ人格類型測試與地占十六卦對應，透過隨機起盤直接得出人格的方式，補充了地占在古代對性格描述的缺失。至於人物外貌的描述，則是阿拉伯地占占據優勢，阿拉伯對外貌特徵的描述細緻入微，如果你想測未來丈夫的樣貌，不妨可以求卦。此外，第一宮在世俗問題中代表一個國家或人民的總體狀況，而在訴訟或衝突事件中，它代表起訴的一方。

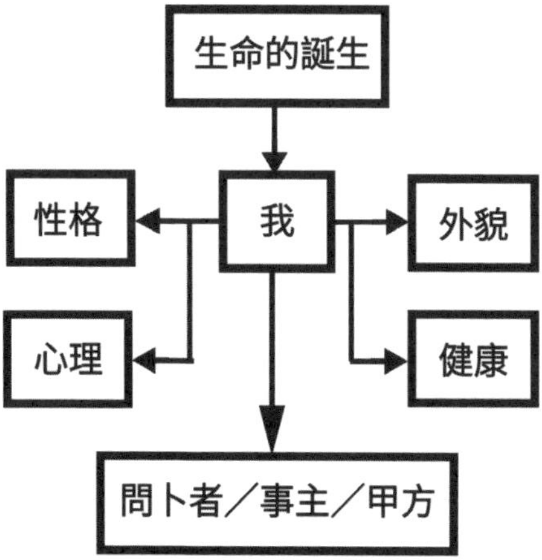

圖 33 一宮的涵義演進

第十二宮：隱藏在背後殺虐的惡靈

十二宮發展的歷程和深遠涵義都是各種文化和時代締造的結果。許多人認為十二宮最初的象徵是「隱藏的事物」，但這並非全面的理解。在埃及語裡，十二宮被稱作「殺戮惡靈」，在現代語言中並不能找到對應的詞彙。這個惡魔的稱呼也在埃及傳說故事《塞特納》（Setna I and II）中出現。

故事第一部的主角是塞特納．卡埃姆斯（Setna Khaemwase），他是埃及法老拉美西斯二世的兒子，同時也是名祭司和學者。他發現一本古老的魔法書，該書由一位名叫納內費爾卡普塔（Naneferkaptah）的魔法師所寫。當塞特納試圖偷走這本書時，納內費爾卡普塔的鬼魂出現，並告訴他書中的知識來自於不該被觸碰的神聖之處。這本書曾帶來許多災難，包括他與他家人的死亡。最後，塞特納被迫將書還回原處，並將納內費爾卡普塔和他家人的遺體安置在一起。而故事第二部的主角則換成了塞特納的兒子斯奧賽爾（Si-Osire），他繼承了父親強大的魔法力量，甚至超越了他的父親。斯奧賽爾幫助父親對抗一名邪惡的巫師，這位巫師企圖透過欺騙塞特納的女兒來獲取他的財富。最後斯奧賽爾揭露了巫師的陰謀，並將他送入地獄。第十二宮的名稱使用的就是故事中對巫師那欺騙、貪婪、掠奪、殺虐形象的稱呼。

在希臘時期，通俗語逐漸被希臘語代替，在占星中「惡靈」使用了更加寬泛的詞彙，如「κακος δαιμόνιον」（惡靈，英語稱作「evil demon」）。

「Demon」一詞在不同時代的定義都有所不同。最早在一二〇〇年的英語中出現，原意是指我們現在所說的「惡靈」或「邪惡的超自然存在」，這個詞來自拉丁語的「daemon」（靈體），又源自希臘語的「daimon」，意思為「神、神力、小神靈、指引靈、守護神」。在特定的語境中，它可以指「死去的靈體」，或指一個人的「天賦、命運」。這個詞的用法極其廣泛，既有正面也有邪惡的涵義。

希臘語的「dai-mon」又源於原始印歐語的詞根「da」，表示分配；來自梵文的「dati」，意為「切割、分配」。在希臘語中，「dēmos」指的是「人、土地、社會的分配」，「daiesthai」則代表「分配或配給」。古愛爾蘭語的「dam」意為「部隊、一群人」，因此「dai-mon-」則指代分配者，也就是分配命運的人。以「dai-」開頭的詞很多，比如我們常見的「democracy」（民主制）、「demography」（人口統計）。

從詞源的角度來看，「daimon」明顯是守護靈或引靈的意思。在早期的文獻中，並沒有任何邪惡的涵義。所以當我們閱讀西元一二〇〇年之前的文本時，我們應該以中立的視角來理解這個詞。然而，「邪惡」的涵義是從基督教教徒在翻譯希臘語文本時所產生的。在《聖經》通用本（Vulgate）中，「daimonion」被用來指「異教的神、異教的偶像」，進一步引申出「不淨之靈」的意思。這種用法在當時相當合理，因為在七十士譯本[32]中，猶太人就用這個詞去翻譯希伯來語的「shedim」（眾神、眾偶像）。《馬太福音》八章三十一節中的「daimones」在古英語譯本中被譯為「deofol」，再由古英語中翻譯成「feend、deuil、hellcniht」。西元一二〇〇至一五六〇年之間，「daemon、daimon」的涵義其實模糊不清，直到一五六〇年後，它在英語中才明確地指代邪惡，且直到一六一〇年，它開始指代「一個邪惡而可怕的人」，並最早在一七一二年起被用於稱作「邪物的人格化」。因此在不同的時代，這個詞的涵義都有所不同，希臘語隱含的涵義是「隱藏在背後，分配命運給生命的靈」，這層意義更主要地影響了第十一宮的「Agathos Daimon」，因為第十二宮有「邪惡」的前綴，使其依舊指向負面的形象。

在電腦普遍使用的Windows系統中，當我們在桌面上右擊並選擇「工作管理員」，會看到一個名為「常駐程式」的標題。這在英文系統中被稱為「Daemon」。在電腦科學的早期，MIT的研究人員在開發他們的操作系統時，給這些在後台運行的程序取了一個有趣的名字—「Daemon」，這源自物理思想實驗中的「Maxwell's Demon」。「Maxwell's Demon」是個理論實驗，設想一個能看到和控制氣體分子的「靈體」，可以在不消耗能量的情況下，將高能量分子和低能量分子分開，從而挑戰熱力學的第二定律。而這個名字之所以被選用，就是因為它在希臘語中的涵義—「隱藏在背後默默工作的存在」。

在希臘時代，這個宮位則意指「邪惡」（κακος，evil）的「靈體」（δαιμόνιον，daimonion）。它的複雜性由眾多層面構成，並深刻影響我們的地占實踐。關於這部分的討論，我們將在後續章節中詳細探討。首先回歸到更為常見的宮位解釋。

第三、六、九、十二宮稱之為「果宮」，即是在第一、四、七、十宮的「角宮」之後最遠的宮位（apoklimata），而剩下的第二、五、八、十一宮稱為「續宮」。「果宮」被視為在

32 七十士譯本：為早期之《希伯來聖經》的通用希臘語譯本。

角宮的強大能量後，開始下降和衰減的階段，因此這些宮位本身象徵著虛弱、危險與恐懼。其次第十二宮與上升點沒有形成有力的相位，象徵著表達受到阻礙。在古代，第十二宮與第六宮的象徵基本上是類似的，都代表著疾病、苦工、不幸與厄運。

十二宮象徵了隱藏的人與事、祕密、被限制的環境（如監獄、醫院或不能外出的學校）、醜聞、對神明的褻瀆、背叛者、間諜、囚犯、欺騙者、隱藏的敵人、陰險的人、大型動物（如可騎乘的動物）、潛意識、心理、身心靈及占卜等。透過轉宮，它也可能是：朋友的資源（十一宮轉二宮）、對方的疾病（七宮轉六宮）、孩子的死亡條件（五宮轉八宮）。有

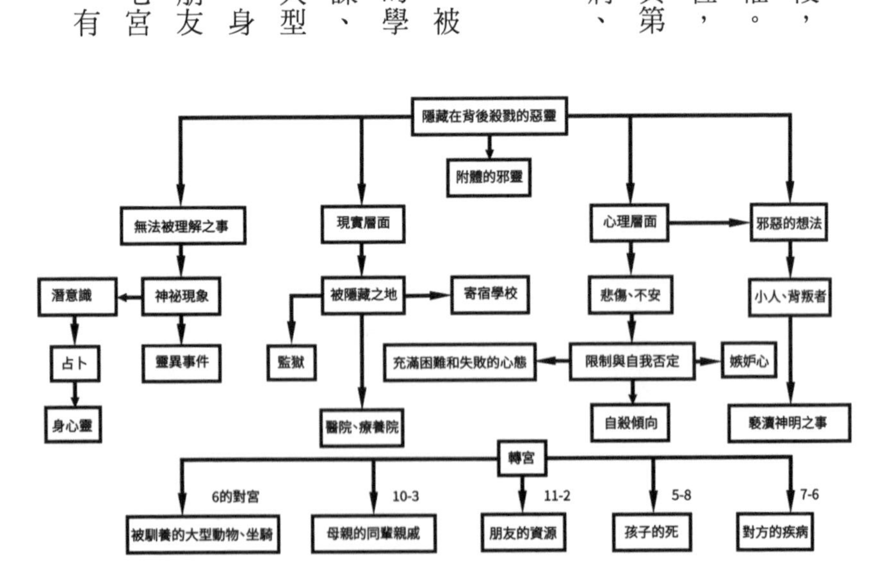

圖 34 十二宮的涵義演進

趣的是，雖然歐洲地占會遵循以上的象徵，但在阿拉伯地占，十二宮則與惡靈關係不大，應該說在眾多技法中大多使用卦象，尤其是「群眾」和「道路」表示惡靈，而使用宮位表達人物和地方，所以實踐中觀察四宮反而更為重要。如果用宮位表達靈體的時候，阿拉伯技法也使用九宮居多，這是有更深層的原因，當遇到十二宮有明顯異常之時，會優先考慮是惡靈影響到了另一半的身體狀況。

第十一宮：給每個生命分配命運的守護／指引之靈

第十一宮在占星中的解釋通常與社交關係、朋友、團體、夢想和福德等概念有關，這項象徵看似沒有直接聯繫，是因為它脫離了最根本的意義—守護之靈（Agathos Daimon）。在埃及通俗語中，這個宮位叫做「命運」，這是在埃及非常深刻的話題。總體而言我們初步可以理解為，第十一宮提到了古地中海中的一種善靈，而這種善靈負責將命運分配給每個生命，並給予守護和指引。我們需要透過靈性實踐，找回每個人的指引靈及第五宮的幸運之神（Agath tuch ），與其商榷，並透過自身努力改變結果，因此使得第十一宮有了關於夢想和福德的意義。

第十一宮的基本意義為「所有生命的誕生都是脆弱的」，都會面臨第十二宮的考驗。但當太陽從第十二宮離開後，逐漸開始走向最高的位置，此時人們看到自由、希望，逐漸走向勝利，而幫助我們獲得成功的，就是我們的朋友。因此「朋友」在第十一宮的象徵鏈中仍然屬於次要地位，第十一宮本質上更加主要象徵夢想與期望，在阿拉伯地占中有一種神祕的技法——「尋卦」，能讓占盤自然地流動，尋找答案，它會幫助你將主、謂、賓、定、狀、補語都連成一句完整的話，如同神諭一般。這種技法經常在落入第十一宮時，就會指向「如

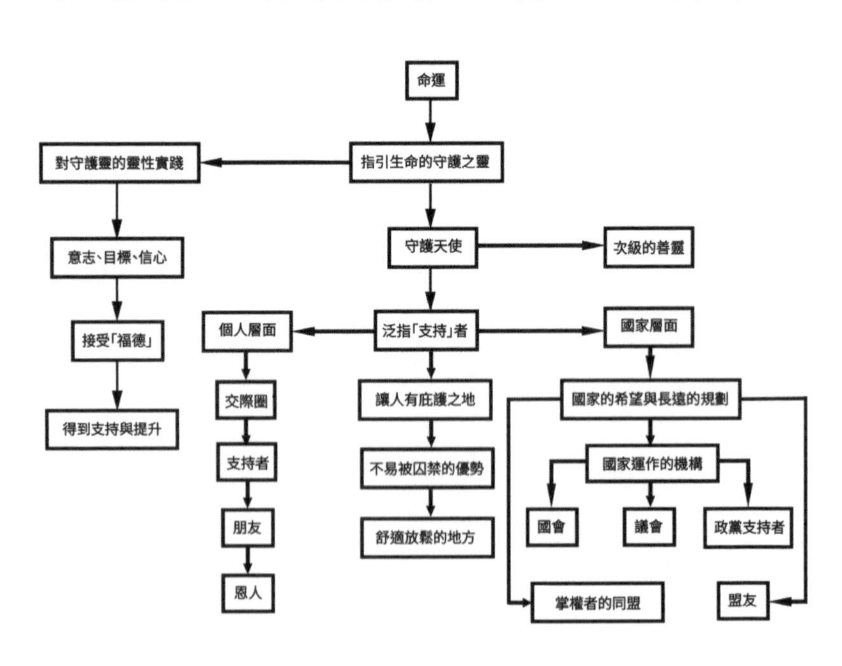

圖 35 十一宮的涵義演進

事主所願那般」或指「事主背後有指引和守護之力」。

第十一宮的管轄範圍除了希臘的守護靈象徵，也延伸到阿拉伯地占中符咒的效果、誦讀的咒語等，而在歐洲地占裡，符咒大多與第九宮相關，歐洲地占的思路使用了第九宮最深奥的知識，也就是神的知識，因此占星也被放在了第九宮的位置。大多數西方的護符都與星體相關，因此，第九宮也被賦予了符咒的意義。

第十宮：榮耀與女神宮

第十宮，此時太陽已經登上天空的高峰，光芒灑滿大地，如同我們渴望在生活和事業中達到的巔峰。在埃及，第十宮被視為「女神宮」，到了希臘時期「女神宮」則轉向了第三宮。古埃及的神祇都是成雙成對出現：天空之神努特（Nut）和大地之神蓋布（Geb）；伊西斯（Isis）和歐西里斯（Osiris）；賽特（Set）和奈芙蒂斯（Nephthys），他們的神像也都並排放置。因此在埃及，天空至高的兩個宮位——第九宮和第十宮，就對應了男神與女神的位置。在希臘時期，所有規則都遵循宮位系統的邏輯，由於轉宮的設定，便將女神放置於第三宮，與第九宮的神相對。有趣的是，由於第四宮為「父親」，而它的對宮——第十宮又不得不設定為「母親」，冥冥之中第十宮還是脫離不了女性力量。誰的母親不是自己的女神呢！

第十宮是能量最強的時候，它象徵事業、地位、名聲、榮譽和權力。它代表我們在社會中努力想要達到的位置，我們努力獲得的最高成就。在這個宮位中，我們可以找到掌權者和高位者，如老闆、領袖掌權者或總統。在商業上，第十宮可以代表價格和市場價值，在亞歷山大時期，也指向城中市場、集市的位置；在訴訟或衝突事件中，第十宮代表審判機構、法官的位置。

除上述之外，在阿拉伯地占中，第十宮也會指醫生、顧問、盜賊的家、孩子所患的疾病（五宮之六宮）、妻子的父親或父母家、叔伯的孩子。

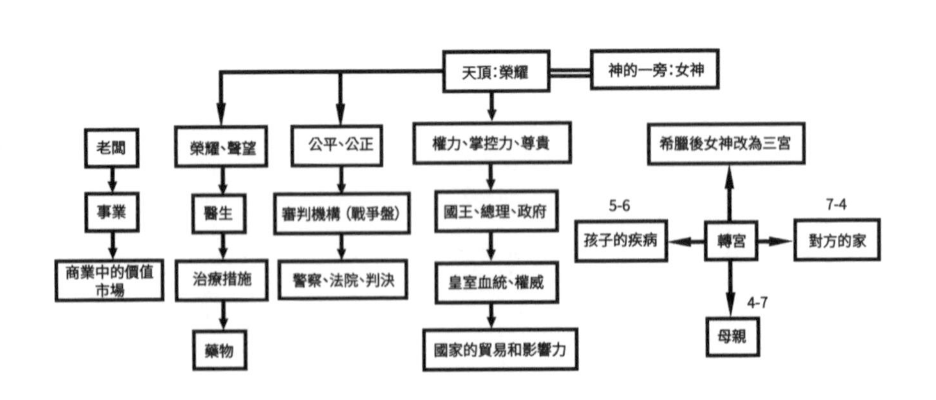

圖 36 十宮的涵義演進

第九宮：神宮與神諭

第九宮從古至今承載著「神」的根本涵義，這層意義在不同的時代中，都是最核心的象徵，從未改變。神被人們視為最遙遠的存在，人們需要透過艱苦的修行才能一窺神靈的奧祕，因此第九宮象徵著長途旅行、航海以及外國人、移民和旅行者的狀態。第九宮也與神的啟示和預言有關，在古代，夢境常被視為「神的啟示」之一，因此第九宮也與解夢訊息相關。

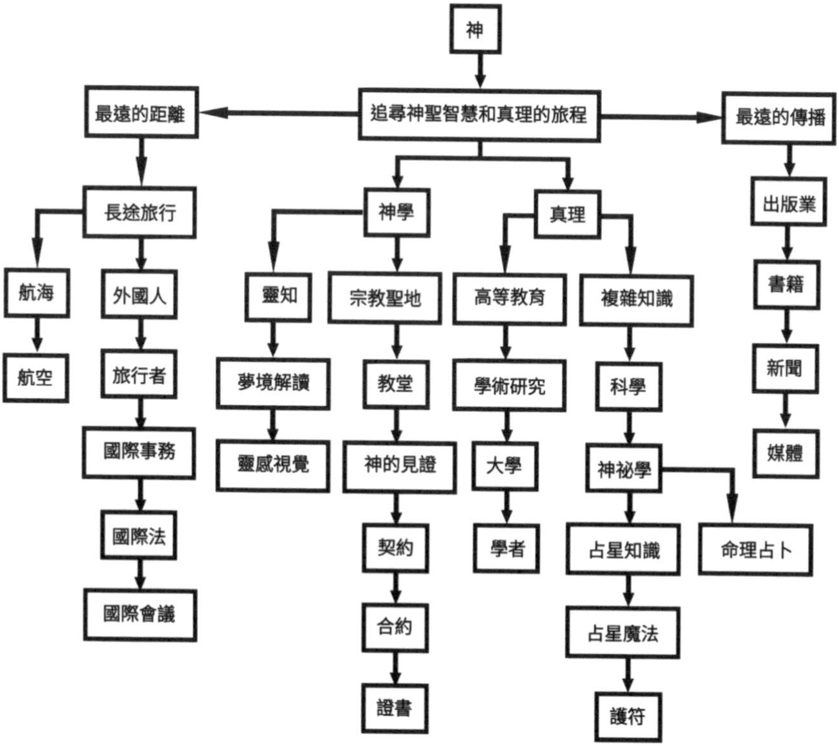

- 神
  - 追尋神聖智慧和真理的旅程
    - 最遠的距離
      - 長途旅行
        - 航海 → 航空
        - 外國人 → 旅行者 → 國際事務 → 國際法 → 國際會議
    - 神學
      - 靈知 → 夢境解讀 → 靈感視覺
      - 宗教聖地 → 教堂 → 神的見證 → 契約 → 合約 → 證書
    - 真理
      - 高等教育 → 學術研究 → 大學 → 學者
      - 複雜知識 → 科學 → 神祕學
        - 占星知識 → 占星魔法 → 護符
        - 命理占卜
    - 最遠的傳播
      - 出版業 → 書籍 → 新聞 → 媒體

圖 37 九宮的涵義演進

神所擁有的知識最為深奧，古代的神學被視為最高等的知識。因此，高等教育、神學以及任何複雜的知識都屬於第九宮的範疇。占星學家將自己的占星知識視為最高等的知識，自然也將其歸於第九宮，並將占星魔法、護符魔法等相關知識列入其中。

隨著通訊時代的到來，第九宮的涵義也得以擴展。它涉及到出版業、新聞、自媒體等行業，這些行業以廣告和傳播為核心，將訊息廣泛傳播給大眾。第九宮所代表的是人類追尋智慧和真理的旅程。從古代的神祕儀式、現代的教育到傳媒行業，第九宮持續地激發著人們對知識和神聖智慧的追求。

第八宮：死亡的基本條件

第八宮就像是墜入冥界的深淵，光線逐漸衰退，帶著不幸和痛苦的開始，準備進入黑夜的領域。這是一段休息和倒退的時光。然而在埃及通俗語中，第八宮並不等同於「死亡」，而被視為「死亡的條件」，指的是生命中重要的轉折點。

希臘時期繼承了這個觀點，將八宮命名為「ἀρχὴ θανάτου」，其中「ἀρχὴ」（archē）

意為「起源」或「起點」，「θανάτου」（thanátou）意為「死亡」。這樣的翻譯讓八宮成為「死亡的起源或起點」，象徵著人生中重要的轉折點，與失去、衰退、悲痛等產生的焦慮緊密相關。

關於世俗問題，第八宮牽涉到許多重要的生活層面。例如遺產、遺囑以及財富的轉移有關（請留意這也與第四宮相關）。透過轉宮，第七宮的二宮關聯到他人的財產、支持者以及與他人的債務、稅收和金錢相關的事務。在法律訴訟或衝突事件中，第八宮牽涉到對方的盟友、辯護人的朋友或幫助者；在商業領域中，第八宮涉及到出售他人的資源。

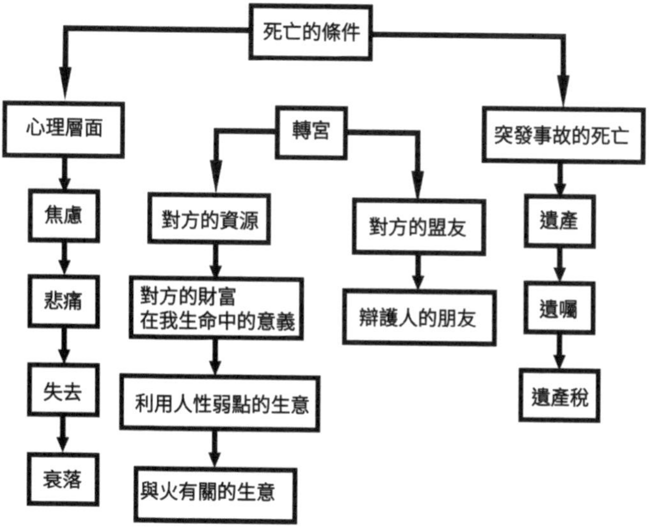

- 死亡的條件
  - 心理層面 → 焦慮 → 悲痛 → 失去 → 衰落
  - 轉宮
    - 對方的資源 → 對方的財富在我生命中的意義 → 利用人性弱點的生意 → 與火有關的生意
    - 對方的盟友 → 辯護人的朋友
  - 突發事故的死亡 → 遺產 → 遺囑 → 遺產稅

圖 38 八宮的涵義演進

在阿拉伯地占中，第八宮常被應用於了解壽命、預測死亡地點和死因等問題。然而壽命的結果並不直接表示死亡的年齡，而是指向踏上死亡的起點。此外在商業和戰爭的領域中，第八宮也指代著對方的資源和財富。在偷竊的議題中，第八宮通常也能揭示小偷奪走之物的情況和背景。

第七宮：婚姻

第七宮是降落至地平線下的位置，象徵著光線消失進入黑夜，失去生命力的狀態，為安詳休息的時刻。埃及語稱其為「nỉ.t sḫned 」，奧托．諾伊格鮑爾[33]將之翻譯為「命運宮」，顯然與第十一宮形成衝突。其原因是「sḫne」在古希臘語中有時會使用「ἀποτελεσματικ」（apotelesmatic）[34]，指「結果」或「成果」，但有部分研究者發現埃及通俗語和科普特語的文本中經常會把字母「m」和「n」混淆使用，當我們換成m之後，科普特語中動詞「ⲥϩⲙⲉ」的意思就變成了「成為妻子」。所以「sḫne」應該被理解為「婚姻」。第七宮代表了婚姻和所有的親密關係，包括伴侶、伴侶之間的情感。

另一方面，第七宮與第一宮的「我」形成對宮，基本象徵是「他」。「他」本身是中性詞，但當作負面角度理解的時候，它將與「我」對立、對比，可能會威脅到第一宮的安全和穩定，對立關係可能帶來危險，成為敵人。可當它成為「我」的同盟，關係和諧時，比如商業夥伴關係，就會是合作者或合夥人。

在法律訴訟中，第七宮代表著對立方和被起訴的那方。它也涉及到逃犯、罪犯和肇事者等與犯罪行為相關的人物；在世俗問題中，第七宮涉及了國家的結婚率和離婚率，也關聯到國家的公敵和與其他國家的協議；在商業上，第七宮涉及到與求占者進行交易的人。這包括與他人進行商業交易、合約談判與合作的相關者。

在心理占星學領域中，尤其是卡爾・榮格（Carl Jung），他對第七宮的解釋產生了深遠影響。榮格將第七宮與「陰影」的概念聯繫起來，表示人們在夥伴關係中往往會面對自己的內在陰影。對於第七宮，歐洲和阿拉伯地占的用法是基本一致的。

---

33 奧托・諾伊格鮑爾（Otto Neugebauer）：美國籍奧地利裔，近代天文史學權威。

34 Ross, M. (2020, October 2). Um Estudo dos Textos Astrológicos Demóticos. Espaço Astrológico. https://espacoastrologico.com.br/2020/10/02/um-estudo-dos-textos-astrologicos-demoticos/

第六宮：厄運

黃昏之際，太陽已沉淪於地平線之下，漸漸消失在陰暗的深淵中。在這寂靜和神祕的世界裡，我們來到第六宮。第六宮的埃及原名「tꜣ dnỉ.t ḫne」，這個詞語難以被解釋，最初奧托・諾伊格鮑爾也放棄翻譯。後來有其他學者試圖以德語「Trennung」[35]來解釋，指分離、斷開與憎惡，這依舊不是個完美的解釋，但並不阻礙希臘語中的一致性，它們都指向與「幸運」（Ἀγαθὴ Τύχη）相對的「厄運」（Κακὴ Τύχη）。

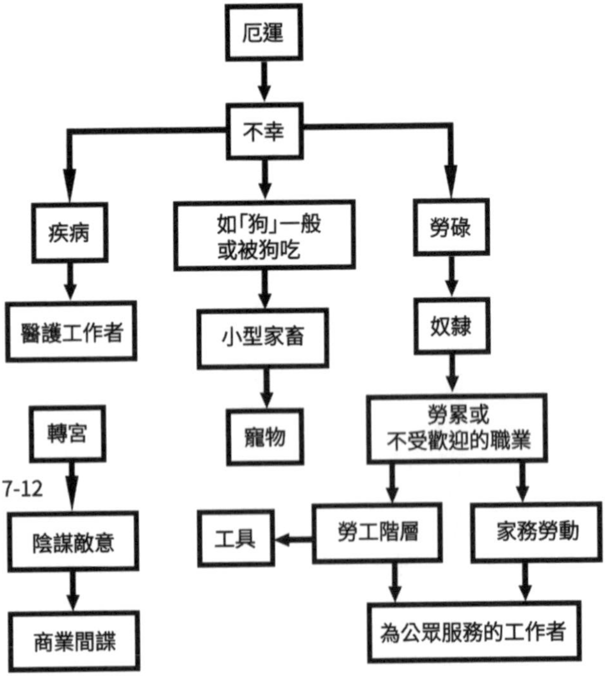

厄運
不幸
疾病
如「狗」一般
或被狗吃
勞碌
醫護工作者
小型家畜
奴隸
寵物
勞累或
不受歡迎的職業
轉宮
7-12
陰謀敵意
商業間諜
工具
勞工階層
家務勞動
為公眾服務的工作者

圖 39 六宮的涵義演進

值得注意的是，當我們梳理希臘時期對第六宮的所有命名時，我們會發現「疾病宮」的這種說法並不顯著。第六宮首要的象徵並非疾病，而是厄運，更趨向於邪惡勢力帶來的不幸，這種不幸導致了人們的痛苦，進而可能導致疾病。然而在占星實踐中，人們往往更關注與疾病相關的不幸，因此，隨著時間推移，第六宮逐漸以疾病作為其主要象徵。

不同占星家的第六宮疾病對應[36]

占星家	第六宮名稱	第六宮描述
曼尼里烏斯（Manilius）	（缺失）	勞碌之門
多羅修斯（Dorotheus）	厄運	壞中之壞；流放
特拉西盧斯／赫密士／內切普索／皮托西里斯（Thrasyllus/Hermes/Nechepso/Petosiris）	惡靈；厄運	懲罰和傷害

35 Spiegelberg, 'Namen und Zeichen', 149.7; Neugebauer, 'Demotic Horoscopes', 116, Os. 3, l. 17

36 Greenbaum, D. G. (2015). The Daimon in Hellenistic Astrology: Origins and Influence. BRILL. p.143-145.

P. Mich.inv.	惡靈	傷害；疾病
安條克斯（Antiochus）	惡靈	困難；疾病；敵人；狗人
瓦提斯・瓦勒斯（Vettius Valens）	厄運	流浪；誹謗；流放；奴隸；傷害；敵人；疾病；虛弱；指控
曼涅托（Manetho）	厄運	惡作劇；不願意提供養育；麻木的貧窮
費爾米庫斯・馬特爾努斯（Firmicus Maternus）	厄運	健康；疾病；惡魔；無所作為；擊垮
保羅斯（Paulus）	厄運	傷害；女性服務和奴隸；敵意；陰謀
奧林皮奧多魯斯（Olympiodorus）	厄運	不和諧；無關聯；女性服務和奴隸；敵意；傷害
赫法斯提奧（Hephaestio）	厄運	最壞的
赫密提斯之書（Liber Hermetis）	（缺失）	發誓；小偷；偽造者；變成狗；被狗吃
雷托里烏斯（Rhetorius）	命運	傷害；奴隸；敵人；四足動物；外國或低出生父母；瘋子；癲癇患者

第六宮與第十二宮非常相似，皆代表著各種不幸。由於第六宮與厄運、疾病緊密相聯，它能揭示一個人的健康狀態，包括潛伏的疾病、病源及治療的過程。因此與醫療保健領域有關的職業，如醫生、護士和藥劑師等，通常都與這個宮位有關。

第六宮也與日常的辛勤工作、服務緊密相連，這在古希臘時代特指奴隸。然而時至今日，這已轉變為那些被視為勞累或不受歡迎的職業，如工人、服務員、家政工和佃農。同時，此宮還包括與家務勞動相關的工具和物品。

在《赫密提斯之書》中，首次提到了第六宮也具有「狗」的概念，隨後雷托里烏斯用「四足動物」來指代低等動物。而在現代，它則泛指我們飼養的小動物（如寵物）和用於工作的小型家畜（非騎乘動物）。

在世俗問題中，第六宮代表著國家的糧食儲備。且跟記錄和保存公共訊息有關的場所也被劃歸於此宮，包含了書店、會計、資料庫和公共記錄員。此外它還象徵著工薪階層和為公眾提供服務的工作人員，例如公務員、軍人、警察、工會、社會保障服務和殘障補助等。

在涉及法律訴訟或衝突的情境中，第六宮代表著與發起訴訟或衝突方有關聯的人或物。同時也象徵著敵對方祕密派遣的人，如間諜、偵探和臥底。在商業領域中，第六宮涉及買方的相關人或物，比如商業間諜。

在阿拉伯地占中，通常使用第六宮就可以直接判斷肉體和精神層面的疾病類型，以及這種疾病是否與惡靈或厄運有關。

第五宮：幸運

首先，第五宮主要與孩子有關。這包括懷孕、未出生孩子的性別以及孩子的身體健康狀況。其次，第五宮與浪漫情感密切相關，這包括戀愛、風流韻事、暗戀、性生活以及生育孩子。

在現代，第五宮也關乎讓人愉快的事物和享受。包括禮物、玩具、奢侈品、藝術品、跳舞、音樂、服裝、假期、愛好、宴會、酒店、派對、酒吧、俱樂部、劇院、電影院、KTV、公園和遊樂場所。在娛樂和休閒行業工作的人，以及從事藝術、體育、賭博和其他投機性活動（如股票交易和購買彩票）的人。

在世俗問題中，第五宮代表被攻擊的城市的物資、外交官和大使、所有娛樂場所、教育系統、整體出生率、與孩子相關的社會問題以及人們對性的觀念。

第五宮，已經深入地底世界，很多人會問，從第五宮與上升點形成和諧相位所以是一個喜悅的相位，透過太陽的守護它象徵了多產與富饒，以及那些讓人愉快、愉悅、放鬆、開心的事，但它與埃及希臘時期的宇宙觀有何關聯呢？對此，我們可以參考曼尼里馬斯在《天文學》（Astronomica）中對第五宮的描述。這是一部拉丁語的教學詩：

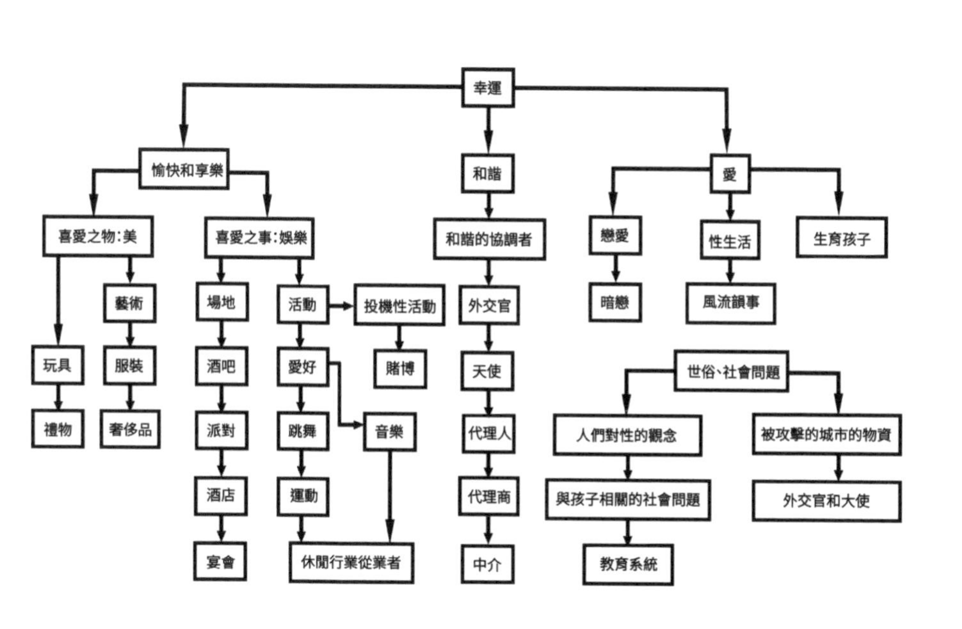

圖 40 五宮的涵義演進

被拋落到地底的深處，觸及深淵世界的頂點，
它在對面的一方閃耀，穿越了勞累的戰鬥，
再次被命運投入新的工作，即將承受命運的重擔，
還未感受世界的負擔，已在期待新的榮耀。
口中傳說著神聖的羅馬之海沿岸，
在睿智的心中，隱藏著這個地方的神祕和權力，未來將召喚你以達到偉大的目的。
在這裡，通常是我們生活的重要時刻，
與疾病的戰爭在暗處交戰，
雙重的力量在不確定中搖擺，命運和神靈在這改變他們的歸宿。

huic in perversum similis deiecta sub orbe
imaque summersi contingens culmina mundi,
adversa quae parte nitet, defesssa peracta
militia rursusque novo devota labori
cardinis et subitura iugum sortemque potentem

nondum sentit onus mundi, iam sperat honorem.
Daemonien memorant Grai, Romana per ora
quaeritur inversus titulus. sub corde sagaci
conde locum numenque loci nomenque potentis,
quae tibi posterius magnos revocentur ad usus.
hic momenta manent nostrae plerumque salutis
bellaque morborum caecis pugnantia telis,
viribus ambiguam geminis casusque deique
nunc huc illuc sortem mutantis utraque.

這首詩大約在西元三〇—四〇年間寫成，充分反映了斯多葛學派[37]的思想以及決定論[38]的宇宙觀。曼尼里烏斯描繪了五宮的情景：

靈魂被拋入地底世界，彷彿即將抵達深淵的最深處。在這裡，即便與天堂相對，亦不失其光芒的燦爛。這是一個經歷了一輩子的戰鬥後，即使疲態透露，仍能發出微弱光芒的地方。這個地方等待著接下新的重擔和責任，即使還未真正開始新的使命，就已經展現出對新任務的期待。「Daemonien」這個詞，指的是賦予生命命運的善靈，這是希臘獨有的概念，同時也感慨羅馬語中並無直接相等的詞彙可以對應。

在每個人睿智的內心深處，都隱藏著對這個神祕地方的理解和感知，這個地方充滿了未知的力量。這些深層的認知和理解，將在未來的某個時刻引領我們找到生命的重要用途。在這個地方，通常是我們生命中的重要轉折點，就如同一場在暗處進行的疾病之戰，我們在這裡面臨挑戰，體驗生命的起伏和轉變。在這裡，「運」（Tyche）與「靈」（Daimon）的雙重力量在不確定性中搖擺，有時會給我們帶來困擾，有時又會帶領我們找到新的可能。這些力量不斷改變它們的歸宿，也在改變我們的生命軌跡。指的就是第五宮的「幸運」和第六宮的

「厄運」，以及第十一宮的「善靈」與第十二宮的「惡靈」。

以第五宮詩作為本章的結尾，也是給占星和地占的宿命論做個總結—每一個靈魂都有其獨特的命運軌跡。我們的任務是找回並認識這條屬於自己的軌跡，並與其建立深度溝通。我們的意志和渴望從此開始得到顯化，它們成為引領我們前進的力量，使我們明白，命運並非既定無法改變，而是可以被我們的虔誠、行動及選擇所改變。這不僅是認識自身命運，更是對生命意義的追尋，讓我們在面對命運的同時，也找到了自己存在的價值。

當有人問你占星和地占是不是絕對的宿命論時，相信現在的你已經有了答案。

---

37 斯多葛派（Stoicism）：一個古典希臘和羅馬哲學流派，強調自我控制、理性和美德是通往真正快樂的途徑。它教導人唯一能完全控制的，只有自己的行為以及對萬事萬物的回應。外在環境，如財富和健康，不應是快樂的基礎，應將道德與智慧當成生活的最終目標。

38 決定論（Determinism）：決定論是一種哲學觀點，它主張所有事件，包括人類行為，都是非個人意願的外部因素預先決定的。在決定論的框架下，自由意志如同幻覺，每個行為都應想成前件與自然法則的運作結果。

入宮法

之前我們已經討論過如何排出一張盾盤的盤，而宮位盤是根據盾盤排出的，可見盾盤是多麼重要。至於如何將盾盤中的卦排列放進宮位盤，我們稱這類方法叫「入宮法」，就像占星也有許多種分宮制一樣，其實眾多的入宮法並沒有對錯，至於使用哪種方式應該按照自己的習慣選擇。

一、傳統入宮法

傳統入宮法是最簡單的入宮法，從盾盤中按一到十二卦的順序依次入宮圖41。大部分地占師都是用這種方法，這種

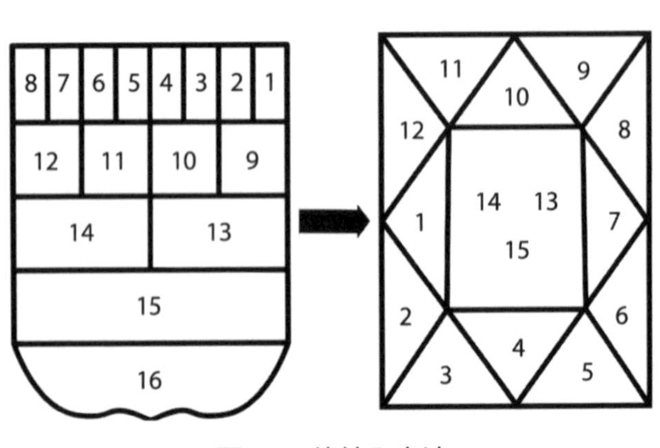

圖 41　傳統入宮法

方法也便於將盾盤和宮位盤互相轉換，可以獲得很多訊息。

二、黃金黎明入宮法

第二種是黃金黎明所創的入宮法，不少人因黃金黎明的名聲遠播而使用。首先將宮位盤分成角宮（一、四、七、十宮）、續宮（二、五、八、十一宮）、果宮（三、六、九、十二宮）。由於在現代占星中，每一個宮位都對應上星座（然而古典占星完全不這麼認為），第十宮就是摩羯座，摩羯座是土象而且又是角宮，所以很「呼應」地占的能量，於是黃金黎明將盾盤中第一卦入第十宮——雖然這個原因沒有紮實依據。然後按逆時針填入傳統入宮盾盤（圖42）：第二卦入第一宮，第三卦入四宮，第四卦入七宮。接下來四個女卦從十一宮開始入續宮逆時針填入，第五卦入十一宮，第六卦入二宮，第七卦入五宮。第八卦入第八宮。四個侄卦從十二

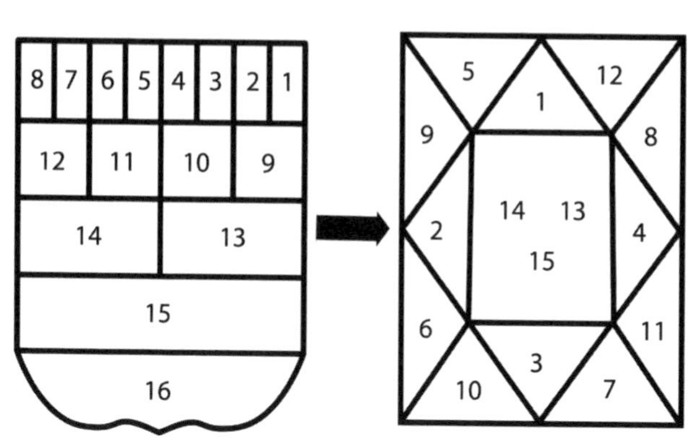

圖 42　黃金黎明入宮法

宮開始入果宮逆時針填入，第九卦入十二宮，第十卦入三宮，第十一卦入六宮，第十二卦入九宮。

三、祕傳入宮法①

祕傳入宮法是從黃金黎明入宮法中變型出來的，被用在除了黃金黎明以外的其他現代神祕學團體。和黃金黎明入宮法一樣分成角、續、果宮入宮，也許其他祕社也認為黃金黎明從十宮入宮的理由非常荒謬，改回從一宮開始逆時針填入。

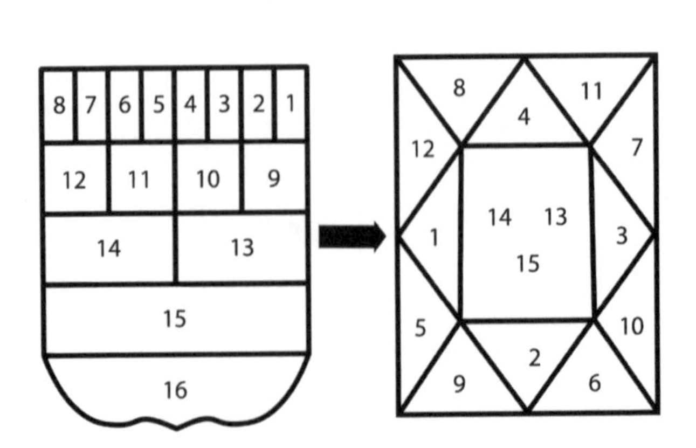

圖 43　祕傳入宮法①

四、祕傳入宮法②

還有另一種祕傳入宮法，是將母卦、女卦、侄卦分別對應四組角、續、果宮，但是以逆時針、順時針、順時針的順序排列。

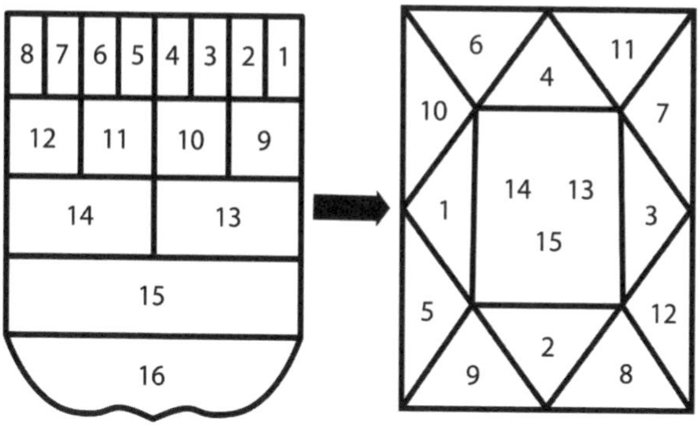

8 7 6 5 4 3 2 1
12 11 10 9
14 13
15
16

6 4 11
10 7
1 14 13 15 3
5 12
9 2 8

圖 44　祕傳入宮法②

五、阿格里帕入宮法

以上在《神祕哲學三書》（*The Three book of Occult Philosophy*）中出現的入宮法，實際上都是來自阿格里帕入宮法的變型。然而由於阿格里帕入宮法並沒有明文記載過，因此幾乎很少書會提及到阿格里帕的入宮法。阿格里帕的入宮法尤其複雜，現在對其的描述僅是依靠在他的《神祕哲學三書》畫的兩張草圖推演，通過排列組合來找出規律。

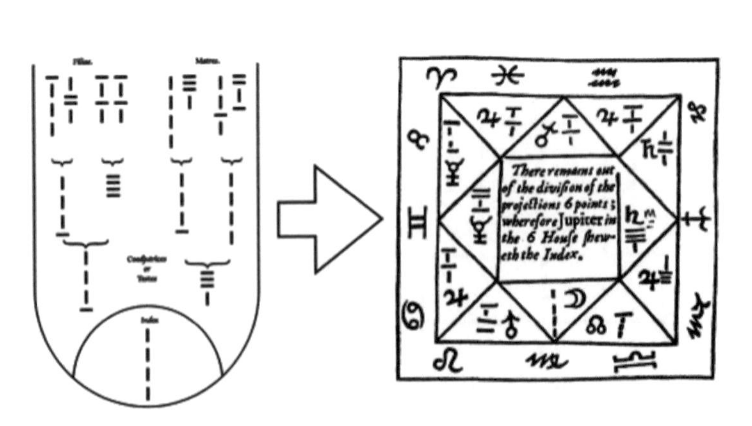

圖 45　阿格里帕書中的草圖

草圖中十宮的卦象是否為阿格里帕故意寫錯或者筆誤，將「男子」寫成了「獲得」，這一點我們並不清楚。在阿格里帕入宮法中，首先將四個母卦順時針填入四個角宮，接著將四個女卦從第二宮開始順時針填入四個續宮，最後四個果宮的公式如下：第九宮＝第一卦＋第八卦、第六宮＝第二卦＋第五卦、第三宮＝第三卦＋第六卦、第十二宮＝第四卦＋第七卦，如圖46所示。

阿格里帕入宮法還加入了行星和星座元素。首先，根據行星對應表把卦對應的行星找出，並寫入該宮位內，再根據星座對應表找出一宮內卦象所對應的星座，並將其寫在外圈一宮對應的位置，其後按黃道順序逆時針把剩餘的星座次序填入。

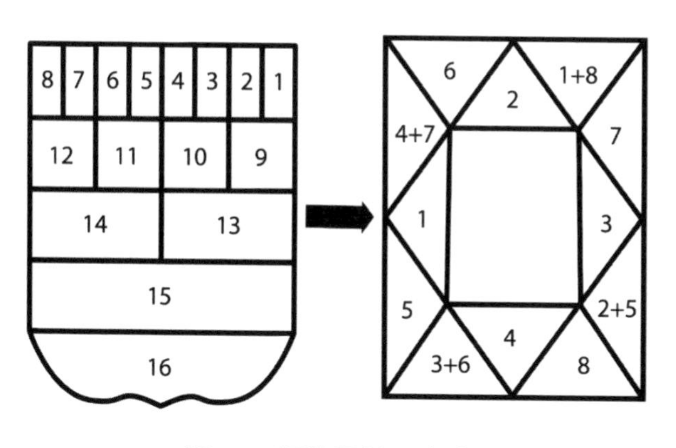

圖 46　阿格里帕入宮法

性質	行星	星座	卦象
阿格里帕星座和對應	太陽	獅子	大吉
			小吉
	月亮	巨蟹	道路
			群眾
	火星	牡羊	男子
		天蠍	紅色
	水星	雙子	白色
		處女	結合
	木星	雙魚	獲得
		射手	快樂
	金星	金牛	女子
		天秤	失去
	土星	摩羯	限制
		水瓶	悲傷
	北交	摩羯	龍首
	南交	天蠍	龍尾

如圖47的案例中，一宮為群眾，查表得出群眾對應月亮，將月亮符號寫入一宮，再查星座對應表得知群眾對應巨蟹座，所以將巨蟹座寫在一宮所對應的外圈上，那麼按照星座順序逆時針排盤：二宮獅子座，三宮處女座，四宮天秤座，五宮天蠍座，六宮射手座，七宮摩羯座，八宮水瓶座，九宮雙魚座，十宮牡羊座，十一宮金牛座，十二宮雙子座。依次類推，得出全盤。

行星地占盤在占星與地占之間搭建了一座更為緊密的橋梁，讓人們更好地理解地占這門技藝。然而，從地占的角度看，這樣的盤已經失去了地占的價值，甚至無需再使用地占的技法。同時，阿格里帕的行星地占盤與真實的星盤在結構上有著顯著的不同，例如，一個宮位只能有一個行星，而多個宮位可能對應同一個行星，這使得整個系統顯得不倫不類，但是相對於占星骰子，能一口氣得出十二組宮位—星座—行星的組合，還是很好用。但在這種改變下，占星中的相位和技法也要放進去就顯得有些牽強。

俗話說，「強摘的瓜不甜」，我一直堅信，創造一種新的工具新的觀點，並不是「縫合」兩種工具，這並不能帶來正面的效果，可大多聲稱自己有一套多麼強大的全新體系無非都是在縫合過往的系統。反之，我至今沒有看到過一個成功的「縫合」案例，

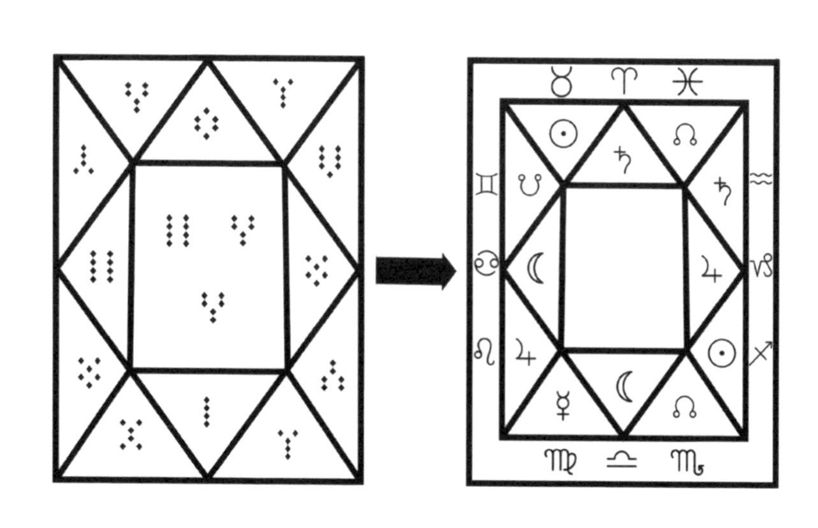

圖 47 阿格里帕星座和對應

為什麼需要縫合？往往是因為對兩種工具都水準不夠，如果有達到水準，根本就不需要考慮縫合。當然，也有人試圖解決阿格里帕入宮不像真實星盤的問題，例如，傑拉德入宮法，創造了一種隨機起星盤的系統，每個行星都是獨一無二的，同一宮位內也可以有多顆行星，與真實星盤無疑。但在解讀時，這個系統與地占沒有任何關係，只使用了占星的技術，所以這裡就不詳述。

然而，有趣之處在於，如果任意隨機生成的星盤都可以被使用，那麼我們卜卦占星和本命盤，乃至整個占星的原理就會被徹底顛覆。一般來說，占星的原理可以歸納為：星體存在某種能量，可能是引力、量子糾纏，或者「如其在上，如其在下」（As Above so Below）等。然而，一旦它與實際星體的關聯可以被忽略，這些規則就會被徹底顛覆。實際上，這些論點本身就存在邏輯問題。

多數人向公眾解釋原理時，都會使用以下三段式「原理」：

1. 星球很大，而我們人類只是渺小的存在。星體與星體之間的引力影響是必然的，因此有了占星，占星就是研究星體之間的引力或能量影響。

2. 然後他們會繼續解釋，比如，月亮會影響潮汐的漲退，人體主要由水分構成，所以月亮就會影響人的情緒。因此，占星是科學的。

3. 量子力學已經證明，幾萬光年外的量子運動會影響這裡的量子，形成量子糾纏。我們也受到天空中眾多星體的量子影響。

然而，這些解釋中沒有一條是邏輯嚴密的。首先，如果你認為占星是科學，那麼影響人情緒的最主要的星體其實是太陽，而不是月亮，因為陽光還能影響多巴胺的分泌，所以「人的情緒如同月亮一般有陰晴圓缺」只是具有象徵意義。這裡的邏輯問題在於「邏輯沒有與象徵主義畫分」，這是十分危險的，這是偽科學，許多中老年人就是這樣被影響。

那些用量子力學來解釋原理的人，基本上都是陷入了七〇、八〇年代量子物理哲學化的陷阱，同樣存在邏輯錯誤。量子力學是一門物理理論，描述的是微觀粒子的行為和相互作用。其中，量子糾纏是一個非常特別的現象，即一對或多個量子粒子的量子態，即使它們相隔很遠，還是可以即時相互影響。它不會影響到「事件」的變動。人的行為、選擇、運勢等，都不是物理現象，而是生活在複雜社會和生物系統中的人的複雜現象。我們不能簡單地將量子力學等應用於這些複雜現象上。簡單地說，比如你動一下，所以它就動一下，這可以勉強稱之為量子糾纏。但是我發財你發財，你戀愛我戀愛，星體運行與股票漲跌，這並不能說是一種量子糾纏現象，它們不是物理性質層面，裡面是錯綜複雜的社會因素。量子物理只是一種象徵類比，比如赫密士主義中的「如其在上，如其在下」，通常被解釋為宏觀世界和微觀世界之間的某種對應關係或相似性。但這是一種哲學或象徵性的觀點，不是科學原理。我們不能簡單地將它和量子物理相提並論，或者試圖用量子物理來「證明」它。

然而，當代的大師把它當成一種原理來告訴觀眾，這是非常令人驚訝的。當然，我們還是能從量子力學或神祕學中獲得靈感或洞見。只是我們需要清楚地區分科學和非科學、物理和非物理、象徵和現實，保持批判性並擁有開放性的思維。

最後，我們再回看第一條原理的闡述，如果你要繼續推翻這個原理，可能會導致你所建立的天象觀念完全瓦解。這就是我在〈歷史篇〉中提到的——赫勒敦對占星的解放。許多人在解釋神祕學的時候會過分使用「能量」來解釋，第一條原理說的「星體與星體之間的引力或稱為某種『能量』，影響到人是必然的事情」，那就必須建立在「占星必須依賴真實天象」的論調上才可能實現，只有星體在那裡，能量在那裡，才會有影響。但事實往往不是如此，比如水星逆行，從地球上看水星看似逆行，只是因為地球和水星之間的相對運動。真實的天體一直都是順行運動，並沒有倒著走。天文和占星自古是兩種學科，之所以是兩種學科，就是因為它們的理解和解釋世界的方式是不同的，作用不同底層邏輯也不同。完全不依賴於實際天象的預測系統頗為常見，例如緬甸占星（MaHaBote）就是一種，它無法依賴星體能量作為理論基礎。那麼，這一切的背後原理又是什麼呢？這值得我們深思。

隨著人工智能時代的到來，我們有了更多的條件去探討一些深層次的問題，如「賽博占卜」。是時候拋開長期以來被過度商業化的神祕學，認真思考是否已經到了需要淘汰那些過時的原理之時。否則，我們將陷入一種停滯不前的境地，留給下一代人的是什麼？僅僅是在市場上那些縫合拼接的產品，淪為下一代人的笑話。

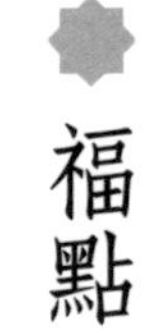

福點

歐洲地占中有兩個比較重要的點——福點和精神點。它們原本都是阿拉伯占星學中的「阿拉伯點」（Arabic Parts 或 Lots），這種方式早在希臘和阿拉伯的古代占星學中就有應用，其基本原理是用三個天體或四個角度之間的距離來創建一個新的虛擬點，並賦予其特定的象徵意義。這種方法在現代占星學中並不總是被使用，但在某些流派，特別是古典占星學中，這種方法仍被廣泛使用。必須注意不要僅僅依賴這些點來做出結論，因為它們只是整個盤中的一部分，還是需要整體分析。

福點（Part of Fortune）是阿拉伯占星中的一個重要元素。福點所落的宮位代表好運、取得幸福、成功和財富的指標。因此，福點的位置被認為可以幫助人們更好地理解一個人在生活中可能遇到的機會與挑戰，以及如何利用這些機會和應對這些挑戰。

舉例來說，如果你想知道財富的來源，那麼福點所在的宮位就能代表獲取財富的主要途徑、關鍵因素以及可能的來源。在沒有軟體計算的年代，計算占星術中的福點和精神點的方法極為繁瑣，具體來說，福點的度數等於月亮的度數減去太陽的度數，再加上上升星座的度數。而透過地占術來確定福點的方式則相對簡單。步驟如下：

1. 把盾盤的前十二個卦全部點數相加；
2. 把總和數除以12；
3. 餘數為福點所落宮位。當恰好整數，則將餘數視為12，福點落在十二宮。

如圖48所示，盾盤前十二個卦總和74點，除以12得6，餘數為2，意為二宮的方向是事主來財之處。

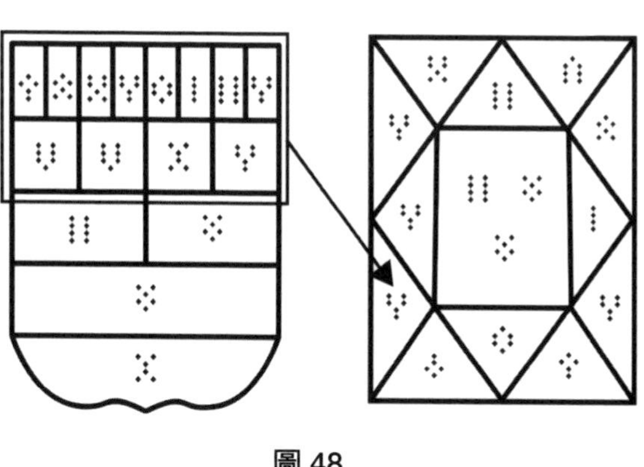

圖 48

福點坐落宮位的對應表

福點落一宮	透過自己努力獲得財富，以自己與眾不同的人格征服他人，最終獲得成功。
福點落二宮	透過活用一個人的資源財產來獲得財富，也會因賺錢的過程感到快樂。
福點落三宮	透過親戚和周圍環境的幫助獲得財富，寫作、演說是關鍵財路，短期旅行也容易找到機會。
福點落四宮	適合從事建築行業、房產或土地相關行業，如農業來獲得財富。
福點落五宮	適合從事娛樂業、人文藝術、音樂及創造等領域。
福點落六宮	財路來自服務行業、醫療業等，開寵物店賣狗糧也是不錯的選擇。
福點落七宮	容易透過合作關係、官司、另一半來獲得財富。
福點落八宮	結婚會帶來財富，容易繼承遺產或他人財產，偏財運好。
福點落九宮	適合從事旅遊業、高等教育、進出口業或出版媒體來獲得財富，或者和有錢的外國人結婚。
福點落十宮	福點落在十宮的人有組織能力、領導能力，透過名聲、地位也容易獲得財富。
福點落十一宮	容易獲得朋友的幫助、受眾人的支持；適合從事政治；追逐自己的夢想也會是關鍵的財路。
福點落十二宮	從事神祕或不為人所知的行業極其容易獲得財富，循環回收的行業是不錯的選擇。

精神點（Index／Part of Spirit）

精神點是第二個重要的位置，精神點主要用在事業問題和靈性方面較多。在占星中精神點的計算也相當繁瑣，要區分日生盤和夜生盤再決定計算公式，日生盤的精神點＝上升＋太陽－月亮；夜生盤的精神點＝上升＋月亮－太陽，在地占中得以簡化，同樣只需要數點數就可以找到所在位置。

步驟如下：

1. 把盾盤的前十二個卦的陽爻數相加；
2. 把總和數除以12；
3. 餘數為精神點所落宮位。當恰好整數時，則將餘數視

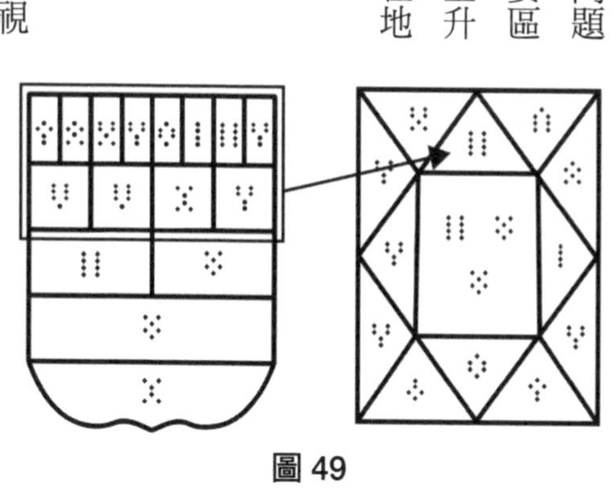

圖 49

為12，精神點落在十二宮。

如圖49所示，此盾盤前十二個卦總和22點，除以12得1，餘數為10，精神點落在十宮。

精神點還有另一個稱呼——Index。這是發生在阿格里帕《神祕哲學》裡，在其系統中刪除了十三、十四、十五、十六卦作為整張盤的主幹，僅使用十二個宮位，那麼整張盤最重要的位置，則使用Index所在的宮位上的卦象來指定。現代學者重新整理阿格里帕的作品時，發現五百年前，在他交給出版社的手稿裡這個字可能不是Index，由於I和J、u和n的手寫體經常會互相混淆，所以這個字可能是拉丁語「Judex」，即英語中的「Judge」（法官）的意思。不過Index也有可能，因為Index也有指標和引導的涵義，替代了整張盤的主幹。

技法溯源

回到阿拉伯地占，福點和精神點這兩種名稱其實沒有出現在原始的阿拉伯地占中。實際上，這些概念已經存在於希臘和阿拉伯占星術中，不需要在本土系統中重複。然而，在確定宮位內的卦象時，數點數以確認的技法十分常見。這種技巧被稱為「走盾」（المشي على

لخط）。通常是計算整個盤中某些卦象的點數總和，求和的公式通常使用Bazdah、Abdah、Abjad三種運算，取陽爻點數，或取所有點數，常見的是除以12或16，有時也會除以7，然後根據餘數確定所在的宮位，宮內的卦象即為答案。簡單來說這種方法類似於我們玩「點兵點將」的方法，選擇一個數字，不斷重覆循環，點到誰就是誰。只是歐洲為了讓地占更接近於星盤，不斷吸取阿拉伯的技法，並創造了一些能夠最大程度地還原星盤結構的技巧。

比如，古時候有一種看寶藏埋藏深度的公式，首先起卦：

取水宮總陽爻數×第四宮的abdah數（1-2-4-8）÷16，走盾取卦。

此卦以abdah數（1-2-4-8）取數，為深的數值。

不僅如此，還能計算一個物體的高度、寬度和長度，我曾是不信的，直到我用來幫小朋友做數學題之後才不得不感嘆其精妙（參見第13頁）。這些都是非常深的技法，只能在課程中詳細說明。

精準相位／成功（Perfection）

精準相位／成功（Perfection）的概念原本來自於占星中重要和基本的技法，你可以在任何一本卜卦占星書中找到精準相位的運用。精準相位是指行星或其他天體之間形成的確切角度關係。這些相位可以是合相（Conjunction）、對衝（Opposition）、三分相（Trine）等等。精準相位表示這些角度關係達到了最精確的狀態，其影響力可能更加顯著或突出。舉例來說，當兩顆行星在相同的星座中形成合相時，它們的能量將合而為一，可能會增強彼此的特質和能力。而當兩顆行星處於相反的星座並形成對衝時，就會產生對立和張力的狀態。

然而，地占術卻是十六個卦靜態地進入到十二宮內，且每一個宮位內只能出現一個卦，而每個卦可能會出現在多個宮位內，因此地占直接套用占星的技法是不可行的，所以地占與占星的精準相位沒有多大聯繫，但它們都代表一種顯著和突出的影響力。

指示卦：事主與對象

「精準相位」是只在宮位盤中使用的技法，並不會在盾盤中應用。這個技法幫助我們解決最常見的問題——事件是否會發生或成功，例如是否能夠成功考上某大學、是否能和他在一起、是否能獲得這份職位、疾病是否能夠好轉等問題，精準相位是在歐洲地占中最為重要的技法，但切記不能濫用，許多地占師連同一些作者將精準相位視為解決一切問題的技法，是不可取的。

當一個卦在描述人物、事件、目標本體的狀態時，精準相位就是在描述它與外部其他事物之間的關係和相互影響；當一件事物在問題中擔任一個主要角色時，那個位置上的卦被稱為「指示卦」（Significator），通常以宮位來界定位置，相當於塔羅中的「指示牌」或者占星中的「象徵星」，它們英文也都叫「Significator」。

指示卦分為兩種：一種叫做「事主」（Querent），另一種為「對象」（Quesited）。「事主」指的是問題中最核心的人，即「主語」——誰在提問或是代表某人的提問，也就是問題中的主語。通常事主會被設定在一宮，除非是為第三方提問，例如你是為弟弟求問的，那麼這時三宮可以作為「事主」指示卦，當然你也可以將「我的弟弟」直接設定在一宮。當一個事主在詢問某些主題時，例如婚姻、工作、健康、債務等問題時，我們就會去看對應的宮位，比如疾病問題我們會看六宮，工作可能會觀察六宮，婚姻會觀察七宮。這時，這些宮就是「對象」，相當於該事件中的「賓語」。我們來看幾個案例：

問題一：A和B能否結婚？

「A」就是事主，設定在一宮；「B」就是對象，設定在七宮，然後觀察兩個宮位的精準相位，和其中的卦象。

問題二：這次假期，我能夠順利出發嗎？

事主就是「我」設定在一宮，對象就是「出門」，然後觀察兩個宮位的精準相位，和其中的卦象。

問題三：我的媽媽和爸爸是否會一起出去旅行？

這時候，事主就變成了「媽媽」，賓語就是「爸爸」，雖然問題與旅行有關，但在精準相位的判斷中強調的是「是否會一起」旅行，所以重點放在了兩人之間。傳統上，我們會把媽媽設定在十宮，而爸爸設定在四宮，當如果問題中不牽涉到「我」，則可以直接將其設定在一宮和七宮，然後觀察兩個宮位的精準相位和其中的卦象。

因此，解讀盤是很個人的事情，因為在起卦之前，我們就必須先設定好每個人物角色該用幾宮來對應，如果你有一張盤不知道如何解讀，而直接推過來讓筆者解，除非提供你起盤的設定是什麼，否則無法解盤。

另外，地占與占星和塔羅等工具不同，占星中每一顆行星都是唯一的，在一副牌中每張牌只有一張，不會重複出現。但地占裡同一個卦是可能出現在多個宮位的，如果指示卦在本身的位置外，還出現在其他的宮位，此時我們稱為「飛入」（pass），代表宮位之間有強烈的關係。如果一宮為「群眾」，而「群眾」同時又出現在十宮，此時我們可以說「一飛十」。

例如：未來我會嫁給怎麼樣的人？

在這個事件中，一宮為事主指示卦，七宮為對象指示卦，當一宮的指示卦飛入六宮時（即一宮和六宮有相同的卦），這時候就代表兩者有了直接的關係，我們就可以說「兩者有精準相位」。

地占中共有四種精準相位關係類型——佔有、聯合、突變和傳遞，以下逐一闡述。為方便理解，以下案例中統一用A代表事主，以一宮為例；B代表對象，以七宮為例，但要記得在實際案例中，指示卦不一定是一宮和七宮的。

一、佔有（Occupation）

指事主指示卦與對象指示卦相同，這是最強的精準相位關係，表示雙方達成完整的協定，雙方關係融洽，事主和對象之間無論任何方面都沒有分歧，代表關係的成功。

如果一宮是「事主」，七宮是「對象」，一與七宮是相同卦象，這種就稱為佔有關係，是最強的精準相位，代表事件會成功，會發生，且兩者不會有分歧。同盤，如果問題換成是：我的兒子和他的女兒是否會相愛，「我的兒子」是五宮，「他的女兒」是十一宮，五宮與十一宮是相同的卦象，代表問題會發生，兩人將會相愛。

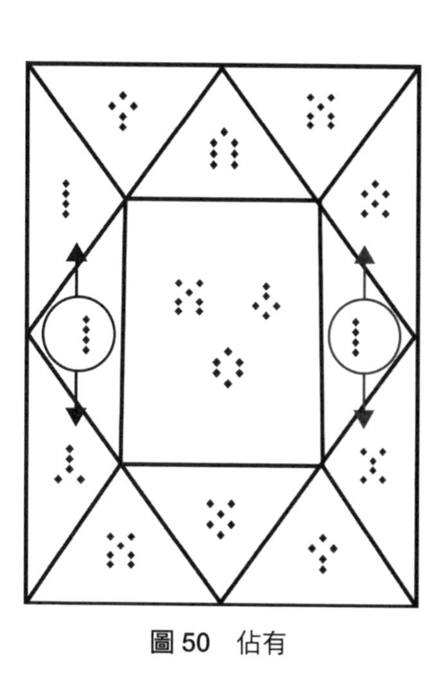

圖 50　佔有

二、聯合（Conjunction）

聯合雖然與占星中的合相同樣來自於英文「conjunction」，但兩者是完全不一樣的。占星中的「合相」是最強的相位關係，但在地占中的「聯合」是次強的精準相位關係，表示達成完整關係之前，一方付出將會比另一方要多。「聯合」的出現是當指示卦與另一指示卦相鄰兩邊的兩個宮位的卦相同（如七宮兩邊的卦就為六宮和八宮；一宮兩邊的卦就為十二宮和二宮）。該情況又會分為兩種：

1. 當事主A聯合對象B兩邊相鄰宮位的卦，即A的卦飛入到B兩邊任意一個宮位時，指事主將會在該事件中作為主導地位的人物，是工作量最大的人。

2. 當對象B聯合事主A兩邊相鄰宮位的卦，即B的卦飛入到A兩邊任意一個宮位時，指對象B將在該事件中占主導地位，或者工作量最大的位置。一般而言，當對象是事件時，指事主對於此事無需做太多工作，就可以獲得成功。

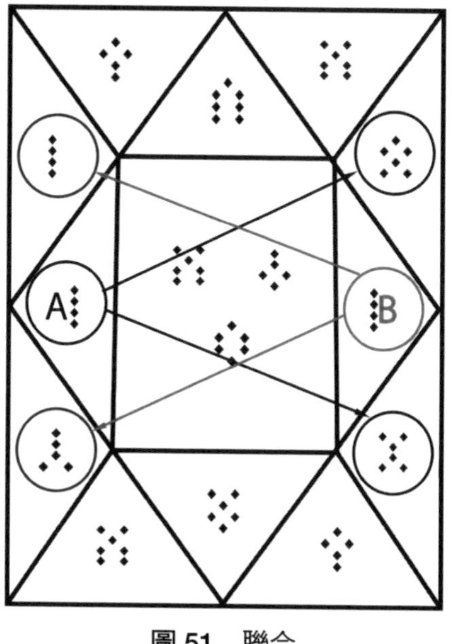

圖 51　聯合

如圖51，盤中若A飛入B兩邊任意一個宮位，或B飛入A兩邊任意一個宮位，聯合關係即成立。

1. 當A飛入B的前宮時：意味著A會在背地裡完成工作，A會運用B不熟悉的知識，或B對此並不知情。

2.當A飛入B的後宮時：意味著A會在檯面上完成工作，A會運用彼此都通曉的知識，或雙方對此有協議、認可。當B分別飛入A的前後宮，區別同上。

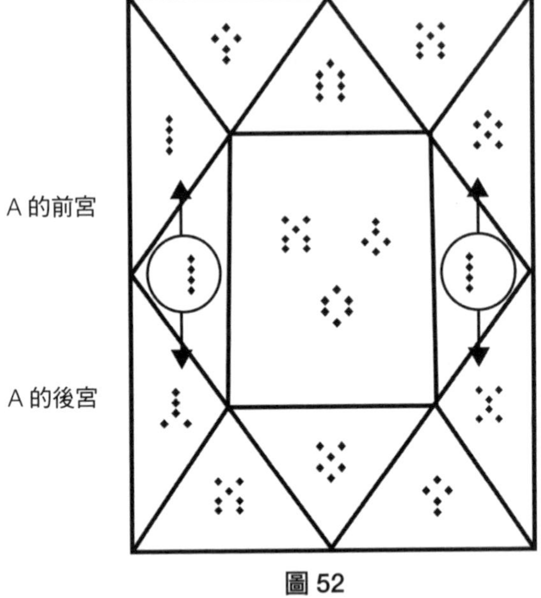

圖 52

三、突變（Mutation）

「突變」是指事主A與對象B在原本宮位以外的其他兩個相鄰宮位中出現，這象徵著兩者將由於一些意外的事件而解決問題，而非按照他們原本預期的方式進行。他們的問題不會以一般的情境下解決，而是會在意料之外的情況下得到解決。兩者出現的宮位（非原本的指示卦宮位）將為問題解決的地點和方式提供線索。例如，一宮和七宮為指示卦，且分別飛到了九宮和十宮，這就表示兩者在九、十宮位出現了突變。

實際上，突變還可能同時伴隨著聯合的情形。比如，一宮和七宮為指示卦，一宮飛到了六宮，屬於一宮與七宮的聯合，如果此時七宮又飛到了五宮，這時候我們仍可以認為一宮和七宮的指示卦在五宮和六宮形成了突變的關係。

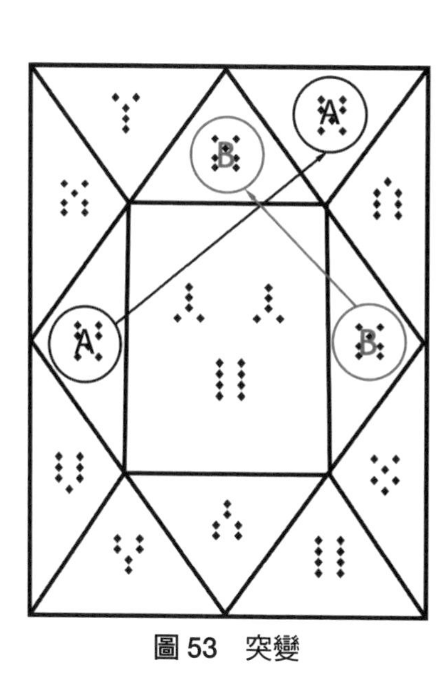

圖 53　突變

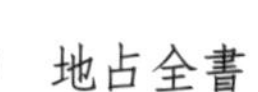

如圖53所示，A飛入九宮，B飛入十宮，A與B的飛宮相鄰，此時就稱為突變關係。

四、傳遞（Translation）

指「事主指示卦」與「對象指示卦」雙方左右兩側的卦相同。該情況下，事主和對象都不是事件的主導角色，將由第三方介入處理雙方關係，並成功解決問題，它在事件由事主或對象擔任主導者的情況發展雷同，只不過主導者換成了第三方，因此可說是一種聯合關係，以「聯合」的方式理解，將會形成四種情況：

1. 「事主的前宮」與「對象的前宮」互相傳遞：
   指「第三方」對事主和對象來說，都是在身後或不認識。
2. 「事主的前宮」與「對象的後宮」互相傳遞：
   指「第三方」與對象的關係較親近，對於事主來說是在身後或不認識。
3. 「事主的後宮」與「對象的前宮」互相傳遞：
   指「第三方」與事主的關係較親近，對於對象來說是在身後或不認識。

4.「事主的後宮」與「對象的後宮」互相傳遞：

指「第三方」對於雙方來說都很熟悉，且與雙方都有協議，允許完成或解決問題。

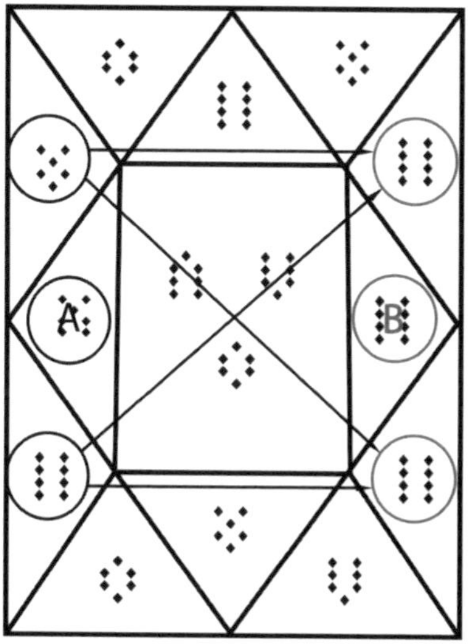

圖 54　傳遞

如圖54，A與B兩個宮位左右二側，有任意一組卦象相同，此時稱為傳遞關係。

宮位盤可能同時出現多種精準相位，若是出現這種情形，則意味著該事件完成的途徑很多，可以自己選擇。上述四種精準相位所傳達的答案很簡單，即為「是」、「可以」，沒有其他意思；當宮位盤沒有任何精準相位發生時，稱為Denial of Perfection，中文譯名為「無精準相位／失敗」，意為「不」、「不可以」。

以下以「A問會不會在明年嫁給B」為例。我們設定一宮為A，七宮為B：

①佔有

當第一宮和第七宮的卦相同時，為「佔有關係」。意味著雙方希望結婚且兩人最終也會結婚，沒有任何障礙。

②聯合

情境一：事主A的指示卦聯合對象B的指示卦的前宮（例如A飛六），暗示著A將是推進兩人結婚的主要角色，她會處理所有的社會關係、文書工作以及經濟狀況。在B求婚之前，她就會已經完成這一切，她的付出遠大於B。

情境二：事主A的指示卦聯合對象B的指示卦的後宮（例如A飛八），這象徵著A雖然希望嫁給B，但她幾乎無力處理所有事宜，需要借助B的幫助才能結婚。

情境三：對象B的指示卦聯合事主A的指示卦的前宮（例如B飛十二），這暗示著B將是推動兩人結婚的主要角色，他會在背後處理所有的社會關係、文書工作以及經濟狀況。在A答應結婚前，他就會完成這一切。他的付出遠超過A，此情境與情境一相似，只是角色互換。

情境四：對象B的指示卦聯合事主A的指示卦的後宮（例如B飛二），這象徵著B雖然想娶A，但他幾乎無法處理所有事情，需要借助A的幫助才能結婚。此情境與情境二相似，只是角色互換。

③突變

突變需要逐一分析。假設A飛十，B飛十一，這代表A和B原本並沒有結婚的打算，但因外在條件或偶發事件的影響，不得不選擇結婚。由於A飛入第十宮與社會地位有關，B飛入第十一宮則與社交有關，他們可能因為公眾壓力而選擇結婚。假設突變發生在三、四宮可能表示家庭壓力；五、六宮則可能因意外懷孕生子；八、九宮則可能因遺產問題；十一、十二宮則可能是為了隱藏一些祕密，例如為隱瞞自己的性取向找異性結婚。這些不正是如今所有被迫結婚的原因嗎？

「突變聯合」關係——一種特別的精準相位

假設一宮飛六宮聯合，七宮又飛五宮，那麼就會在五宮、六宮發生突變。該兩人結婚是同時由聯合和突變產生的，這象徵著事主A積極且祕密地推進兩人結婚，對象B則對此毫無察覺，直到無法逆轉的事情發生後，兩人被迫結婚。在這種案例中，A可真是狡猾且心機深沉啊！

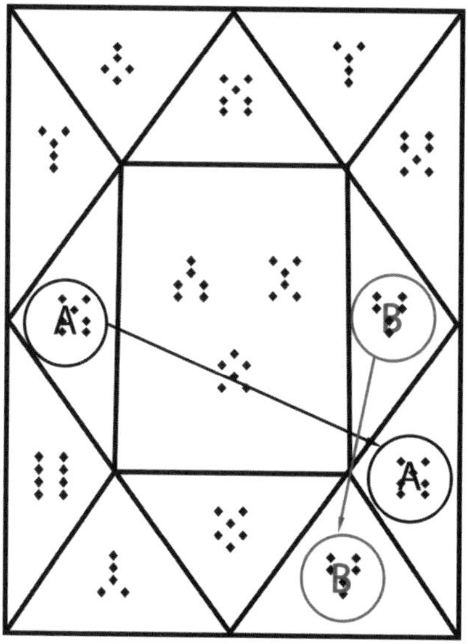

圖 55　突變聯合

④傳遞

情況一：當事主A的前宮與對象B的前宮互相傳遞（如十二飛六），這可能意味著有第三人（可能是他們的朋友）介入並最終成功地撮合了他們的婚姻。

情況二：當事主A的前宮與對象B的後宮互相傳遞（如十二飛八），這可能意味著有第三人（可能是B的朋友）介入並成功地撮合了他們的婚姻。

情況三：當事主A的後宮與對象B的前宮互相傳遞（如二飛六），這可能意味著有第三人（可能是A的朋友）介入並成功地撮合了他們的婚姻。

情況四：當事主A的後宮與對象B的後宮互相傳遞（如二飛八），這可能意味著有第三人（可能是他們共同的朋友）介入並成功地撮合了他們的婚姻。

⑤無精準相位／失敗

當沒有形成任何類型的關係時，事主A與對象B將無法結婚。

這裡需要強調的是，精準相位並不會直接反映事件的正面或負面影響，或者說是吉或凶。精準相位僅僅表示事情的發生或不發生。而判斷事情的吉凶還需要透過觀察各宮位的卦象。

只有當精準相位存在時，並且事主A和對象B的卦象都是吉卦，這個事件才對他們都有利。相反，如果事主A的卦象是吉卦，對象B的卦象是凶卦，那麼這個事件對事主A更有利。如果兩者都是凶卦，那麼這個事件對兩人都不利。如果沒有精準相位，則表示事件不會發生，無論卦象是吉是凶，都只能說對對應的事主或對象有利。

如果細心的讀者會發現，在精準相位的技法中，如果事主A與對象B為相鄰的宮位，那麼它們與不相鄰的宮位之間產生的精準相位的數量會有所不同。例如，假設事主A與對象B本身就是相鄰的，比如兩個指示卦落在一宮和二宮，那麼我們只能查看三宮或十二宮是否存在聯合，指示卦本體之間不能形成聯合關係。

如果精準相位發生在一宮和七宮之間，那麼：

佔有：1種可能

聯合：4種可能

突變：8種可能

轉化：4種可能

總共有17種可能。

但如果精準相位發生在一和二宮之間或其他相鄰的宮位之間，那麼：

佔有：1種可能
聯合：2種可能
突變：8種可能
轉化：1種可能
總共有12種可能。

宮位的改變直接減少了五種可能性，這概率還真的是相當大。那麼，這會影響結果嗎？從人類解讀卜卦機制的角度來看，當然會。少了五種可能性，比如你要探索你能否找回錢包這類問題，直接可能性就先得減少約29.4%的概率，這是相當大的影響。我過去常常提醒學生，盡可能避免使用相鄰宮位的相位，最好選擇一個非相鄰的宮位去查看，每個事件都可以有多個角度，可能屬於不同的宮位象徵範圍，例如，很多二宮的事物可以用五宮代替（如美麗的物品）。

但實際上，這是一個非常奧妙的問題：隨機概率的變化實際上並不會影響真相。這是一個很簡單的道理：你說如果塔羅牌占卜時不用逆位會不會導致錯誤的結果？當然不會，你不使用逆位也可以解讀問題。逆位的概率是1/(78x2)=1/156，只用正位的概率是1 / 78，但結果並不會改變。你說占星術的無限種組合，八字的518400種組合和地占的65536種組合哪個準確？其實都是準確的，我們不能按分母來判定一個工具的準確性。

相位（Aspects）

「相位」並非指「精準相位」，在占星中，吉相位（一百二十度和六十度）描述的是順利完成某事的機會，而凶相位（一百八十度和九十度）則描述在達成目標的過程中可能會遇到困難或反抗。雖然許多地占師會將相位的概念連同精準相位來判斷事件的成敗，但實際上這樣的做法並未遵循古文獻的原旨。所以，相位最多只是描述在達成某件事的過程中，遭遇的是順境還是逆境，而非決定事情成功與否。

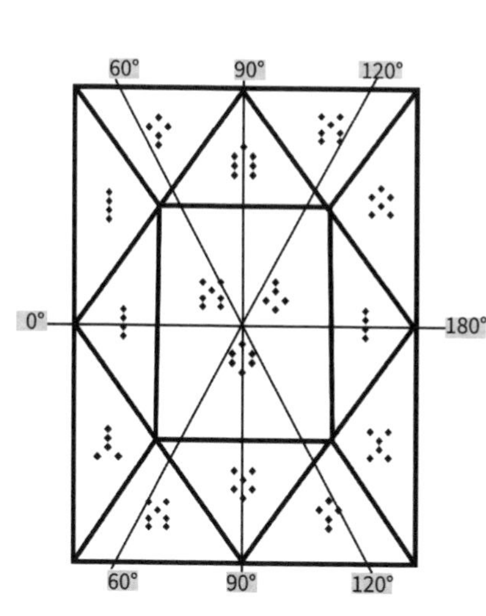

圖 56　相位

由於地占是一宮一卦的，所以我們不可能按占星那樣確定行星的位置來確定相位。所以在歐洲地占裡，人們會觀察指示卦與其飛宮之間是否成相位。以一宮作為事主指示卦為例，與一宮呈六十度的有三宮和十一宮；一百二十度的有五宮和九宮。一百二十度是較強的吉相位，六十度是較弱吉相位，三宮和五宮為左相位較弱；九宮十一宮為右相位較強。

如圖56，一宮飛入十二宮和七宮，一宮與十二宮之間不成相位（因為是三十度），一宮與七宮成相位，（因為一百八十度），所以在地占中認為：A擁有一百八十度相位。

約翰・邁克爾・格里爾（John Michael Greer）還將精準相位、相位、組合卦等概念，設計了計分制（非必要但可參考）：

精準相位（吉）

①佔有：+5
②聯合：+4
③突變：+4
④轉化：+4

⑤吉相位的右相位：+3；吉相位的左相位：+2

⑥組合卦出現的吉相位：+1

無精準相位（凶）

①無精準相位：-5

②凶相位的右相位：-4；凶相位的左相位：-3

③組合卦出現的凶相位：-2 或 -1

最終，將精準相位和非精準相位的得分相加，正負分數的結果決定了答案是肯定還是否定。這種方法主要是用於處理非常複雜的命盤。

然而，複雜的盤通常意味著有許多精準相位，無論如何，這些精準相位的分數總是會超過凶相位的分數的。因此，在我看來，這種方法一來顯得有些多餘，因為當盤面關係複雜時，答案基本上都會是肯定的。畢竟，越是關係複雜的盤面，越能清晰地顯示出來。無關係通常意味著否定的答案，因此，關係越複雜，結果應該越是明顯。

另一方面，精準相位、相位、卦象它們各司其職，用處並不相通。先前所說，精準相位是用於判斷事情是否會發生，而相位是用來判斷事件發生過程的凶吉，卦象是用來判斷事件發生結果的吉凶，怎麼能一起解讀呢？

第三點，如果一宮為吉卦，飛七宮，此時一宮與七宮呈一百八十度凶相位，而一宮又與七宮同時為精準相位。如果將精準相位與相位放在一個維度來論吉凶，則漏洞百出了。

因此完整的精準相位解讀步驟如下：

1. 看第一卦決定盤是否有效；
2. 十五卦（也要考慮十三和十四卦的補充說明），以確定事情的核心；
3. 精準相位（結合十五卦來判斷事情是否會發生）；
4. 相位（事件發生過程的凶吉）；
5. 卦（事件發生結果的凶吉）；
6. 十六卦（按地占盤的提示改變的結果）。

面對法官與精準相位出現矛盾時

在僅有兩個指示卦的問題中，我們需要結合法官和精準相位共同判斷一件事情是否會發生。當存在精準相位且第十五卦都為吉時，顯然會成功；反之，無精準相位且第十五卦為凶時，則明確指示了失敗或不會發生。然而，當無精準相位但第十五卦卻是吉的情況，或者存在精準相位但第十五卦為凶的情況呢？這種法官和精準相位矛盾的情形對初學者來說是難以判斷的。

例如，若要問一個人是否能找回失物，法官顯示失去，而宮位盤裡存在精準相位，這會使許多人感到困惑。如果你只看宮位盤，你可能會認為失物將會被找回。然而，失去是第十五卦，是最終答案，它告訴我們失物將無法找回。許多初學者可能會面臨這樣的困境：若第十五卦和精準相位給出完全相反的結果，他們不知道該如何解釋。然而，我們必須記住，法官是所有卦所組成的最終答案，揭示了所有事情的始末。所以結論是，雖然存在某些恢復的可能性，但失物並無法完全如失主所期望那樣找回。要釐清法官和宮位之間的矛盾，我們需要進一步探究細節，可能的結果包括：

1. 原來的物體雖然無法恢復，但可能會有替代品出現。
2. 物體可能會被找回，但卻受損至無價值的地步，不能再使用了。
3. 物體可能會被找回，但整體上卻是一種損失，可能是時間、金錢或其他資源的浪費。
4. 物體可能一直未曾離開，但已無法再使用。

在這些可能的結果中，最關鍵的一點是「失去」，代表失主絕對無法從中獲益。儘管某些方面可能有恢復的可能，但最終的結果是無法改變的。因此，我們必須始終記住，所有的一切都要首先參考第十五卦的位置，其餘的訊息都是用來提供事件的細節。精準相位的解讀雖然具有一定的難度，但它是地占術最常用的技術。

阿拉伯相位

阿拉伯的相位系統與歐洲是完全不同的。宮位與宮位之間的夾角有五種關係，也是看指示卦是否有飛宮：

相位		友	敵	刑
宮位	1	2	3/11	4/10
	2	3	4/12	5/11
	3	4	5/1	6/12
	4	5	6/2	7/1
	5	6	7/3	8/2
	6	7	8/4	9/3
	7	8	9/5	10/4
	8	9	10/6	11/5
	9	10	11/7	12/6
	10	11	12/8	1/7
	11	12	1/9	2/8
	12	1	2/10	3/9

合	衝	無相位
5/9	7	6/8/12
6/10	8	7/9/1
7/11	9	8/10/2
8/12	10	9/11/3
9/1	11	10/12/4
10/2	12	11/1/5
11/3	1	12/2/6
12/4	2	1/3/7
1/5	3	2/4/8
2/6	4	3/5/9
3/7	5	4/6/10
4/8	6	5/7/11

「友」（Familiarity）：在這種關係中的兩個宮之間既沒有友情也沒有敵意。它們有相似的特性或觀點，但沒有明顯的親近或衝突。

「敵」（Controversy）：表示這兩個宮之間存在某種程度的對立或衝突，可以被看作是一種半友情的關係。也就是說，它們之間的關係並不完全友好，但也並非徹底的敵意。

「刑」（Quadrature）：在這種關係中，存在一種半敵意的看法，某種衝突或對立。另一種解釋是它們之間的關係並不友好，但也並非完全的敵意。

「合」（Trinity）：表示三個宮之間存在完美的友誼，它們形成了一種緊密的關係或聯合。也就是說，它們之間的關係非常友好，互相之間存在緊密的聯繫。

「衝」（Competition）：這兩個宮之間存在競爭關係。它們在某些方面進行比較或競賽，形成了一種競爭性的關係。

有一些宮被稱為「無相位」（Discarded）。表示這些宮與其他宮之間沒有明顯的關係，或者它們的關係在某些情況下被忽視或排除。

宮位	1	2	3	4	5	6	7	8	9	10	11	12
1	—	—	敵	刑	合	—	衝	—	合	刑	敵	友
2	友	—	—	敵	刑	合	—	衝	—	合	刑	敵
3	敵	友	—	—	敵	刑	合	—	衝	—	合	刑
4	刑	敵	友	—	—	敵	刑	合	—	衝	—	合
5	合	刑	敵	友	—	—	敵	刑	合	—	衝	—
6	—	合	刑	敵	友	—	—	敵	刑	合	—	衝
7	衝	—	合	刑	敵	友	—	—	敵	刑	合	—
8	—	衝	—	合	刑	敵	友	—	—	敵	刑	合
9	合	—	衝	—	合	刑	敵	友	—	—	敵	刑

10	刑	合	一	衝	一	合	刑	敵	友	一	一	敵
11	敵	刑	合	一	衝	一	合	刑	敵	友	一	一
12	一	敵	刑	合	一	衝	一	合	刑	敵	友	一

相位的技法溯源

精準相位可以說是歐洲地占非常優秀的獨創技法，阿拉伯系統中沒有。取而代之，阿拉伯有一種更可靠，也是地占真正的相位系統，是古代歐洲地占師未曾發現的。如果古歐洲人能發現這種技法的話，就不會存在現在這種漏洞百出的歐洲相位設計了。

這是筆者在當代埃及地占大師——阿布・馬瑞亞姆（Abu Maryam）的《沙占的起源》（منبع-الصول-الرمل-للطوخي）中發現的阿拉伯相位系統，也是筆者與其弟子在交流中所得。眾所周知，相位是用於判斷兩方之間的關係，歐洲體系將相位的涵義強行放在一個獨立的個體上，這本身已經違背原初的設定。而阿拉伯的相位系統，是真正用於判斷相位的系統。

在阿拉伯系統中，相位分為「直接相位」和「非直接相位」。

直接相位

當一個指示卦的飛宮與另一個指示卦形成相位時，我們稱之為直接相位。這種關係是明顯的，是雙方都了解的。

如果圖57的問題是「我與孩子之間的關係如何」，我為一宮，孩子為五宮，五飛九宮，而一宮與九宮形成一百二十度關係。在占星中，一百二十度的相位，象徵著安逸、和諧、繁榮。因此我與孩子之間的關係顯然是和諧的。

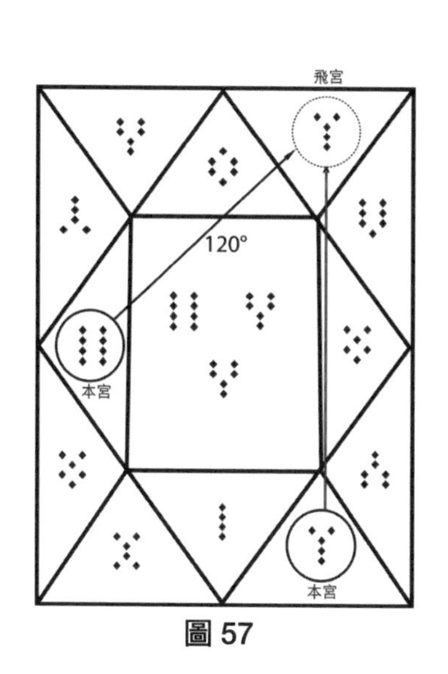

圖 57

非直接相位

兩個指示卦的飛宮之間形成相位，這種時候是非直接相位，指這段關係是隱性的，代表雙方不知道或不想被知道的關係，但要記住，非直接相位不能被定義為真正的凶吉。

如果圖58的問題是「我的妻子與我原生家庭的關係如何」，我為一宮，因此七宮為妻子，四宮為我的父母。首先看圈出兩個指示卦的飛宮，四飛三宮，而七飛九宮和十一宮。雙方都有飛宮，首先判定這是一種隱性關係，是雙方都不想被外人所知的關係。此時的三宮與九宮在占星的宮位盤中呈一百八十度，與十一宮呈一百二十度，一百八十度在占星中代表敵意、敵對及緊張，而一百二十度又代表和諧。意味著妻子與父母之間關係是複雜的，

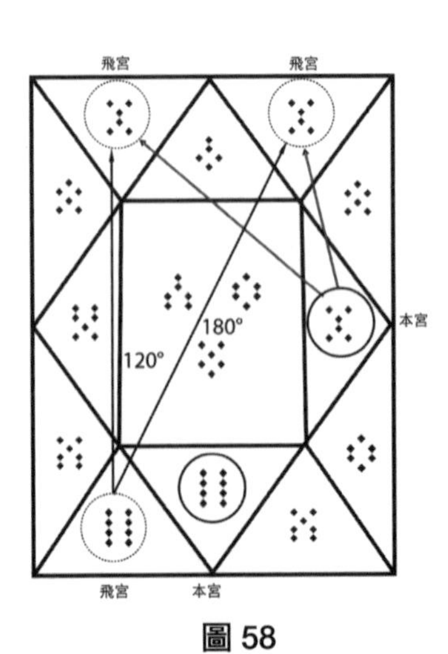

圖 58

時而和諧時而爭執，且他們的矛盾並不被外人所知。

當發生多個相位時，代表有多重關係；當有兩個以上的指示卦時，必須只能取兩者之間分析，不得三者同時解讀。相位指的是兩者之間關係狀態的描述，精準相位是指兩者是否會發生某事，兩者不能混用。

如果將正確的相位系統重新融合進歐洲地占，應該會是這樣：

有精準相位，沒有相位：事件會發生，除了雙方參與到這件事中之外，雙方都沒有採取任何其他行動、沒有對對方有任何意圖和想法，或者沒有其他因素進入到雙方關係中。

有精準相位，有相位，從對象本宮到事主飛宮：事件會發生，這種關係是對象主動發生的。

有精準相位，有相位，從事主本宮到對象飛宮：事件會發生，這種關係是事主主動發生的。

有精準相位，有相位，本宮之間直接有相位：事件會發生，這種關係是彼此之間共同建立的。

有精準相位，有相位，飛宮之間有相位：事件會發生，雙方並不知道彼此真正的想法和關係。

有精準相位，有相位，本宮之間有相位，飛宮之間有相位：事件會發生，雙方表面有某種關係，但背後雙方還有另一面關係，他們之間都不知道。

有精準相位，有吉相位：事件會發生，並且雙方關係良好。

有精準相位，有凶相位：事件會發生，但是雙方關係惡劣。

有精準相位，同時有凶吉相位：事件會發生，雙方關係複雜好壞參半。

沒有精準相位：即不會發生，其他相位參考上面。

沙盤

在實際的案例中，我們往往會看到在一張盤中可能出現多個指示卦。許多古籍都會寫如何論斷國家之間的戰爭結果，例如兩方國家爭奪第三方的城池。在現代社會中，我們也可能會使用這種方法來觀察更多層面的關係。以第一宮作為事主，第七宮作為競爭對手，爭奪總統的位置，此時就是根據主題來定義第三個指示卦的位置。簡單來說，要判定誰獲勝，就看A、B兩個人誰與C宮有精準相位。擁有精準相位的一方即為勝利者。如果雙方都有精準相位，那就看誰的精準相位更強。如果相位等級相同，那就透過比較卦象的吉凶來判定哪一方占據優勢。在地占中，當是大於兩個指示卦的盤時，不同主題會有特定約定俗成的設定，這種設定稱作「沙盤」。

例如A問：醫生B的治療措施是否有效？

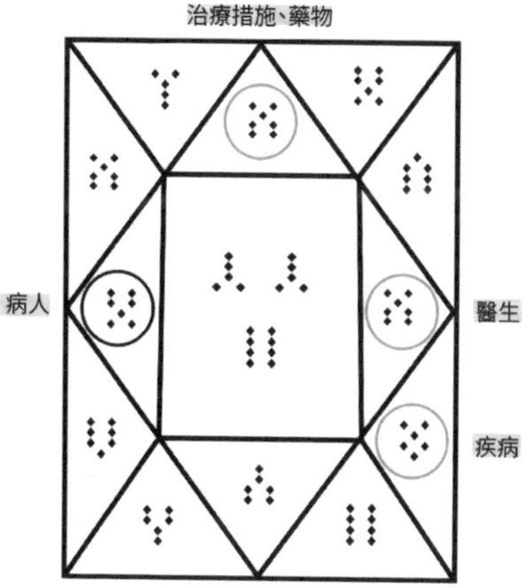

治療措施、藥物
病人
醫生
疾病

圖 59

透過病患A和醫師B之間的精確相位，我們可以判斷醫師是否有能力治療好病患。當出現傳遞關係時，這可能暗示著醫師的其他醫學人脈能對病患的病情起到幫助。同時，透過病患（一宮）和藥物或治療措施（十宮）之間的精確相位，我們可以了解藥物或治療措施對病患的有效性。如果一宮飛到十宮的兩側宮位（即出現聯合關係），那麼可能表示病患的自我康復力比藥物的效力更為關鍵；反之，如果十宮飛到一宮的兩側宮位，則可能表示病患必須依賴藥物才能得到痊癒。最後，我們可以根據第六宮的卦象來判斷疾病的走向，即病情是否會得到改善，還是會持續惡化。

然而，阿拉伯系統中，同一問題的沙盤設定是完全不同的。例如扎內提體系的疾病沙盤，一宮為病人，四宮為疾病，六宮為導致疾病的原因，七宮為藥物，九宮就為藥物的味道，十宮為醫生。阿拉伯系統的每一種沙盤都配有公式，如扎內提的疾病盤中：

1. 若一宮為吉卦，四宮和二宮的觀望卦是吉卦，則會好轉。
2. 若一宮飛三、六、九、十二宮，生病的時間會縮短。
3. 若吃藥想知道藥是好是壞，七宮為吉卦則好，凶卦則壞。五宮飛宮越多，代表凶吉程度。

4. 十宮為吉卦，醫生則好，凶卦則壞。
5. 六宮凶卦且是向外卦，又飛八宮，則壞。
6. 八宮的連接卦飛四個角宮，則生病時間將會很長。
7. 若六宮為「男子」飛八宮則很快會死亡。

可以感受到與歐洲地占完全不同的思路和風格，阿拉伯的醫療地占是一門非常龐大的系統，從穆斯林到印度地區都有在使用，是建立在傳統醫學「烏那尼」（Unani）[39]之上的醫療占卜術，烏那尼並非旁門醫學，是與「阿育吠陀醫學」（Ayurveda）和「悉達醫學」（Siddha）和中醫並列的世界四大傳統醫學系統。在穆斯林世界，阿拉伯醫療地占不僅可以用來預測疾病，判斷疾病，還能用於開藥和確定「祝由」儀式。

再舉個沙盤的例子：A國和B國爭奪C國城池，誰會先占領？

39 這是一種源自古希臘的傳統醫學體系，後來在穆斯林世界，特別是在南亞地區被廣泛傳播和發展。烏那尼醫學強調四種基本體液（血液、黏液、黃膽和黑膽）的平衡，認為體液的失衡會導致疾病。

此時，必然在盤中會出現三個位置：一宮為A國，七宮就為B國，而象徵著土地的四宮，則為他們所爭奪的C國城池。城池爭奪問題是比較古老的話題，可以透過A國和C國之間的精準相位，對比B國和C國的精準相位，以得知誰會先占領成功。當A、B雙方都沒有和C國有精準相位的時候，可以透過一宮、七宮和四宮的卦象來判斷。

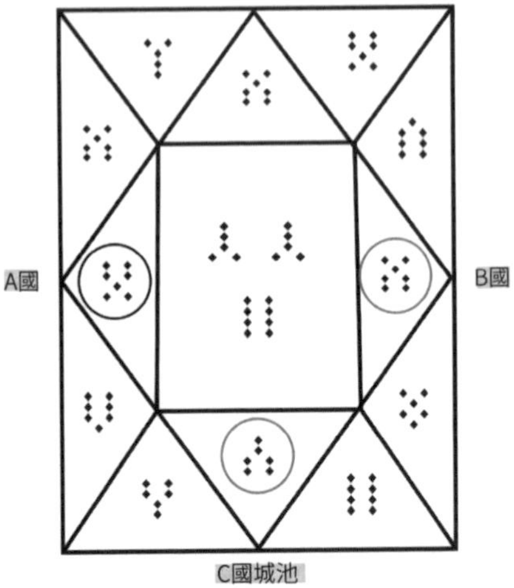

A國
B國
C國城池

圖 60

在阿拉伯系統中，戰爭問題在每本古籍中所佔篇幅都是特別大的，涉及到戰爭中每一個細節，包括陸戰中兩國城池會遇到的問題、海戰中船隻的狀況，也可以看到來自不同方位的戰船的立場與信仰。例如巴爾巴里的「船舶沙盤」，是阿拉伯世界極為重要的地占盤。

一、二和三宮內的凶吉卦決定船隻的航行速度；四宮為船長、船主；五宮為損壞的區域；六宮為船隻所做的貿易；七宮為船上的錢財；八宮為災難與奉獻；九宮為領航員；十宮為船品主；十一宮為船員；十二宮為海盜和船的敵人；十三、十四宮為盟友；十五宮為儲藏室的情況；十六宮為瞭望台。印度的「船舶沙盤」卻顯得比較簡略：一、二、三宮為船頭、十三、十二、八宮為船尾；十一宮為船員；九和十二宮為領航員。

在戰爭中「城池沙盤」自然也是極為重要，它可以無視距離觀察戰爭中城市內部的狀況。我研究時發現城池沙盤的設定是來自於古代的開羅城。因為在城門對應上，十三宮代表東邊的城門，十四宮代表西邊的城門，十五和十六代表北邊的城門，而完全沒有南邊的城門。這城門的獨特性，指向了舊開羅城。在城市沙盤中，一宮為城市內的市民；二宮為市場、交易所、銀行；三宮為魔法店、占卜店；四宮為市中心；五宮為服裝店；六宮為公廁、垃圾場與猶太人的住所（可見其宗族矛盾）；七宮為女裝店；八宮為墳墓和骯髒的地方；九宮為學校、清真寺和法庭；十宮為政府建築；十一宮為大臣的房子；十二宮為被破壞的地方與異教的寺廟。如果需要還原到通用的版本，則十三宮為東，十四宮為西，十五宮為北，十六宮為南城門。

沙盤是地占中十分有趣的課題，我所蒐集的沙盤至少有幾百種，你可以盡情地從這些沙盤設定獲取靈感，運用在塔羅牌陣的設計、占星宮位的設定，當然如前文所說也沒有必要縫合，地占已經夠強大了。

結語

在此，十分感謝希臘考古學家多麗安・吉瑟勒・格林鮑姆（Dorian Gieseler Greenbaum）的研究，無論是考古界還是占星界，她都具有極大貢獻。也讓我重新審視神祕學的各方面：從希臘化埃及魔法PGM IV.1596-1715的太陽神赫利俄斯（Helios）儀式實踐，到PGM IV.1637–95、PGM IV.2967–3006、PGM VII.505–28、PGM XIII.1–343、PGM XIII.343–646、PGM XIII.646–734、PGM XIII.734–1077 和 PDM XIV.1–114，透過星盤和擇時找到屬於自己守護靈的儀式，到後來的阿格里帕《神祕哲學三書》、《亞伯拉梅林的神聖魔法》，神聖守護天使（Holy Guardian Angel）和本命守護天使（Natal Guardian Angel）的思辨，也最終影響到我對地占的感悟。

大吉

Fortuna Major

別名：在某些伊斯蘭的傳統中叫「內在的財富」，也叫「為了名望」和「內在的／隱藏的助力」。
卦象聯想：向上成長，或者一條流經山村的河流。
行星：日出　　**星座**：水瓶座、獅子座
原質：Tiphareth　　**四象**：水土
所屬元素：土元素

奇數／偶數：偶數（6 點）　**內在主觀／外在客觀**：客觀
出現的狀態：穩定
對應的身體部位：心臟、循環系統和胸部

逆卦：小吉　**倒卦**：小吉　**倒逆卦**：大吉

深層解析：大吉是所有地占卦中最有利的卦之一，表現了來自內在的成功且征服了所有的事情，儘管它的到來有點慢。它是一個緩慢成長和必然成功的卦，儘管在開頭有一些困難；它是一個面對逆境並且克服，而不是躲避逆境的卦。它代表了永恆、持久、增長、不依賴外物的成功。在地占卦中它是最有益的卦。

有利事件：對任何需要努力工作、要有堅實基礎的事物，以及高尚、勇氣、內在力量和持續發展的事情有利。
不利事件：不利於快速獲得結果，或者要從他人處獲得幫助的事情。

關鍵詞：緩慢但必然的成功、不依賴外物、克服逆境。

小吉
Fortuna Minor

別名：在某些伊斯蘭的傳統中叫「外在的財富」，也叫「得到名望」和「外在的／表面的助力」。
卦象聯想：一座山頂上有個人，或者一群人保護一樣東西。
行星：日落　　**星座**：金牛座、獅子座
原質：Tiphareth　　**四象**：火風
所屬元素：火元素

奇數／偶數：偶數（6 點）　**內在主觀／外在客觀**：客觀
出現的狀態：變動
對應的身體部位：脊椎和後背的中上部分

逆卦：大吉　**倒卦**：大吉　**倒逆卦**：小吉

深層解析：小吉的成功是不穩定也不持久的，依賴於外界的支持，但又不能依賴太久。它是一個快速的、迅速的、躲避的和逃離的卦。它表現的是一種在命運之輪從上到下的旅程，降落的時候如果不主動跳下來，就容易在輪子下撞毀。當你在命運之輪上時，那感覺是很棒的而且生活是很精彩的，但命運是變幻無常的。美好是短暫的，甚至比你想像得還要短。

有利事件：對需要幫助的事情、需要丟掉或者逃離的情況和短期的事件有利。
不利事件：對任何需要直接對抗、進展緩慢或長期的決定不利。

關鍵詞：來自外界的成功、需要依賴外物、環境和幸運、得到容易失去快、得外物則成功，失助則失敗。

道路
Via

別名：旅程或蠟燭。
卦象聯想：筆直的道路通往遠方，一隻竹節蟲或者一個孤獨的人。
行星：下弦月　**星座**：巨蟹座、獅子座
原質：Yesod　**四象**：火風水土
所屬元素：水元素

奇數／偶數：偶數（4 點）
內在主觀／外在客觀：客觀
出現的狀態：變動
對應的身體部位：胃和消化器官

逆卦：群眾　**倒卦**：道路　**倒逆卦**：群眾

深層解析：道路長期以來被認為是地占中，最強大最重要最有活力的卦，尤其是在地占的阿拉伯體系中，並且它會改變它周圍的一切，把好的變成壞的，把壞的變成好的，把移動的變成穩定的，把穩定的變成移動的。它是完全澈底的改變，比如說旅行，原來處於遊蕩狀態的人，一旦改變了，就會變成快速旅行。

有利事件：遇到壞的事情。
不利事件：遇到好的事情，或渴望穩定或者維持狀態時，留在原點或者保持舒適時，出現道路是不利的。

關鍵詞：所有力量的結合，最活躍的移動的卦，在任何方面都是有活力、強大的，會帶來劇烈的變化。

群眾

Populus

別名：聚眾、集會或團體。
卦象聯想：一群人，或者一個給人們用來討論的會議室。
行星：上弦月　**星座：**巨蟹座、摩羯座
原質：Yesod　**四象：**-
所屬元素：水元素

奇數／偶數：偶數（8點）
內在主觀／外在客觀：客觀
出現的狀態：穩定
對應的身體部位：胸部和中腹部

逆卦：道路　**倒卦：**群眾　**倒逆卦：**道路

深層解析：群眾是地占中最穩定的卦，並且維持著圍繞它的一切事物。它是非常深沉的，接受所有圍繞著它的物體並使之推著它前進。吸收它周圍的物體帶來的影響。

有利事件：使想法和渴望獲得一致與和諧，讓某人進入一種穩定的狀態。當它和好的卦一起時，它就是好的。
不利事件：當想要獨處或改變是一件好事的時候。和不好的卦一起時，就變得不好，尤其不利於思考和冥想。

關鍵詞：穩定、安全，當作為法官或二個卦的結合時，它通常暗示著事情沒有變化，或者二件事是一樣的。

獲得

Acquisitio

別名：「抓住」或「即將到來的財富」。
卦象聯想：一個收集錢的碗或一個老式的錢袋。
行星：木星　　**星座**：射手座、牡羊座
原質：Chesed　　**四象**：風、土
所屬元素：風元素

奇數／偶數：偶數（6 點）
內在主觀／外在客觀：客觀
出現的狀態：穩定
對應的身體部位：臀部、大腿和肝臟

逆卦：失去　**倒卦**：失去　**倒逆卦**：

深層解析：獲得是全方位的，無論是獲得更多錢還是感冒。作為一個木星的卦，它對什麼都有利，除非是某人想要丟掉、擺脫或避免什麼。

有利事件：在想要獲得某些東西的時候，比如找人、找物品，如落在財帛宮為吉。
不利事件：想要擺脫或丟掉某些東西的時候，落在健康宮為凶，可能會生病。

關鍵詞：獲得、增加、拿到、得到、收到或找到。

失去
Amissio

別名：「表面的收穫」，在一些伊斯蘭傳統中也叫「逃跑的東西」。
卦象聯想：像兩個倒過來的袋子或者是碗。
行星：金星逆行　**星座：**金牛座、天蠍座
原質：Netzach　**四象：**火水
所屬元素：風元素

奇數／偶數：偶數（6 點）
內在主觀／外在客觀：客觀
出現的狀態：變動
對應的身體部位：肩、頸、脖子、喉嚨

逆卦：獲得　**倒卦：**獲得　**倒逆卦：**失去

深層解析：雖然有火元素和水元素這種有力的元素力量，但是兩者是不穩定的。雖然它們可以影響改變世界，但沒有濕潤的風元素來協助促進它們，也沒有乾土元素來落實它們。火和水之間只能加上某些額外的東西才能夠共存。不像是風土元素本身就可以共存和穩定下來。火水不容，兩者在一起就會灰飛煙滅。所以失去就有了「離開」（減少、去除、疏遠）和移動（短暫、快速、瞬息）的性質。

有利事件：你想失去一樣東西，比如說減緩疾病、減少債務。
不利事件：對大部分都不利。

關鍵詞：「失去」、「送別」的意思，而且僅有這個意思，它已離去，再不回來。離開、被帶走、被偷走、達不了、缺失、放錯位置、遠離、減虧、平息、減少以及一切有關失去的詞語。

快樂

Laetitia

別名：「健康」、「向上的行動」或「有鬍鬚的」。
卦象聯想：拱門、塔或彩虹。
行星：木星逆行　**星座**：雙魚座、金牛座
原質：Chesed　**四象**：火
所屬元素：火元素

奇數／偶數：奇數（7 點）
內在主觀／外在客觀：主觀
出現的狀態：變動
對應的身體部位：腳和身體上的脂肪

逆卦：龍首　**倒卦**：悲傷　**倒逆卦**：龍尾

深層解析：快樂就像它的詞語那樣，是愉快、幸福的，並且在任何形態下都是開心的。它是一種情緒上的狀態，雖然短暫，但很容易被看到，並且令人振奮，容易吸引大家一同參與。它表現了積極向上的行動。

有利事件：想要獲得快樂效果的事情，能帶來好心情的事情。
不利事件：想要被隱藏的事情，不利於長期的投入或穩定，尤其是需要投入並認真研究的工作，或是一些需要仔細整理的工作。

關鍵詞：促使、意願和想要行動的意志、在行動中發現樂趣、短暫的、不持久的、向上的。

悲傷

Tristitia

別名：在某些阿拉伯傳統中被叫做「上下顛倒」、「舊病復發」，也被稱為「詛咒」或「減弱」。

卦象聯想：木樁、一個陷阱或一棟倒塌的大樓。

行星：土星　　**星座**：水瓶座、天蠍座

原質：Binah　　**四象**：土

所屬元素：土元素

奇數／偶數：奇數（7 點）

內在主觀／外在客觀：主觀

出現的狀態：穩定

對應的身體部位：小腿、腳踝和循環系統

逆卦：龍尾　**倒卦**：快樂　**倒逆卦**：龍首

深層解析：悲傷在某方面是向下，或者說是朝南的，也包含了精神不佳、消沉的、不健康的、沒有信心的、處於困境。它通常是關於一種失敗或自我的內在狀態，就像反對外在的監禁或者被外界詛咒，而且這是一種不利的狀態。然而這對所有與土地、地下的或者神祕的事情而言是有利的，能使之不被發現或保持穩定。

有利事件：支持、結構、穩定、獲得或擁有土地、農業、建築、保持事物隱藏、掩蓋、神祕或需要保密的事情。

不利事件：其他方面都不利。

關鍵詞：悲傷、悲痛、悲哀、消沉、心神不安、心懷不滿、持續時間長、內在的困境、沒有選擇。

別名：伊斯蘭文本中會用「集合」、「交匯」、「十字路口」或「航行」。
卦象聯想：交叉的形狀，或者握手，也或者像是一座橋。
行星：水星逆行　**星座**：處女座
原質：Hod　**四象**：風水
所屬元素：風元素

奇數／偶數：偶數（6 點）　**內在主觀／外在客觀**：客觀
出現的狀態：變動
對應的身體部位：胃、腸、手臂、手

逆卦：限制　**倒卦**：結合　**倒逆卦**：限制

深層解析：這是個中性卦，通常周遭是吉卦時這是個吉卦，周遭是凶卦時這是個凶卦；結合是一個推理和考究的卦，它一直都是指與外界力量的交匯和互動，有時候過去的選擇需被重新提出來，也有可能是一些計畫需要重新考慮。它是一個轉變的卦，就像「道路」一樣，但也和「道路」不同，「結合」並不會完全的改變，只不過重新考慮，讓自己做得更好。然而，這種重新考慮並不是由自己獨立完成，你需要與他人溝通，取得外界的意見。

有利事件：對於討論、商討、會面、做決定、短途旅行、愛情等都是好的卦象。
不利事件：相對需要隔離、穩定時則是凶的卦象。

關鍵詞：有助於交流、關係和與他人相處、有同理心、與他人產生共鳴、心靈感應等。

限制

Carcer

別名：「阻礙」或者「綁在一起」。
卦象聯想：戒指、細胞或兩人背對背。
行星：土星逆行　　**星座**：摩羯座、雙魚座
原質：Binah　　**四象**：火、土
所屬元素：土元素

奇數／偶數：偶數（6 點）
內在主觀／外在客觀：客觀
出現的狀態：穩定
對應的身體部位：膝蓋和骨頭

逆卦：結合　**倒卦**：　**倒逆卦**：結合

深層解析：限制是一個相當消極的卦，經常暗示著延期、限制、責任和隔離與人的慾望。當這個卦出現時，表示總是退縮、受到聯繫的限制或無法完成工作。然而因為它的隔離性，也暗示了穩定和安全。

有利事件：想要維持、保持在一個既定的環境中、需要嚴格執行、隔離、安全或穩定的事情。
不利事件：其他方面都不利。

關鍵詞：被困住、退縮、延期、無法完成或無法與他人互動。

白色

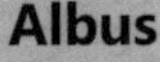

Albus

別名：一些伊斯蘭教傳統中，也有「長鬍子的人」、「開心」、「大笑」的意思。
卦象聯想：酒杯、老人。
行星：水星　　**星座**：雙子座
原質：Hod　　**四象**：水
所屬元素：水元素

奇數／偶數：奇數（7 點）
內在主觀／外在客觀：主觀
出現的狀態：穩定
對應的身體部位：喉嚨、肺、頭腦

逆卦：男子　**倒卦**：紅色　**倒逆卦**：女子

深層解析：通常此卦為吉，但弱，透過思考的論證和直覺的反應，人們可以了解到宇宙的真理同樣也容易迷失在一些思想觀念裡。精神思考的過程是美妙的，但我們不可以只活在頭腦中而忘卻剩餘的自己。因此說為什麼老人在任何一個故事中都擁有重要地位，因為英雄少了老人的智慧就不可能戰勝邪惡，但老人也因為他的虛弱，而不能單獨行動。

有利事件：一般建議需要一些時間緩慢的思考和計畫。
不利事件：不利於短時間的行動。

關鍵詞：Albus 的精髓是「三思而後行」，告訴人們事先考慮清楚，計畫、深思熟慮、默念、反應、回憶、向智慧的人詢問和參考以往的經驗。

紅色

Rubeus

別名：燃燒或危險。
卦象聯想：倒轉的高腳杯。
行星：火星逆行
星座：天蠍座、雙子座
原質：Geburah
四象：風
所屬元素：風元素

奇數／偶數：奇數（7 點）
內在主觀／外在客觀：主觀
出現的狀態：變動
對應的身體部位：生殖器官和排泄系統

逆卦：女子　**倒卦**：白色　**倒逆卦**：男子

深層解析：紅色是一個很難處理的卦，它行動極快且繁忙到混亂。它被稱為紅色，也因為紅色通常有警告的涵義，它有著天蠍座的瘋狂、縱慾、激情和危險。因為有一種膚淺的激情，導致無節制、縱慾過度、陶醉和暴力。

有利事件：需要縱慾、無節制的狀態時（比如喝酒、嗑藥、性行為等），以及來得快去得快是一件好事的時候是有利的。
不利事件：其他事情都不利。

關鍵詞：無節制、縱慾、保密、欺騙、暴力、虐待與警告。

男子

Puer

別名：在一些伊斯蘭的傳統中也叫「沒鬍子的人」，也被稱為 「劍」、「鬥士」。
卦象聯想：一把劍、一個陽物，或一個有很大睪丸的男人。
行星：火星　**星座：**牡羊座
原質：Geburah　**四象：**火風土
所屬元素：風元素

奇數／偶數：奇數（5 點）
內在主觀／外在客觀：主觀
出現的狀態：變動
對應的身體部位：頭和相關的器官

逆卦：白色　**倒卦：**女子　**倒逆卦：**紅色

深層解析：男子是一個有趣但是活躍的卦，對行動有強烈的渴望且隨時準備行動。它有戰鬥的動力和意願，它的勇氣和好奇心將引導它前進，這讓它擁有風元素的特質。

有利事件：它對所有需要大量力量、肌肉、活動和激情的事情都有利。
不利事件：因為它的輕率和過度熱切，它對幾乎其他的事情都不利。

關鍵詞：行動、針對某件事有充足的精力、爭執、實際身體上的暴力、渴望、速度、勇氣和改變。

女子

Puella

別名：「雅緻」、「美麗」和「純潔」。
卦象聯想：像一個手鏡，也像女性陰道。
行星：金星　　**星座**：天秤座
原質：Netzach　　**四象**：火水土
所屬元素：水元素

奇數／偶數：奇數（7 點）
內在主觀／外在客觀：主觀
出現的狀態：穩定
對應的身體部位：背部下方、臀部、腎臟

逆卦：紅色　**倒卦**：男子　**倒逆卦**：白色

深層解析：女子是美麗的、和睦融洽的、令人愉快的、優雅、和藹，好的同伴也代表一段好的時光。另一方面，因為它太專注於讓周圍人喜愛，它總是嘗試讓所有人之間平衡，女子幫助你解決難題，但很快又進入了下一個問題。女子就像一位女主人一樣，她對人人都是平等對待，希望人人都是好的，在她的管轄範圍內有一個美好的時光。她不需要有任何陰謀，也不需要兩面派，但為了使更多人都感到快樂，她必須放棄一些人來保持更多人的和諧關係。

有利事件：吉卦，強調了令人愉快的、和睦、協調以及平衡。
不利事件：她可以接受一切，但卻無法和他人互動。她可以短期內幫助你變好，卻不適合長期。

關鍵詞：她的美是暫時的、表面的、易變的，是受空間和時間約束的。

龍首

Caput Draconis

別名：「月亮的北交點」，在某些伊斯蘭的傳統中叫「內門檻」，也叫「走進命運」或「走進來」。
卦象聯想：一條朝著門的小徑。
行星：金星和木星　**星座**：處女座
原質：Geburah　**四象**：風水土
所屬元素：土元素

奇數／偶數：奇數（5 點）
內在主觀／外在客觀：主觀
出現的狀態：穩定
對應的身體部位：右臂、嘴巴和感覺器官

逆卦：快樂　**倒卦**：龍尾　**倒逆卦**：悲傷

深層解析：龍首是一個代表了各種事件開始的卦，並且對任何事情都充滿可能性。就像大吉，龍首對即將到來的事情有很好的預兆，儘管在開頭可能有一些困難；和好的卦一起時，它就是好的，和不好的卦一起時，它就是不好的。經常被認為是地占中最幸運的卦。它需要投入經歷、動力、意願等資源來行動。因為它是穩定緩慢的成長，所以它歸在土元素中。

有利事件：對新事物的誕生和將可能變成現實有利。
不利事件：不利於結束、封閉或脫離某種狀態。

關鍵詞：開始、新生、提升健康、新工作或者一段新感情。

龍尾

Cauda Draconis

別名：「月亮的南交點」，在某些伊斯蘭的傳統中也叫做「外門檻」，或「走出命運」、「走出去」。
卦象聯想：離開家或者一條去往遠方的尾巴。
行星：火星和土星　　**星座**：射手座
原質：Malkuth　　**四象**：火風水
所屬元素：火元素

奇數／偶數：奇數（5 點）
內在主觀／外在客觀：主觀
出現的狀態：變動
對應的身體部位：左臂和排泄器官

逆卦：悲傷　**倒卦**：龍首　**倒逆卦**：快樂

深層解析：龍尾是一個代表了各種事件結束的卦，並且封閉了任何新事物發生的可能性。類似「小吉」，龍尾對即將到來的冒險和開始來說不是好事，儘管有利於整理事情以及走出某種狀態。當它和好的卦一起時就有可能是壞事，與壞的卦一起時就有可能是好事。結束可能是壞事也可以是好事，在一個輪迴中，結束是必然的階段。出現在一宮或者八宮可能暗示了死亡。

有利事件：對處在困境、生病、離職等不好的狀態時有利，說明即將結束不好的狀態。
不利事件：不利於發展或開始新的事物。

關鍵詞：結束、走出某種狀態、快速的、突然發生。

附錄二：歐洲主要地占術文獻表

12世紀

所在地	編號	作者／標題
大英圖書館	Royal 12.C. xviii	阿伯拉罕・本・梅爾・艾本・以斯拉（1174，Abraham Ben Meir Aben Ezra），西班牙猶太拉比，占星家。14世紀拉丁語譯本《Electiones Abraham》
	Sloane 2472	貝爾納迪・西爾威斯特（12世紀，Bernardi Sylvestris）拉丁語譯本：《Experimentarius》
義大利佛羅倫斯	Laurentian, Plu. 30 cod. 29.	雨果・桑塔里恩斯（Hugo Sanctallensis）《Ars Geomantiae》
法國巴黎	Bibliothèque Nationale, MS 7354	雨果・桑塔里恩斯（Hugo Sanctallensis）《Ars Geomantiae》

13世紀

所在地	編號	作者／標題
牛津圖書館	Ashmole 304	即譯本《Experimentarius》
劍橋圖書館	Emmanuel 70	帕爾馬的巴塞洛繆（1286，Bartholomew of Parma）。有15世紀譯本《Summa》

所在地	編號	作者／標題
大英圖書館	Additonal 10362	帕爾馬的巴塞洛繆《Flores quaestionum et udiciorum Veritatis Geomanciae》
	Additional 21173	拉丁語
	Arundel 268	雅格・本・以撒・鏗迪（Jacob Ben Isaac Al-kindi）《judiciis liber》
	Harleian 3814	《Liber sortilegus》
	Royal 12.C. v	理查二世《Presentum geomancie libellum》（1391），見佛羅倫斯 CLM 1697
	Royal 12.C. xii	貝爾納迪・西爾威斯特《Experimentarius》
	Royal 12.E. iv	同上
	Royal f2.G. viii	雅格・本・以撒・鏗迪《Liber Novem》完整版
	All Souls 96	沃爾特・加圖（Walter Cato），翻譯自阿拉伯語
牛津圖書館	Ashmole 5	僅講述十六卦
	Ashmole 398	-
	Digby 46	貝爾納迪・西爾威斯特
劍橋圖書館	Magdalene 27	雨果・桑塔里恩斯《Ars Geomantiae》，14世紀晚期，Bibliothèque Nationale, MS 7354譯本
義大利佛羅倫斯	CLM 276	傑拉德・克雷莫納（Gerardi Cremonensis）《Geomantia mag》
	CLM 1697	理查二世《Presentum geomancie libellum》（1391）
法國巴黎	BN Latin MS	拉丁語譯本，翻譯自阿拉伯語
	S. Marco VIII, 44	約翰・穆里（Johannas Muri）
奧德利維也納	Vienna 2352	文西斯勞斯（1392/3，Wenceslaus）
	Vienna 5508	雨果・桑塔里恩斯《Ars Geomantiae》譯本，同Magdalene 27

15世紀

所在地	編號	作者／標題
大英圖書館	Additional 2472	貝爾納迪・西爾威斯特《Experimentarius》
	Arundel 66	原作者為阿伯拉罕・本・梅爾・艾本・以斯拉，巴塞隆納翻譯自阿拉伯語的拉丁語版本。
	Harleian 4166	《Artis Geomanticae & Astrologicae Tractatus quinq》
	Royal 12.C. xvi	羅蘭（Roland Scriptoris）
	Sloane 309	地占摘要
	Sloane 310	傑拉德・克雷莫納（Gerardi Cremonensis）《Geomantia mag》
	Sloane 312	擇日有關
	Sloane 314	印度聖賢所寫的一本地占
	Sloane 3487	-
	Sloane 3554	《Amalricus Pbysicus》
牛津圖書館	Digby 134	13世紀Emmanuel 70的完整譯本
義大利佛羅倫斯	Magliabech XX	13世紀Emmanuel 70的部分譯本
	CLM 240	13世紀Emmanuel 70的部分譯本
	CLM 392	阿巴諾的彼得（Petrus de Abano）《Geomantia》
奧地利維也納	Vienna 5327	雨果・桑塔里恩斯的地占著作，僅有序言和第一章內容

16世紀

所在地	編號	作者／標題
大英圖書館	Additional 25881	先知丹尼爾（Daniel）《Oraculum et visio》
	Additional 33788	W‧B‧騎士翻譯《Le Dodeche[d] ron de Maistre Jean Meung, qui est le livre des sorts et la fortune des nombres》
	Harleian 671	16世紀保存最好的地占牛皮紙文本
	Harleian 6482	P. Smart M.A.著，蒐集自拉德博士（Dr. Rudd）文本，帶有十六卦的說明，並附上善靈和惡靈階級排位，被歸於所羅門王
	Sloane 887	《Liber Geomantie》
	Sloane 3810	尼古拉斯．莫奈爾（Nicholas Monnel）的一篇法語地占論文
牛津圖書館	Ashmole 4	傑拉德．克雷莫納一部分簡短案例
	Ashmole 354	西蒙．福爾曼（Simon Forman，1589）《Arte Geomantica》
	Ashmole 393	Ashmole MS 417的原作
	Digby 74	傑拉德．克雷莫納
義大利佛羅倫斯	CLM 398	帕爾馬的巴塞洛繆（1286）
	CLM 436	帕爾馬的巴塞洛繆（1286）
	eLM 489	包含：帕爾馬的巴塞洛繆（1286）的《Experimentarius》、邁克爾．蘇格特（Michael Scot）的《Geomantia》、雅格．本．以撒．鏗迪的《Liber Novem》
	eLM 192	帕爾馬的巴塞洛繆1544年版
	eLM 196	節選帕爾馬的巴塞洛繆
奧地利維也納	Vienna 5523	帕爾馬的巴塞洛繆完整版

17世紀

所在地	編號	作者／標題
大英圖書館	Additional 33955	洛倫佐・斯皮里托（Lorenzo Spirito）《Libro della Ventura》義大利語譯本，提及到了使用三個骰子起卦
	Sloane 268	《Arsjudicatoria secundum novem judices》
	Sloane 2186	可能是克里斯托弗・卡坦（Christopher Cattan）的抄本
	Warburg FMH 2770	莫拉特・約翰・馬塔烏斯・克羅伊森，占星地占對應表

19世紀

所在地	編號	作者／標題
牛津圖書館	Additional 40093	《Libro de Goralotb》

未署明年分 N.D.

所在地	編號	作者／標題
大英圖書館	Additional 8790	克里斯托弗・卡坦的《La Geomantia》
	Additional 9702	丹尼爾的土耳其地占譯本

	Cotton Appendix VI	切斯特的羅伯特（Robert of Chester）翻譯的地占抄本
	Harleian 2404	-
牛津圖書館	Ashmole 392	西蒙．福爾曼，大量實踐案例
	Ashmole 417	大量實踐案例
	Ashmole 434	-
	Ashmole 1478	如何知道事主意圖的論文
	Ashmole 1488	納皮爾（Napier）

THE COMPLETE
GUIDE TO

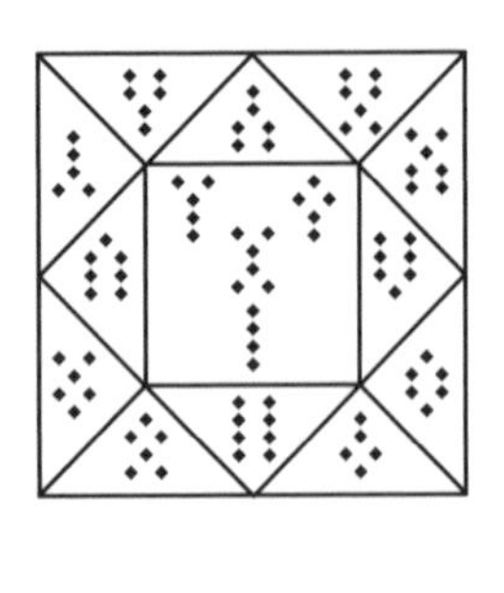

地·占·全·書
GEOMANCY

出 版／楓樹林出版事業有限公司
地址／新北市板橋區信義路163巷3號10樓
郵 政 劃 撥／19907596 楓書坊文化出版社
網址／www.maplebook.com.tw
電話／02-2957-6096　傳真／02-2957-6435
作者／灰叔
審定／寓言盒子
責任編輯／周佳薇
校對／周季瑩
港澳經銷／泛華發行代理有限公司
定價／980元
二版日期／2024年6月

國家圖書館出版品預行編目資料

地占全書 / 灰叔作 . -- 初版 . -- 新北市
: 楓樹林出版事業有限公司 , 2024.05
面；　公分

ISBN 978-626-7394-44-1（精裝）

1. 占卜

292.99　　113002156